現代の会計

齋藤真哉

現代の会計（'20）

装丁・ブックデザイン：畑中　猛

o-19

まえがき

「会計」は，経済活動を写し取って一覧性のある形式で情報を作り出すプロセスであり，その情報はその経済活動を理解する手段として様々な立場の人たちが利用しています。

会計の知識は，公認会計士や税理士の職業会計人，証券アナリスト，企業のトップ・マネジメント，企業のなかで経理や財務に従事する人たちにとって必要であることは言うまでもありません。しかし，企業の営業担当者も取引先の財務状態を理解するために，会社の従業員として賃金の適正性を判断するために，資本市場で株式を売買する判断を行うために，さらには家庭のなかにあって家計を管理するために，会計の知識は重要な役割を果たします。そのため，会計は誰もが学んでおくべき領域だと思います。会計の知識を習得することで，活動の幅が拡がり，またその質も高まることでしょう。また世の中の様々な事象についても，その理解が深まることが期待できます。

本書は，初めて会計を学ぶ人たちを対象として，一般教養としての会計について基礎的な知識を習得することを目的としています。幅広い会計の機能や役割等を理解していただくために，企業会計の領域のみならず，政府会計や非営利法人の会計についても学習することになります。また各章のテーマに関連する発展的な事項については，コラムとして解説を加えています。さらなる関心を持って会計を学習する一助としてください。

なお国際対応や環境制約の変化により，企業会計の領域では，企業会計基準等が新設または改正されています。本書に含まれていない新たな動向は，金融庁や企業会計基準委員会のホームページを参照してください。同様に，政府会計の領域にあっても，より効率的な行財政の運営を目指して，改革が行われています。新たな動向については，財務省や会計検査院，各地方公共団体のホームページを参照してください。非営利法人の会計の会計基準につきましても，その新たな動向は，それぞれの主務官庁等のホームページを参照してください。

会計は専門用語の多い領域ですが，多くの人たちが会計の知識を習得し，社会のなかでその知識を活用していただけることを心から願っております。

最後に本書の出版に際して，株式会社　美和企画の上野幸隆氏にいろいろとお手数をお掛けし，たいへんお世話になりました。ここに感謝申し上げます。

2019年11月

齋藤　真哉

目次

1　身近な「会計」

《本章のポイントと学習の目標》　会計は，私たちの生活のなかの様々な場面で触れることがあります。たとえば，みなさんが子どもの頃に「お小遣い帳」を付けていたことも，会計の１つです。家計簿を付けることも会計です。学校や地域のサークル等が会費を集めて活動を行う場合にも会計が必要となります。また投資を行う人や企業の営業担当者にとっても会計情報を利用することが求められます。様々な場面で会計が役立っていることを確認するとともに，漠とした把握でよいので，「会計」とは何かを摑んでください。
《キーワード》　家計，家計簿，納税申告書，会計担当者，会計報告，会計情報，記録システム，簿記，複式簿記，政府会計，企業会計，非営利（法人）会計，予算，決算，公認会計士，税理士

1．様々な場面での会計

「会計」は，専門用語が多く，専門性が高い学問領域と思われがちですが，ほとんどの人は，すでに会計に触れる機会を持っているものと思われます。それぞれの場面での身近な会計を振り返ってみましょう。

（1）家庭のなかで

子どもの頃に，お小遣いとして受け取った金額とそれを何に使ったのかを，お小遣い帳に記録したことを経験した人もおられるでしょう。これは，現金の増加（収入）と現金の減少（支出）の記録であり，会計記録をノートに付けていたことにほかなりません。

また独立して一人で生計を立てている人や，家族で同一の生計で生活している人たちがおられます。それぞれは，１つの生計の単位を個人または家族で構成していることになります。そしてそれぞれの生計の単位で，その収入と生活に必要な支出を記録する場合があります。これは**家計**と呼ばれ，それを記録するノートは**家計簿**と呼ばれています。家計に関わる収入には，いずれかの組織で働いて獲得する給料や賞与，アルバイト代，銀行にお金を預けることで得られる利息等のほか，銀行からお金を借りることで得られるものもあります。一方，家計に関わる支出には，服飾費や食費，住居を賃借している場合の家賃，水道光熱費のほか，教育費や旅費，さらには銀行からお金を借りている場合にはその返済や利息の支払いのための支出がありえます。家計簿に記録するのは，その家計に関わる収入と支出を記録することでそれらを把握し，生活が継続して成り立つようにして，より豊かな生活を送れるようにするためでしょう。むろん，何を以て豊かと考えるのかは，それぞれ個人によって異なります。また家計簿に記録することで，将来に向けての貯蓄の必要性やその目標となる金額等を設けることも可能となります。

さらに個人の所得税を申告納税する場合に，**納税申告書**と呼ばれる書類を作成し，税務署に提出することもありえます。これもまた会計の領域に属する行為です。

（２）学校内や住居の地域内，職場内のサークル等のなかで

中学校や高校，大学等の学校生活のなかで，あるいは住居のある地域内で，もしくは職場内で，部・クラブ活動あるいはサークル活動に参加することがあります。その活動に必要なユニフォーム等のように個人が使用するものは個人が負担するでしょう。しかし共同で負担したほうが個人でそれぞれ負担するよりも少ない負担で済む場合や，活動がより円

滑に行える場合がありえます。このような場合には，その部・クラブ，サークルに所属している人たちがお金を出し合ってみんなで利用するもののために支出することになります。たとえば，テニス・サークルでコートを借りなければならない場合，そのサークルのメンバーが，予め会費を支払い，それをコートの利用料に充てることが考えられます。このような場合，会員が出し合ったお金を管理し，目的に即して使用する係として，**会計担当者**が選ばれることになります。この会計担当者は，会員が納めた会費とその使用について，会員に対して報告を行うことが義務付けられていることと思います。

同様のことは，町内会や自治会，さらには学校の卒業生の集まりとなる同窓会等についても言えます。町内会や自治会，同窓会でも会計担当者が選ばれて，一定期間の収入と支出，そして現在どれだけの現金や預金等があるのかについて報告が行われ，それをその会員が承認するという手続きが取られていることでしょう。そうした報告は，一般に**会計報告**と呼ばれています。

このように，会計担当者に選ばれた人はもちろんのこと，その会計報告を受ける人もまた会計に関わっているのです。

（3）投資を行うときに

個人が余裕資金を持つことができ，それを増やすために投資を行うことがあります。投資を行う人のことを，投資家と呼びます。典型的な投資としては，資本市場で株式会社が発行している株式を売買することが挙げられます。この株式への投資活動において，どのようにして購入する株式を決定し，どのようにしていつ売却するのかを決定するのでしょうか。

まず購入する株式についてですが，その株式を発行している会社の状況を踏まえて決定すべきでしょう。たとえば，同じだけの経済財を用いているＡ社とＢ社（両社とも同じ株式数を発行している。）がある場合で，Ａ社のほうがよりたくさん儲けているとき，もし両社の株式が同じ価格であるならば，Ａ社の株式を購入しようと考えるのが合理的です。株式はその発行会社の財産に対する請求権を示すものです。より多く儲けている会社のほうが，将来より多くの財産を所有することになります。そのため，より多く儲けているＡ社の株式の方が，価値は高いと判断されます。

また会社が行っている事業の性格により，儲けが大きく変動する場合と安定している場合があります。より安全な投資を行いたいと考えている人は，儲けが安定している会社の株式を投資の対象として好むことになります。さらに株式１株当たりの会社の財産の量に差がある場合には，１株当たりの財産がより多い会社の株式のほうへと投資が行われるでしょう。

次に株式の売却についてですが，購入したときに期待していただけの儲けがないことが判明した時点，あるいは過度に株価が上昇していると考えるようになった時点などで，売却が考えられると思われます。

このように投資の意思決定を行う際には，その投資先となる会社の状況（儲けの状況や財産に関する現状等）を知っておくことが重要です。資本市場に上場している会社については，そうした会社の状況は誰でもが安価に入手できるようにされています。そしてこの会社の状況こそが，会計に基づく情報です。これを**会計情報**と呼んでいます。

（４）寄附をするときに

困っている人を助けるための組織に，お金を寄附することもあるでしょう。あるいは，出身の学校に施設充実や在学生への奨学金のために寄附をすることもあると思います。こうした寄附を行うか否かの意思決定は，どのようになされるのでしょうか。本当に困っている人がいて，本当に学校の施設を充実させ，後輩たちの勉学を支援する必要があるとしても，必要となるお金がすでに十分に集まっている場合や，集まった寄附が実際どのように使用されるのかが不明な場合には，寄附を行う思いは大いに減退するでしょう。寄附したお金をより有効に，より効率的に寄附した目的に沿って使ってくれるところに寄附をしたいと思うのは，自然な気持ちの有り様でしょう。

そこで寄附を行おうとする人は，寄附先の状況に係る会計情報を求めることになります。その会計情報により，どれだけのお金を必要とし，どれだけ不足しているのか，寄附されたお金をどのように使用しているのか等を把握することで，寄附に係る意思決定を行おうとするからです。このような場面でも，会計は重要な役割を果たしているのです。

（５）政治に参加するときやどこに住むかを決めるときに

国民の義務の１つとして納税があります。納税することで，国家が行う経済行為（財政）を支えているわけですが，納税者は集められた税金がどのように使用されているのかについて知りたいと思うことでしょう。

国の経済行為は，予算や決算を読むことで知ることができます。国会における重要な審議事項である**予算**は，国家として何を行うのか，そのためにいかに必要なお金を集め，それをどのように使用するのかを決めているものです。**決算**は，予算に従って行政執行された内容を報告したものです。予算と決算もまた，会計情報です。そして予算と決算は，財務省から公表されており，財務省のホームページからインターネット上で誰でも自由に閲覧することができるようになっています。

そして国の政策は予算に反映されますから，その予算ないしは決算に含まれる情報が，政策に対する意見形成に影響を与えることが考えられます。その結果，次の選挙で別の候補者に投票したり，直接的な意見発信（集会での意見表明やデモ等）を行ったりすることもありえます。

また地方公共団体（都道府県や市町村等）ごとに予算および決算が公表されており，どの地方公共団体が何を重要視しているのかを読み取ることができます。それによって，住民の立場から行政に意見を発信したり，どの市町村に住むかという判断を行ったりすることがあります。実際，老人福祉や医療を重要視して，多くの金額をそれらに割り当てている地方公共団体に，多くの年金受給者が移り住むことになったことがあります。

(6) 会社の従業員の立場で

会社の従業員の立場でも，会計に関わることは多くあります。会計担当者は言うまでもありませんが，営業担当者であっても相手先の会社の状況を知らずに取引を行うことはないでしょう。販売した商品の代金を支払う能力があるかどうかについても，会計情報から読み取ることができます。また労働組合の一員として，会社の役員側に賃上げを要求する際に，会社の会計情報を踏まえて要求することが有効と思われます。実際に，ある種類の製品が大いに売れた会社で，会計情報を利用せずに労働組合が要求した賃上げを，役員側が会社全体では儲かっていないことを示す会計情報を提示し，退けたことがあります。

2. 会計とは

(1) 会計の意義

既述のように，会計は，様々な場面で，私たちと関わっています。では，会計とは一体何を指すのでしょうか。様々な場面での会計の共通項を整理するならば，次のようにその意義を述べることができるように思われます。すなわち，**会計**とは，ある特定の経済主体の経済活動を記録し，その記録を集約して情報として伝達するプロセスであると言えます。こうした会計の仕組みを図表１－１で示しています。

図表１－１で示されているとおり，経済活動ないしは経済事象と会計情報とのあいだに**写像関係**が成立するようにします。そうすることにより，会計情報を読めば，どのような経済活動が行われたのか，あるいはどのような経済事象が生じたのかを理解することができるようになります。そして会計情報を理解するためには，それを読む人，すなわち会計情報の利用者が記録システムの内容を知っておかなければなりません。換言するならば，事実としての経済活動や経済事象を会計情報に変換する仕組みを理解することが，会計情報を利用する人にとっても重要なことになります。

図表１－１　会計の仕組み

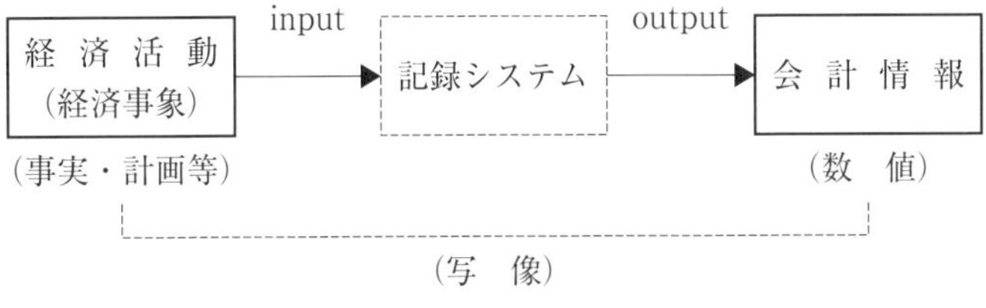

(2) 記録対象となる経済活動

会計上，記録対象となる経済活動ないしは経済事象の目的は，その経済主体により異なります。ここに経済活動ないしは経済事象と表現しているのは，意思をもって行われる活動だけが記録対象となるのではなく，不本意ながら生じる経済事象，たとえば災害による財産の喪失等もまた記録の対象となるためです。

経済主体の相違による記録対象の相違の例として，企業と政府を比較してみましょう。経済主体が企業の場合，お金儲けのために経済活動（営利活動）を行います。その企業が行った経済活動がどれだけの儲けを生み出したのか，いわばどれだけの成果を生み出したのかが会計情報に写像されるためには，事実としての経済活動が記録されることになります。一方，経済主体が政府の場合，国民や住民の生命を守り，福祉を向上させるために経済活動を行います。政府が作成する予算には，これから何をするのか，そのためにどれだけの資金（お金）をどのように集めて，その資金を何に，そしてどのように配分するのかについての計画としての経済活動が記録されることになります。そして決算を作成するためには，事実としての経済活動が記録されることになります。

すなわち，記録対象となる経済活動ないしは経済事象は，その会計の目的に応じて，事実の場合もあれば，計画や見積りの場合もあるのです。

(3) 記録システム

会計で用いられている記録システムとしては，一般的には**簿記**と呼ばれているシステムを利用しています。簿記という名称は，帳簿記入を略したものであるという説があります。ただし，略字に中2文字を用いるのは，略し方としてのルールに合いません。また英語の Bookkeeping がなまって「ぼき」という名称となり，それに漢字を当てたという落語のような説もあります。江戸時代には，簿記は**帳合**（ちょうあい）と呼ばれていました。その名称の由来はともかく，明治維新後，西洋式を取り入れるようになって，帳簿に記録するシステムは，簿記と呼ばれるようになりました。

経済活動ないしは経済事象の記録システムとしての簿記は，単なるメモ書きを指しているわけではありません。記録の目的に従って，一定のルールにより記録するシステムを指します。そして簿記には，単式簿記と**複式簿記**があります。単式簿記とは，現金の入り（収入）と出（支出）だけを記録するシステムです。単式簿記では，どのような原因で収入があり，何のために支出したのかを，備考のようにメモ書きすることはあっても，その原因を収入や支出と同様の記録対象とはしていないのが特徴です。お小遣い帳への記録や，現行の政府の予算・決算における記録は，基本的に単式簿記が用いられていると言えます。

一方，複式簿記とは，１つの記録対象につき，二面的記入ルールに基づいて，体系的かつ組織的にすべての取引を記録するシステムです。たとえば，水道光熱費を現金で支払ったという経済活動の場合，水道光熱費が生じたことの記録を行うとともに，現金が減少したという記録が行われます。（詳しい説明は，第４章で行います。）一般に企業や非営利法人では，複式簿記が用いられています。

また，近年ではコンピュータの普及に伴い**会計ソフト**が利用され，必ずしも会計帳簿という紙媒体を使用しなくなる傾向が強まっていますが，その会計ソフトのなかの仕組みは簿記のシステムに基づいています。

なお，世界で最初の複式簿記の書として名高いのは，ルカ・パチョーリ（Luca Pacioli，1445頃－1517年）が著した『スンマ』（正式な名称は，「算術，幾何，比及び比例総覧」）（1494年）です。ただし，パチョーリが複式簿記を発明したのではなく，商家が財産管理のため，また商業活動の円滑化等のために，記録の方法を改良していくなかで生み出されてきたものと考えられています。

（4）会計情報

会計情報は，会計帳簿の記録そのものではなく，その記録に基づいて整理され，集計され，まとめられた形で伝達されます。多くの場合，一覧表や計算書などの形式が取られることになります。会計の知識がない人にも理解してもらう必要がある場合には，他の形式を用いることがあります。たとえば，地方公共団体が，予算や決算の数値を円グラフや棒グラフの形式で会計情報化して，住民に配布する県民ニュースや市政ニュースなどに記載しています。会計情報はそれを利用する人や利用する場面によって，異なる形式となるのです。

3．経済主体の相違による様々な会計領域

経済主体としては，既述のとおり，自然人である個人やその集団である家族，国や地方公共団体といった政府，営利組織である企業，各種非営利法人，ならびに法人グループ，その他法人格のない様々な団体やグループが考えられます。こうした経済主体は，それぞれの目的に応じて経済活動を行っています。そしてそれぞれの経済主体の経済活動に適合した会計が行われています。

そのため，すでに一部は紹介済みですが，たとえば経済主体が生計を一にする家族の場合は**家計**，政府の場合は**政府会計**，個人の営利事業の活動部分や営利目的で存在している法人である企業の場合は**企業会計**，非営利法人の場合は**非営利（法人）会計**などと分類されています。さらに，企業会計のなかには，業種別に**建設業会計**や**鉄道会計**などの領域が

存在します。非営利会計についても，公益社団・財団法人は**公益法人会計**，私立学校の場合は**学校法人会計**，社会福祉法人の場合は**社会福祉法人会計**，特定非営利活動法人の場合は**NPO 会計**などのように，それぞれの会計の領域が存在します。

その経済活動が営利目的か，非営利目的かの相違や，その法人等が解散するときの残余財産に対する請求権者の有無，その経済活動の特性等が，それぞれの会計の相違を生み出すことになります。

4．会計をめぐる職業

会計を職業とする会計専門職があります。代表的な会計専門職として，**公認会計士**や**税理士**が存在します。

公認会計士は，その英語表記 certified public accountant の頭文字を採って CPA とも呼ばれています。公認会計士の主たる業務は，監査業務です。監査業務は，公認会計士にのみ認められた業務であり，会計情報が定められた記録システムに準拠して適正に作成されているか否かをチェックする業務です。それ以外に，コンサルティング業務や税務業務なども行っています。

公認会計士になるためには，短答式の試験（財務会計論，管理会計論，監査論，企業法）に合格し，論文式の試験（会計学，監査論，企業法，租税法および選択科目〔経営学，経済学，民法，統計学〕のうち１科目）に合格しなければなりません。そして，２年以上の業務補助と実務補修による必要単位を修得の上，日本公認会計士協会の修了考査に合格し，内閣総理大臣の確認を受け，日本公認会計士協会の公認会計士名簿に登録しなければなりません。

税理士は，税務に関する専門家として，申告納税制度の理念にそって，納税義務者の信頼にこたえ，租税に関する法令に規定された納税義務の適正な実現を図ることを使命としています。その業務は，税務代理や税務書類の作成，税務相談などです。ここにいう税務代理とは，税務官公署に対する租税に関する法令もしくは行政不服審査法の規定による申告，申請，請求，不服申し立て等について，陳述の代理や代行を行うことを指します。

税理士になるためには，大学または短大の卒業や大学３年以上の学生，日本商工会議所主催の簿記検定試験１級合格などの受験資格を満たした上で，会計学に属する科目（簿記論と財務諸表論）２科目と，税法に属する科目（所得税法，法人税法，相続税法，消費税法または酒税法，国税徴収法，住民税または事業税，固定資産税）のうち３科目（所得税法または法人税法のいずれか１つは必須）に合格しなければなりません。試験合格者は，日本税理士会連合会に備える税理士名簿に登録して税理士となります。

2　会計の基礎的前提

《本章のポイントと学習の目標》 会計を行うに先立って，確定しておかなければならない事項があります。具体的には，記録対象となる財産の範囲の確定（会計単位の確定），記録の集計等を行う期間の確定（会計期間の確定），そして会計単位に属する財産の大きさや変動を測定する単位の確定（測定単位の確定）です。

また誰の立場で会計を行うのかを確定する必要があります。誰の立場で会計を行うのかについては，様々な考え方があります。現行の企業会計の制度では，企業の所有者（資本主）の立場で会計を行うという資本主理論が採用されています。

会計の仕組みの基礎となる内容ですから，現在の会計がどのような前提で成り立っているのかを，しっかりと理解しておきましょう。

《キーワード》 会計の前提，会計公準，会計単位，企業実体の公準，個別財務諸表，連結会計，連結財務諸表，本支店会計，会計期間，継続企業（ゴーイング・コンサーン），半期報告書，四半期報告書，測定単位，資本維持概念，貨幣資本概念，貨幣単位，会計主体，資本主理論，企業主体理論，投資家理論

1．会計の前提

（1）会計の前提とは

会計を行う上で，予め確定しておかなければならない事項がいくつか存在します。そうした事項は，会計の目的を達成するために，不可欠となる基礎的要素でもあり，**会計の前提**，あるいは**会計公準**（accounting postulate）などと呼ばれています。そして一般的には，次の３つが挙げられています。

- **会計単位（accounting unit）の確定**
- **会計期間（accounting period）の確定**
- **測定単位（measure unit）の確定**

これらは，会計の実務慣行のなかから，まずは確定しておかなければ，会計を行うことができないと考えられてきたものです。すなわち慣習のなかから帰納的に最も基礎的な前提として導き出されたものです。

以下，それぞれの前提を観ていきましょう。

（２）会計単位の確定

まず会計単位の確定についてです。会計は経済活動ないしは経済事象を記録し，会計情報を作成するプロセスであることは前章で説明したとおりです。そのため，会計を行うにあたり，まずどのような経済活動や経済事象を記録対象とし，どのような経済活動や経済事象を記録対象としないのかを確定しておく必要があります。この記録対象となる経済活動・経済事象を確定することが，会計単位の確定です。

会計単位の確定をより具体的に表現すると，記録対象となる財産（経済的資源）の変動の範囲を確定することを意味します。会計の見地からすると，経済活動・経済事象は財産の変動として捉えられるからです。そこで，理解を容易にする意味で，記録対象となる財産の範囲の確定と理解してください。どの財産について，その変動を記録対象とするのかを確定することが，会計単位の確定です。すなわち，記録対象として限定された財産群が１つの会計単位を構成することになります。

たとえば，個人で商店を経営している場合を想定してみましょう。お店の財産（商品や店舗となる建物，事務用品等）も，生活に必要な財産

（洋服や食器類，住居用の建物，自家用車等）も，両方とも一個人に属しています。しかしお店の事業でどれだけ儲かったのか，どれだけ効率よく事業が行われたのか，事業に使用している財産は現在どれだけあるのかを把握するためには，生活に使用している財産を除いて，お店の事業のために使用している財産（事業に属する財産）だけを記録対象としておく必要があります。一個人の財産のうち，このお店の事業に属する財産群のみをもって１つの会計単位を構成することで，事業の成果や状況が把握できることになります。

このことは，個人財産のうち，お店の事業に属する財産を１つの単位として区別することを意味しています。事業を営む主体を一般に企業と呼びますので，いわば企業を個人から区別することを要請するものでもあります。そこでこの会計単位の確定の前提は，その所有者の財産から切り離して１つの会計単位としての企業の存在を認めているという意味で，企業会計を前提とした場合には，**企業実体（entity）の公準**とも呼ばれています。

会計単位として典型的な例としては，前述の個人商店における事業に属する財産のみを単位とする場合のほかに，法的単位として１つの法人に属する財産を単位とする場合が考えられます。あたりまえのように思われるかも知れませんが，１つの法人に属する財産のみを会計単位とするということは，別の法人に属する財産が増減したとしても，記録しないことを意味しています。このように個々の法人ごとの財産を会計単位として作成される会計情報の伝達手段となる財務諸表（詳しくは，第４章以降で説明します。）のことを，**個別財務諸表**あるいは**単体の財務諸表**と呼ぶことがあります。なお法人としては，営利事業を営んでいる会社や，非営利事業を営んでいる各種の非営利法人などが存在しています。

また会計単位として，複数の法人が集まって統一的に経済活動を行っている場合に，その法人グループの業績や状況などを明らかにしたい場合には，その法人グループに属するすべての財産が１つの会計単位となります。こうした法人グループに属する財産を会計単位として行われる会計を，**連結会計**と呼んでいます。そして連結会計により，作成される財務諸表は，**連結財務諸表**と呼ばれています。営利を目的とした会社については，資本市場に上場している会社とその会社に支配されている他の会社（**子会社**と呼ばれています）とを合わせた会社（企業）グループに属する財産を会計単位とする連結財務諸表の作成が制度上，要求されています。

反対に，１つの法人のなかで複数の会計単位を設けて会計を行うこともあります。たとえば，会社が支店を有している場合で，支店の業績や状況を把握したいときは，その支店に属する財産ごとに会計単位を設けることが考えられます。このように本店と各支店に属する財産を区別して会計単位を設ける会計を，**本支店会計**と呼んでいます。さらに，会社や会社グループが複数の事業を運営している場合に，各事業に属する財産で会計単位を構成することもあります。これは**事業部制**と呼ばれています。同じように１つの法人のなかで複数の会計単位を設ける例として，国があります。日本という国は１つの法人ですが，**一般会計**や**特別会計**という用語を耳にしたことがあるように，複数の会計単位を設けています。

このように，会計単位は，会計の目的に合うように，記録対象を限定することで構成されます。

（３）会計期間の確定

次に会計期間の確定についてです。これは，会計を行うにあたり，予め，記録を集計し，財産の変動と現状を確認するために一定の期間を確定しておくことを指しています。もしも単発的な経済活動しか行わない場合で，その活動のみの成果や状況などを把握したいだけであるならば，一定の期間を設けて会計を行う必要はありません。たとえば，学校の文化祭やバザーといったイベントで，１日だけ喫茶店や物品の販売店といった模擬店を開いた場合に，それら個々の模擬店に属する財産を会計単位として会計を行うとしても，一定の期間を設けることなく，どれだけの収入や支出があったのかを記録することになるでしょう。そして文化祭やバザーが終了した後で，すべての収入と支出をまとめた会計報告がなされるでしょう。したがって，一定の期間を設けて会計を行うことが必要となるのは，継続的に経済活動が行われる場合となります。一般的な企業や学校法人などの非営利法人は，継続的に経済活動が行われている例でしょう。

そして会計を行うために，人為的に区切られた一定の期間を**会計期間**と呼びます。人為的に会計期間を設けるのは，現実的な反証がない限り，その経済活動を行う主体が経済活動を継続するという仮定を設けていることにほかなりません。企業会計を考えるならば，事業を行う実体である企業が，継続するという仮定を設けているのです。このことから，企業会計の領域では，この仮定のことを，**継続企業（ゴーイング・コンサーン：going concern）**と言います。そのため，こうした会計期間を設けることの要請は，**継続企業の公準**とも呼ばれています。なお，現実的な反証とは，たとえば，会計単位のもととなっている会社を，あと何年で解散させるかがすでに決定している場合や，すでに解散に向けた手続きが始まっている場合などが考えられます。すなわち，継続企業の仮定は，企業が倒産や清算をしないことを意味しているわけではありません。経済事象を記録するという会計上の処理を行うにあたって，考慮される将来の期間まで，継続して経済活動が行われていると推定される状況にあることが仮定されているのです。

今日，最も一般的な会計期間は，１年間です。諸外国においても，同様です。おそらく，人間が１年間を１つの区切りとして生活をしていることに基づいているのでしょう。そして**期間比較**ができるようにするためには，すべての会計期間は同じ時間の長さでなければなりません。たとえば，会計期間を４月１日から翌年の３月31日と定めて，毎年同様に会計期間を設けることが求められます。日本では，４月１日から翌年３月31日を，海外の企業では，１月１日から12月31日を会計期間としている場合が多くみられます。いつからいつまでを会計期間とするかについて，会計上の要請はありません。

また１年を会計期間としていたとしても，より時宜(じぎ)にかなった会計情報が望まれる場合には，６ヶ月（半期）や３ヶ月（四半期）を会計期間として会計情報（**半期報告書**や**四半期報告書**）が作成されることもあります。

（４）測定単位の確定

会計を行うにあたり，予め，会計単位に属する財産の大きさや変動を測定する単位を確定しておく必要があります。会計では，会計単位に属する財産の大きさや変動を**貨幣単位**により測定することを要請しています。そのため，この要請は，**貨幣的測定の公準**とも呼ばれています。

たとえば，現実の企業の活動では，貨幣単位の他に，商品売買について個数やトンなど，また土地について坪や平米などといったように，様々な物量の測定単位が用いられて，伝票や補助的な帳簿などで記録がなされています。しかしそうした記録は，成果や財産の現状等を明らかにすることを目的としたものではなく，財産の物的管理の目的から記録がなされているものです。そしてその財産の物的管理は，貨幣単位を測定単位とする記録や集計等により作成される会計情報の裏付けとして重要です。測定単位が貨幣単位であるから，他の測定単位による記録は全く行われないということではないことに注意してください。

またしばしば，様々な財産およびその変動を測定するための共通尺度としては貨幣単位しかないので，それが用いられるとの説明がなされることがあります。しかし，この説明は誤りです。会計の目的に照らした場合，測定単位は貨幣単位でなければならない必然性があるからです。

その必然性は，次のとおりです。すなわち，会計では，記録対象となる財産の性格を，貨幣として捉えています。別の表現を用いるならば，記録対象となる財産の貨幣としての属性に着目して記録がなされるということです。この考え方のことを**貨幣資本概念**と呼んでいます。貨幣資本概念に基づくならば，たとえば，商品というかたちをした貨幣，備品や建物のかたちをした貨幣が，会計単位に属しているものと理解します。すなわち，貨幣が商品や備品，建物というかたちで具現しているとみているとも言えます。

貨幣資本概念に基づくならば，会計は様々なかたちをした貨幣を測定するのであるから，当然に貨幣単位を用いて測定することになるのです。

【コ　ラ　ム】

○資本維持概念

会計の基礎となる思考に**資本維持概念**があります。資本維持概念は，どれだけの儲けがあったのかを把握する上で重要な概念です。会計期間中に，元手を直接的に増加させたり，減少させたりすることがないとすると，期末の財産の大きさから期首の財産の大きさを控除したものが，その会計期間の儲けとなります。資本維持概念は，期末の財産の大きさから控除される基準となる期首の財産の大きさを，どのような性格で捉えるのかを問題としています。そして資本維持概念には，大きく**貨幣資本維持概念**と**物的資本維持概念**があります。貨幣資本維持概念に基づくならば，記録対象となる財産を貨幣として把握します。物的資本維持概念に基づくならば，記録対象となる財産は物財そのものとして把握します。また貨幣資本維持概念は，貨幣の名目額により把握する考え方（**名目資本維持概念**）と貨幣の購買力により把握する考え方（**実質資本維持概念**）があります。名目資本維持概念は，正に貨幣の名目額で把握する考え方であり，物価変動があった場合でも，その影響を損益の計算に含める考え方です。実質資本維持概念は，貨幣の購買力に着目するので，物価変動があった場合には，物価変動により影響を受けた貨幣購買力の変動を考慮して，儲けを計算します。

物的資本維持概念は，**実体資本維持概念**とも呼ばれていますが，期首と同じ物財が期末に存在していないと，期首と期末を比較することができません。したがって，取り扱う商品を変更した場合や，事業の内容を変更した場合には，儲けを計算することができないため，会計制度上，採用することはできません。したがって会計制度上は，貨幣資本維持概念が採用されており，たいへん激しいインフレーションのときには実質資本維持概念が用いられることもありますが，基本的には名目資本維持概念が採用されています。

・貨幣資本維持概念──名目資本維持概念
　　　　　　　　　　＼実質資本（貨幣購買力）維持概念
・物的資本維持概念（実体資本維持概念）

2. 会計主体

(1) 会計主体とは

会計を行うにあたって，誰の立場で会計を行うかを確定する必要があります。その立場で会計が行われている，当該主体のことを，**会計主体**

と呼んでいます。誰をもって会計主体とするかについては，様々な見解があります。それぞれの会計主体に係る見解ないしは理論を，**会計主体論**と呼びます。そして誰を会計主体と考えるかによって，一会計期間に会計単位に属する財産がどれだけ増減したのかの把握や，記録対象となる財産の見方などに相違がみられることになります。すなわち，誰の立場で会計を行うかによって，儲け（一般的に利益と呼ばれています。）の計算や財産の計算が異なってきます。

会計主体論は，主として企業会計の領域で検討されてきました。そのため，企業会計を念頭においた論の展開が多くなされてきました。そして会計主体論としては，具体的には，「資本主理論」や「代理人理論」，「企業主体理論」，「企業体理論」，「投資家理論」などがあります。以下，それぞれについて概説することにします。

（2）資本主理論

資本主理論は，その会計単位の所有者である資本主の立場で会計を行うべきとする考え方です。したがって企業を，その資本主（所有者），あるいは資本主の集合体として捉える考え方でもあります。

資本主の立場で会計を行うということは，その会計単位に含まれる現金や債権，不動産などは，資本主にとってプラスの財産と考えることができ，反対に銀行からの借入金などは，資本主にとってマイナスの財産であると考えられます。そしてプラスの財産とマイナスの財産の差額である正味の財産が，資本主に帰属する正味の財産（資本主の富）であると考えます。そこで一会計期間の正味の財産の増減は，資本主にとって，どれだけ儲かったのか，あるいは損をしたのかという観点で計算されなければなりません。すなわち，資本主理論に立脚するならば，一会計期間の儲けや損は，資本主の富の増減として説明されることになります。

　そのため，株式会社を例に採ると，資本主である株主が会計主体となります。そしてその株式会社が株主に支払う配当金は，株主の立場からは，会社にある財布から個人の財布にお金が移動したに過ぎないと考えられます。したがって，会社が支払う配当金は，その会社を会計単位とする儲けや損の計算には含めません。また儲けを課税ベースとしている税金（法人税等）については，それらの税金が控除された後の金額だけが資本主に帰属するため，それらの税金は資本主の儲けの計算上差し引かれることになります。

　なお，資本主理論は，資本主すなわち所有者がいない組織については，適用ができない理論です。具体的には，非営利法人のように，法人が解散するときに残った財産の所有を請求することができる者（**持分権者**（もちぶんけんしゃ））がいない場合，資本主そのものが不在のために，他の会計主体論に依存せざるを得ません。

（3）代理人理論

　代理人理論は，資本主と経営者の間で，財産の運用と管理に関する委託と受託の関係があると考えます。そして経営者は，資本主の代理人であると捉えます。この理論は，受託者にして資本主の代理人である経営者の立場で，会計を行うべきとする考え方です。この理論では，経営者は資本主から独立した存在ではなく，資本主理論と同様にプラスの財産とマイナスの財産の差額が資本主に帰属する正味の財産（資本主の富）と考えます。ただし，この理論に基づくならば，経営者がいかに業績を上げたかに関心が向けられるため，経営者の裁量の外にある法人税等は，資本主への配当金と同様に，経営者により獲得した儲けや被った損の計算からは除かれます。

なおこの理論もまた，非営利法人のように持分権者が不在の場合には，直接的には適用できない理論です。ただし，寄附者や出捐（しゅつえん）者の代理人として経営者を捉えることで適用する可能性はあるものと思われます。

（4）企業主体理論

企業主体理論では，今日の企業，特に資本市場に上場しているような大企業にあっては，所有と経営が分離しているという現状を踏まえて，企業をその所有者たる資本主から独立した存在として捉えます。すなわち企業そのものが会計主体であるという考え方です。企業は資本主の集合体として理解する資本主理論とは異なり，企業は企業そのものとして存在していると考えます。そのため，この理論は**企業実体理論（エンティティ〔entity〕理論）**とも呼ばれています。

この理論に基づくならば，資本主も企業に貸し付けを行っている銀行等のような債権者もともに，企業の外部の存在となります。株式会社を例にとると，資本主である株主はその企業が行う事業のための元手として資金を提供し，債権者は貸し付け等により事業の資金を提供しています。そのため資本主も債権者も，企業外部の資金調達源泉として，同質であると理解できます。したがって，資本主に支払われる配当金も債権者に支払われる利息も，ともに資金調達コストとして同じ性格を有するものとして会計上取り扱われることになります。

そして企業主体理論のなかには，２つの考え方が存在しています。

１つの考え方は，儲けや損を企業が資本主および債権者のために行った活動により生じると考える立場です。すなわちこの考え方は，資本主と債権者といった外部の資金提供者全体の立場で会計を行おうとする考え方です。したがって損益は，その会計期間の企業の財産（プラスの財産）の増減として定義されます。この考え方に基づくならば，債権者に支払われる利息は，資本主に支払われる配当金と同様に，企業の儲けや損の計算からは除外されます。すなわち儲けや損は，配当金や利息の控除前の金額として計算されます。

もう１つの考え方は，企業そのものを独立して把握しようとする立場です。すなわち，企業そのものの立場で会計を行おうとする考え方です。そのため，この考え方に基づく儲けや損は，資本主や債権者へ支払った配当金や利息を控除した後に企業に残余する部分と理解されることになります。そのため，支払われる配当金や利息は，儲けや損の計算上のマイナス要素として位置づけられます。

なお上述の説明から理解できるとおり，この企業主体理論は，資本主が存在しない場合，すなわち持分権者が不在の場合であっても，適用が可能な理論であると言えます。

（５）企業体理論

企業体理論は，多くの利害関係者，すなわち，資本主や債権者，経営者や従業員，顧客や仕入先，政府，さらには一般大衆に影響を及ぼす社会的機関として企業を理解する考え方です。すなわち，企業を社会システムの一部として機能している観点から理解しようとします。たとえば，生活に必要な食料や衣類などを売っているスーパーマーケットや百貨店がなければ，そうした生活に必要な物品が入手できないことが考えられます。言い換えると，そうしたスーパーマーケットや百貨店などは，広く一般に人々の生活にとって必要な存在であると言えますし，必要とされるだけ社会に貢献しているとも言えます。こうした意味で，企業体理論は，社会全体の立場で会計を行おうとする理論です。

そしてこの理論では，その企業の業績を，企業が果たした社会的責任の遂行に関する評価（社会への貢献度），具体的には産み出した付加価値をもって測ろうとします。その会計期間に産み出された付加価値値が，プラスであれば社会への貢献があったことを意味し，マイナスであれば社会への貢献はなかったことを意味します。

（６）投資家理論

投資家理論は，**残余持分理論**とも別称されますが，投資家の立場から会計を行おうとする考え方です。具体的には，株式会社を例にとるならば，株主は資本主（所有者）ですが，直接経営に参加しない場合，特に上場会社の株主は，株価の値上がりや受け取る配当金に関心を持ち，投資家としての性格が強くなると考えられます。今日の高度に発達した資本市場（証券市場）をみると，そこで株式等の証券を売買している人たちは，企業の経営に参加することを目的としているというよりは，利殖目的であると言えるのです。言い換えると，そうした利殖目的で株式等を売買する人たちは，投下した貨幣からどれだけ多くの貨幣を獲得できるかに関心があると言えます。

そしてそうした投資家が関心を持つのは，当然に資本市場で売買される証券に限定されます。具体的には，株式として様々な種類株式（優先株式や買戻請求権付株式など）が発行されているとしても，資本市場で流通しているのが普通株式のみであるならば，普通株式の所有者の立場に限定して会計を行うべきであると考えます。そのため，儲けや損は，資本市場で流通している株式の所有者にとってのそれとして計算されます。すなわち優先株式等の所有者にとっての儲けや損を除いた金額が，投資家にとっての儲けや損となります。

(7) 現行の会計制度で採用されている考え方

現行の企業会計の制度においては，資本主理論が採用されています。その理由は，各種法令を始め様々な社会的制約との関わりを考慮した場合に，資本主理論に基づいて会計を行うことが最も合理的あるいは便宜であると認識されているからだと思われます。たとえば，法人税を納付する際に行う課税所得計算は，資本主理論に立脚しています。会社法により規制される株主総会（会社の最高議決機関）には，債権者は参加できず，儲けの処分に対する議決権は有していません。また債権者が受け取る利息の額が，貸し付け先の企業の業績に連動して決定されることはまずはありません。

そして企業会計の制度において資本主理論が採用されることにより，支払利息や法人税等はその儲けや損の計算上のマイナス要素として取り扱われることになります。それに対して，資本主に対して支払われる配当金は，そうした計算上のマイナス要素としては取り扱われません。

一方，持分権者が不在の非営利法人の会計制度においては，企業そのものを独立して把握しようとする立場をとる企業主体理論の考え方に準じているものと思われます。すなわち，外部の資金提供者と切り離されて，非営利法人そのものが実体として存在し，会計主体となっています。

3　企業会計の目的と諸領域

《本章のポイントと学習の目標》　本章から企業会計を取り上げて説明します。企業会計の領域には，大きく2つの領域が存在します。1つは，外部の利害関係者に会計情報を伝達する会計の領域であり，財務会計と呼びます。今1つは，企業内部の利害関係者に会計情報を伝達する会計の領域であり，管理会計と呼びます。さらに会計情報の伝達に関わって，その会計情報に信頼性を与える等のために会計監査の領域が存在します。伝達された会計情報を，特に企業の外部者がいかに理解するかを対象とする財務分析の領域も存在します。企業会計に含まれる様々な領域について，その概略を理解しましょう。

また財務会計の領域において，会計が果たす機能として，意思決定支援機能，利害調整支援機能があります。前者は，外部の利害関係者が会計情報を利用して自らの意思決定を行うことを支援する機能であり，後者は，利害関係者間での利害の対立を解決することを支援する機能です。会計が社会に対して果たしている役割について，理解しましょう。

《キーワード》　資本循環，利害関係者，財務会計，取引，未履行契約，財務諸表，管理会計，原価計算，会計監査，粉飾，監査報告書，財務分析，情報の非対称性，意思決定支援機能，利害調整支援機能，財務業績，経営成績，財政状態，投資のポジション，報告，開示

1．企業会計の領域

(1) 企業の活動と会計

第1章で説明したように，会計の領域は多岐にわたっています。しかし第2章での説明からも示唆されるように，会計に関わる議論は企業会

計を中核に発展してきました。その理由は，企業が行う生産や流通，消費，貿易，証券投資等の経済活動が，国や地域の経済や社会に及ぼす影響がたいへん大きく，またその活動に関わる人たちが多いためと思われます。そこで本章では，企業会計に焦点を当てて，その領域と会計の機能について説明していきます。

企業は，出資者が拠出した元手により，さらに銀行等から借入れを行うことにより集めた資金で，様々な経済資源（物財や労働サービス等）を取得し，それを消費ないしは利用することで，他者に商品や製品，サービスを提供し，その対価として現金等を受け取り，さらにその回収した現金等を使って，また新たな経済資源を取得して，より多くの現金等を獲得していくという活動を行っています。こうした活動の循環は，貨幣資本の増加を目指したものであるため，**資本循環**と呼ばれています。そうした活動を会計の立場，特に資本主理論に立脚してみるならば，企業はその出資者（資本主）に帰属する貨幣資本の増加を目的として，様々な活動を行っていることになります。この貨幣資本の増加を目的としていることが，企業が**営利目的**の組織であることの意味です。

そして営利目的を達成するために，企業と利害関係のある様々な人たち（**利害関係者**と言います。），たとえば，投資家や債権者，従業員，経営者，国や地方公共団体，消費者，取引先，地域住民などと，良好な関係を維持しつつ，より効率的でより多くの儲けが得られるように活動することが求められます。作成される会計情報は，そうした多様な利害関係者にとって役に立つものとしていろいろな場面で利用されています。

企業会計では，企業外部の利害関係者に会計情報を伝達する領域を**財務会計**と呼び，企業内部の利害関係者に会計情報を伝達する領域を**管理会計**と呼びます[1)]。情報の伝達先の相違は，会計情報の利用目的の相違でもあります。そして企業外部の利害関係者は，直接に企業の活動や状

1）財務会計と管理会計の領域は，会計情報の伝達先の相違に基づく分類ですから，企業以外の他の経済主体，たとえば非営利組織等の会計についても存在します。

況を知ることができませんので，企業内部の者（経営者）が作成する会計情報を利用することになります。一方，企業内部の利害関係者である経営者は，自らが必要とする会計情報を自らの判断と意思で収集することができるという相違があります。

（２）財務会計

財務会計とは，既述のとおり，外部の利害関係者に会計情報を伝達する領域を指します。外部の利害関係者は，企業内部の経営者とは異なり，その経済主体の経済活動について把握しているわけではありません。場合によっては，全く知らないこともあるでしょう。逆の表現をするならば，その経済主体の情報を直接に入手することができない人たちを，外部の情報利用者と呼んでいます。いわば財務会計は，経済主体の内部の管理者等と外部の情報利用者との間に，情報の入手能力に大きな格差（**情報の非対称性**と呼びます。）が存在している状況を念頭においています。財務会計は，情報の非対称性を解消するために，企業の経済活動を記録し，集約して情報として外部の利害関係者に伝達するプロセスであると言えます。

企業外部の利害関係者の立場からは，会計情報の利用目的に応じて，受け取った会計情報を観察・分析することで，企業の経済活動の内容や企業の実態を把握・理解し，利用するプロセスとして，財務会計は理解されます。このことは，会計情報の内容については，その作成者である経営者の責任に帰するものであり，その会計情報をいかに利用するかについては外部の利害関係者の責任に帰するものであることを意味します。そのため企業の実態を伝達するために，経営者は事実に基づいた会計情報を作成し，伝達することになります。こうした事実に基づいた会計情報には，事実に基づいた企業の経済活動や事象が写像されることになります。財務会計において，記録対象となる企業の経済活動や事象を**取引**と呼んでいます。

ここにいう「取引」は，一般的に使用されている用語とは必ずしも一致しません。たとえば，一般的な用語法としては取引に含まれませんが，財務会計上の取引には，火事で企業の所有する建物が焼失したことも含まれ，記録対象となります。火事や災害等で財産が失われた場合に，一般には取引があったとは言いません。会計上，そうした事象を取引に含めるのは，企業に属する財産に変動をもたらす事実としての事象だからです。反対に，一般的用語法としての取引に含まれますが，財務会計上の取引には，商品を発注したことや受注したことは含まれません。こうした発注や受注をしたことは，将来に商品を売買する約束をしたことになり，その相手先との契約が存在していることを意味します。しかしこの契約は，約束をしただけだと，契約の当事者のいずれも何もしていない状態と言えます。こうした契約を結んだだけで当事者のいずれも何らの行動も起こしていない状態を，**未履行契約**と呼んでいます。財務会計では，未履行契約は記録の対象としませんので，取引には含まれません[2)]。未履行契約の段階では，企業の財産になんらの変動ももたらさないと考えられているからです。

第１章の図表１－１を財務会計向けにアレンジしたものが，図表３－

図表３－１　財務会計の仕組み

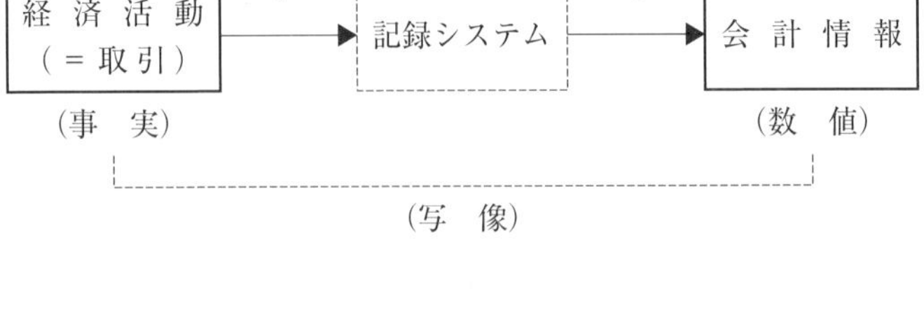

2）未履行契約であっても，例外的に記録対象となる場合があります。それはデリバティブ取引です。この取引については，第９章で学びます。

１です。

図表３－１に関連して付言すると，企業会計における財務会計では，記録システムとしては基本的に**複式簿記**が利用されています。その理由は，複式簿記が企業の財産の変動の事実と原因について２面的に記録できるためです。複式簿記によって記録することにより，企業のいかなる財産がどれだけ増減し，その増減の原因は何かを明らかにできる点で，優れているからです。

なお財務会計の領域では，会計情報を伝達する手段として，企業の財務に関する情報を一覧性があるように作成された様々な表や書類を用います。その一覧性のある諸表や諸書類として，典型的なものが**財務諸表**です。主要な財務諸表として，企業の財務に関する状況を明らかにする**貸借対照表**と，企業の業績を示す**損益計算書**があります。これらについては，第４章以下で説明します。

それでは，どのような外部の利害関係者がいて，会計情報をどのように利用しているのでしょうか。

たとえば，資本市場において株式の売買を行う投資家は，会計情報を利用して，株式を買うのか，売るのか，あるいは持ち続けるのかの判断をします。企業の経済活動の事実を写像した会計情報から，その企業の価値を推定し，その推定した**企業価値**に基づく１株当たりの価値と現在の１株当たりの株価とを比較して，前者のほうが高ければその株式を購入し，低ければ売却するという判断を行うはずです。また企業に貸付けを行っている銀行等の債権者は，会計情報を利用して，自己の資金を貸し付けることが安全で有利であるのかの判断をします。会計情報から返済能力等を判断し，返済能力に応じてどれだけの金額を貸し付けられるのか，またどれだけの利息を受け取ることが妥当であるのかなどを判断します。企業の取引先も利害関係者に該当します。たとえば商品の仕入先は，その企業と取引を行っても商品の代金を回収できるかどうかについて，会計情報を用いて判断することができます。会計に関する知識は，会計の担当者だけではなく，営業担当者にとっても重要となる理由が，ここにあります。

それ以外の利害関係者としては，労働組合も挙げられます。労働組合は，会計情報を利用して，従業員の給料や賃金の妥当性等を判断し，労使交渉の際などに利用します。業績が良く，たいへん儲かったことが会計情報から判明すれば，労働組合は，企業の経営者たちに対して，給料や賃金のアップを要求することになるでしょう。国家もまた外部の利害関係者に含まれます。国家は，課税上の所得金額の計算や税額の計算等に会計情報を利用します。さらに国家は公共性の高い業種について，その料金の適正性を判断するのに，会計情報を利用します。電気料金は行政上の規制を受けていますが，原油の輸入代金が上昇し，電力を生み出すための支出額が増加したために，電力会社が利益を上げにくい状況の場合には，国家は電気料金の値上げを承認するでしょうし，反対の場合は，電気料金の値下げを要求することになります。加えて地域住民も，外部の利害関係者に含まれます。彼らは，会計情報を通じて，その企業が公害問題や環境問題にどのように取り組んでいるのか，地域への文化貢献はどの程度か等を理解し，工場の存在を容認するか否かを決定し，もし容認しがたいと考えれば，企業に工場の退去を求める行動を起こすかもしれません。また消費者は，その企業の経済活動を会計情報によって理解し，その企業の活動が自らの価値観に合うか否かで，製品や商品の購入を変化させる可能性があります。

このように財務会計領域にあっては，会計情報を様々な外部の利害関係者が様々に利用しています。なお外部の利害関係者が企業間の比較等を行おうとするならば，会計情報に一定の等質性を求めざるを得ません。そのため，財務会計の領域では，社会的な規制を受けることになります。このことについては第５章で詳しく説明します。

（3）管理会計

管理会計は，既述のとおり，企業内部の利害関係者，すなわち企業の経営者ないしは管理者に対して，企業を運営管理するために必要な情報を伝達する領域を指します。内部の利害関係者である経営者等は，企業の運営や管理等のために自らが必要とする情報は直接入手することが可能です。したがって，特に標準化された，あるいは規格化された形式を会計情報に求めることなく，必要な場合に必要な情報を役に立つ形式で入手すればよいことになります。換言すると，管理会計における会計情報は，その利用目的に応じて高度な可変性を有すると言えます。極端な表現をすれば，必要なければ会計情報は作成することはないのです。

それでは，経営者等は，どのような会計情報をどのように利用するのでしょうか。たとえば，企業のトップ・マネジメントに属する社長やCEO（chief executive officer：最高経営責任者）は，企業全体としての長期的目標を定め，それを達成するための経営戦略や中長期の計画を策定しなければなりません。たとえば，製品を製造する工場を日本国内に建設するのか，あるいは海外のいずれかの国に建設するのかを，決定しなければならない場合があります。この場合，いずれが有利かを判断して，意思決定します。その際，日本国内で製品を製造した場合に必要となるあらゆる支出額と海外で製造した場合に必要となるあらゆる支出額について，それぞれの国の規制や優遇措置，租税の負担，土地や工場の建築に係る支出額，従業員の賃金水準，為替変動リスク，製品の流通への利便性等を考慮して作成された会計情報を比較検討し，どこに工場を建設するかを意思決定することになるでしょう。また複数の種類の事業を展開している場合，それぞれの事業ごとの業績を示す会計情報を用いて，儲かっていない事業に投下されていた経済資源を儲かっている事業に移す等の意思決定を行います。企業が，不採算事業（儲かっていない事業）を廃止して，成長することが期待される事業を拡大するという話は，しばしば聞かれると思いますが，こうした意思決定を会計情報は支援していることになります。

また，**原価計算**を通じて，製品を製造するためにどれだけの支出額が必要となっているのかを把握します。製品を製造するためには，通常，その製品の物質的要素となる原材料や加工するための労働用役，機械装置等の設備，その機械装置を動かすための電気等が必要となります。原価計算は，それらを取得するための支出額のうち，製造された製品に係る支出額（**製品製造原価**）を計算する技術です。製品を製造するのにどれだけの金額がかかったのかの会計情報を参考にしながら，製品をいくらで販売するのかという販売価格を決定することになります。

このように，管理会計の領域では，様々な会計情報が様々に利用されています。管理会計の領域では，企業内部で必要に応じて必要な会計情報を作成し，それを利用しているため，その会計情報の内容は事実に基づくだけでなく，予測や推定あるいは計画の要素が入り込むことがありえます。たとえば，標準や目標となる製品製造原価を予め設定することが考えられます。そしてその予測等が実際と相違する結果が生じた場合には，なぜ相違が生じたのかを検討し，それ以後の経営管理に役立てることになります。

（4）企業会計のその他の領域

①　会計監査

企業会計の領域は，会計情報の伝達先により大きく２つに分類されることを説明しました。そうした会計情報の伝達プロセスそのものの流れに含まれるわけではありませんが，会計情報の伝達に関わって，重要な役割を果たす領域として，**会計監査**があります。

たとえば，経営者が事実に基づくことなく，虚偽の内容を含んだ会計情報を作成した場合，外部の利害関係者はそれを見抜くことはできません。経営者が意図的に虚偽の情報を作成することを，**粉飾決算**ないしは単に**粉飾**と言います。企業の状況をより良く見せかける場合と，悪く見せかける場合の両方があります。前者の場合が多いため，後者の場合を**逆粉飾**と呼ぶこともあります。粉飾は，株価を引上げたい，あるいは借入れを行う際に有利にしたいといった思惑がありえます。逆粉飾は，納付すべき租税額を引下げたいといった思惑がありえます。

粉飾（決算）	（狭義の粉飾）	企業の状況を偽って良好に見せようとする場合
	（逆粉飾）	企業の状況を偽って悪く見せようとする場合

こうした粉飾を防ぎ，外部の利害関係者が利用できるようにするためには，会計情報の作成者から独立した立場で，その会計情報が社会的に合意された作成のルールに従っているか否かをチェックする必要があります。このチェックが，会計監査です。もしルールに従っていれば，適正に作成された会計情報になりますが，従っていなければ不適正な会計情報となり，利害関係者はその会計情報を利用しないことになります。こうした意味で，会計監査は，会計情報に信頼性を付与するという役割を担っています。なお，監査を行った結果を報告する書類のことを，**監査報告書**と呼んでいます。

また会計監査は，企業の規模が大きくなれば，企業のすべての活動等を直接観察することはできなくなるため，経営者が企業の経営方針や経営戦略等の意図や計画等に従って，組織が運営され，部下が行動しているか，そして内部の報告書に虚偽の情報が含まれていないかをチェックすることも必要となってきます。これは企業内部でのことですから，**内部監査**と呼ばれています。内部監査は，上位の経営管理者の立場で行われることになります。

② 財務分析等

企業会計の領域，特に財務会計の領域において，会計情報の利用方法を対象とする領域があります。会計情報を伝達する手段として典型的なものとして，財務諸表があることを紹介しました。その財務諸表の内容を分解して，たとえば，その企業がどれだけの儲けを獲得できる能力を有しているのか，経済資源をどれだけ効率よく活用しているのか，それによって企業の成長度合いはどの程度なのか等を示すための比率が用いられます。またその企業の短期的な支払能力はどの程度なのか，長期間返済することなく利用できる資金の調達はどの程度なのか等を示すための比率も用いられます。

このように伝達された会計情報を分析する領域は，**財務分析**，特に財務諸表を分析する場合には**財務諸表分析**と呼ばれています。

さらに企業会計の領域では，企業の社会的責任を明らかにするような情報に対する社会的要求に応えるような情報を作成する領域があります。特に環境に関連する情報を作成し，伝達する領域は，**環境会計**と呼ばれています。最近では，より広く，持続可能性を示す情報（たとえば，**サステナビリティ〔sustainability〕報告書**）が求められています。この領域は，必ずしも貨幣額による数値情報（財務情報）とは限りませんが，財務情報と合わせて理解することで，企業の実態がより一層明らかになるものとして重要性を増しています。財務情報と非財務情報を関連づけて，企業の状況を開示または報告する領域は，**統合報告**と呼ばれています。

2．企業会計の機能と目的

(1) 企業会計の２つの機能

利害関係者は，会計情報を大きく２種類の利用の仕方をしています。換言すると，企業会計には，会計情報を提供することで，大きく２つの機能があると言えます。それは，**意思決定支援機能**と**利害調整支援機能**です。

意思決定支援機能とは，会計情報を利用して，利害関係者が様々な意思決定を行うことを支援することができる機能のことです。会計情報に基づいて，投資家は自らの投資意思決定を行い，銀行等の債権者は，貸付を行うか否かの意思決定を行います。企業内部の経営者も，会計情報に基づいて，様々な経営管理の意思決定を行っています。会計情報そのものにより，その意思決定が自動的に導かれるわけではありませんので，会計情報はあくまでその支援をしていることになります。

一方，利害調整支援機能とは，利害関係者の間で利害の対立が存在している場合に，会計情報を利用して，その対立を解消することを支援する機能のことです。たとえば債権者は，貸し付けた金額が安全に回収できることを望みます。ほとんど財産を所有していない人に貸し付けるよりも，多くの財産を所有している人に貸し付ける場合のほうが，回収可能性が高まるため，安心してお金を貸すことができるはずです。したがって債権者は安心して貸し付けるために，より多くの財産が企業に内部留保されることを望むことになります。それに対して，出資者（株式会社の場合，株主）は，必ずしも企業の財産が内部留保されることを望むとは限らず，むしろ出資者に対してより多くの配当を望むことが多いでしょう。より多くの配当を行えば，その分だけ，企業の財産が減少することになります。このような場合，債権者と株主との間に利害の対立が存在していることになります。

こうした対立は，債権者が貸し付けを行う際に，契約により財産の内部留保について条件を付することもできますが，その際にどれだけの財産を内部留保するのかを，会計情報を利用して示すことができます。また個々の契約によらずに，法令により会計情報を利用して，企業に属する財産のうちどれだけは内部留保しなければならないか，そしてどれだけ配当することができるのかを予め定めることもできます。内部留保すべき財産そのものを，財務会計が直接に決定するわけではありませんが，その決定のための基礎となる情報を提供することができます。会計情報そのものが，配当の金額を決定しているわけではなく，あくまで利害を調整するための基礎を提供していることになります。

(2) 財務会計の目的

既述の内容から明らかなように，管理会計の領域では社会的なルールはなく，内部の利害関係者である経営者等の判断で任意に会計情報を入手し利用できるのに対して，財務会計の領域では外部の利害関係者が情報の利用者となり，意思決定を行う際には企業間の比較等を行う場合があるため，また利害調整を行う際には関係者全員が納得のいくルールで会計情報が作成されることが求められるため，社会的規範たる会計のルールが必要となります。そこで，社会的な規制の対象となる財務会計に焦点を当てて，その機能の観点から，その目的を説明することにします。

財務会計は，意思決定支援機能と利害調整支援機能を果たすために必要な会計情報を作成し，伝達することになります。換言すると，財務会計の目的は，２つの機能を果たすための会計情報を作成し，伝達することであると言えます。

そして２つの機能を果たすための会計情報として，次のような内容が期待されています。すなわち，主として**財務業績**（**経営成績**あるいは投資の成果とも呼ばれています）に関する情報と，**財政状態**（**投資のポジション**とも呼ばれています）に関する情報です。財務業績に関する情報とは，企業が行った経済活動や事象の結果，どれだけの財産が増減したのか，そしてそれがいかなる原因によるのかを明らかにする情報です。財務業績としては，どれだけの儲けがあったのか，そしてそれはどのようにして獲得したのかが明らかにされることが期待されます。また財政状態に関する情報とは，企業に属する財産がどのような状態にあるのかを明らかにする情報です。財政状態としては，その企業の経済活動に投下した貨幣資本が，現在どのような形態で保有され，運用されているのかを明らかにすることが期待されます。

そこで財務会計の主たる目的は，企業の業績を決定することと，財政状態を確定することであると言えます。

なお，用語法の問題ですが，厳密には，会計情報が特定の者（多数か少数かを問わず）に対する情報の伝達を「**報告**」と言い，不特定多数の者に対する情報の伝達を「**開示**」ないしは「**公開**」と言います。ただし，実際の社会では，厳密に使い分けていない場合が散見されます。

4 複式簿記と財務諸表の構成要素

《本章のポイントと学習の目標》 この章では，会計の技法的な側面に着目して，その特徴を示したいと思います。そのために，複式簿記の仕組みを概括し，その複式簿記との関わりで企業会計における財務諸表の構成要素である資産や負債，純資産，収益，費用，利益を説明します。会計の見地からは，複式簿記は，会計主体に属する財産の変動の事実をその形態ごとに記録し，財産純額（正味の財産額）の変動の原因をその種類ごとに記録するシステムであると言えます。複式簿記のシステムから，損益計算書や貸借対照表が必然的に導かれます。複式簿記の仕組みを通して，どのように経済事象が記録されて整理され，会計情報が作成されるのかを理解しましょう。現在では，会計ソフトが市販されており，それを利用すると経済事象を記録し，それをいかに整理や集計をして会計情報を作成するのかという一連の流れを理解していなくとも，会計情報が自動的に出力されてきます。しかし会計ソフトは，複式簿記の一連の流れを踏まえてプログラミングされています。そのため複式簿記の知識がなくては，会計ソフトのプログラミングのミスや誤作動等が生じた場合に，そのことにさえ気づかないでしょう。その意味においても，複式簿記の仕組みを理解することは重要です。そして複式簿記とのつながりで，財務諸表の各構成要素の意味を把握してください。

《キーワード》 複式簿記，勘定，借方，貸方，試算表，残高，損益勘定，損益計算書，残高勘定，貸借対照表，収益，費用，利益，留保利益，資産，負債，純資産，資本，株主資本，純資産等式，貸借対照表等式，払込資本，大陸式，英米式

1. 複式簿記

（1）複式簿記とは

企業会計は，企業の経済活動・経済事象を写像した会計情報を作成するプロセスですが，その経済活動・経済事象（取引）を記録するシステムとして，第１章で説明したとおり，簿記を用いています。特に企業会計において，取引を記録し，その記録を整理・集計するシステムとして，一般に広く，**複式簿記**が採用されています。複式簿記は，会計主体に属する財産の変動を，その事実と原因という２つの側面から記録する技法です。複式簿記では，会計主体に属する財産の変動の事実を，その財産の形態別に記録するとともに，会計主体に属する財産の純額（プラスの財産とマイナスの財産の差額）の増減の原因を，その財産純額の増減の原因の種類別に記録を行います。

図表４－１　複式簿記による記録の原則

記録対象	記録方法
会計主体に属する財産の変動の事実	財産の形態別に記録
会計主体に属する財産純額の変動の原因	財産純額変動の原因の種類別に記録

（2）複式簿記の記録技法

そして複式簿記の記録は，**勘定**（account，**a/c** と略して表記されます）を単位として行われます。勘定は，財産の形態ごとに，また財産純額変動の原因の種類ごとに記録する単位のことです。すなわち勘定は，複式簿記における記録単位です。

勘定という名称のついた表現としては，**勘定科目**（特定の名称が付された勘定）や**勘定科目名**（勘定に付された名称），**勘定口座**（勘定科目ごとに記録する場所）などがあります。たとえば，財産の１種類である現金を例に採ると，現金の記録を行う勘定科目は現金勘定であり，その記録を行う場所を会計帳簿に設けることは現金勘定口座を設けるという表現になります。しかし，今日，複式簿記のシステムがコンピュータ・ソフト化しており，目で見て勘定口座の場所を確認することがなくなってきていることもあり，勘定科目や勘定科目名，勘定口座といった厳密な用語の使い分けをすることは少なくなってきています。

複式簿記では，１つの取引で必ず，**借方**（勘定口座の左側）と**貸方**（勘定口座の右側）へ，両側の金額が同じとなるように記録します。語源としては，借方は「借りている人」，貸方は「貸している人」を意味しています。借方および貸方という用語は，歴史的に複式簿記が債権（誰にどれだけ貸しているのか）や債務（誰からどれだけ借りているのか）を記録することから発展してきた名残りと言えます。ただし記録対象が多様化した結果，現在では，借方と貸方は，それぞれ勘定口座の左側と右側を指すものとして理解してください。なお借方は「借」や英語の debtor から **Dr** と略されることがあります。同様に，貸方は「貸」や英語の creditor から **Cr** と略されることがあります。

そして財産の変動の事実と原因は，複式簿記においては，次のように記録されます。

- **事実の記録……財産増加の事実は，借方に記録**
  財産減少の事実は，貸方に記録
- **原因の記録……財産純額増加の原因は，貸方に記録**
  財産純額減少の原因は，借方に記録

図表４－２　事実と原因の記録場所

【事実の勘定】

（借方）　○○a/c	（貸方）
増加額	減少額

【原因の勘定】

（借方）　○○a/c	（貸方）
減少額	増加額

(３) 複式簿記の具体的数値例

以下では，複式簿記と財務諸表の構成要素の関係を，具体的数値を用いてみていきますが，１つの法的単位を会計単位とし，現行制度で採用されている資本主理論を前提とします。

《設例》

次の諸取引が生じたとします。なお貨幣単位の表記は，便宜上省略します。

①　現金30,000を元手として，商品売買業を開始した。
②　銀行から現金15,000を借り入れた。
③　商品Ａ（単価300）を100個購入し，その代金は現金で支払った。
④　上記③の商品Ａを単価450で80個掛販売をした。
⑤　従業員の給料を現金で4,000支払った。
⑥　上記②の借入金を10,000だけ，現金で返済した。
⑦　上記④で生じた売掛金のうち，25,000を現金で回収した。

図表４－３　勘定口座の記録

【事実の勘定】

（借）　現金　（貸）

①	30,000	③	30,000
②	15,000	⑤	4,000
⑦	25,000	⑥	10,000

（借）　売掛金　（貸）

④	36,000	⑦	25,000

（借）　商品　（貸）

③	30,000	④	24,000

（借）　借入金　（貸）

⑥	10,000	②	15,000

【原因の勘定】

（借）　資本金　（貸）

		①	30,000

（借）　売上　（貸）

		④	36,000

（借）　売上原価　（貸）

④	24,000		

（借）　給料　（貸）

⑤	4,000		

[勘定への記録について補足説明]

（1）資本主理論に基づいていますので，資本主（所有主）の立場から，財産の存在を示すプラスの事実としての勘定には，現金勘定と売掛金勘定，そして商品勘定が含まれます。それとともに，マイナスの事実としての勘定には，借入金勘定が含まれます。

（2）取引④については，商品が販売されたごとに，商品勘定から売上原価勘定に振り替えるという処理をしています。この処理方法を，売上原価対立法と呼んでいます。なお**振替**とは，勘定間の金額移動を指します。

[勘定記録の集計]

複式簿記では，１つの会計期間が終了した時点で，勘定口座の記録を集計します。勘定記録を集計した表のことを，**試算表**と呼びます。この試算表には，各勘定の借方と貸方の記録を相殺することなく集計した表である**合計試算表**と，各勘定の**残高**（借方と貸方の差額）を集計した表である**残高試算表**があります。１つの取引について，必ず借方と貸方で金額が同じになるように記録されていますから，合計試算表についても，残高試算表についても，それぞれの試算表における借方合計と貸方合計は一致します。設例の数値に基づいて，各勘定の残高を集計したものが図表４－４の残高試算表です。図表４－４では，借方合計と貸方合計は，ともに71,000で一致しています。

図表４－４　残高試算表

（借）　残高試算表　（貸）

現金	26,000	借入金	5,000
売掛金	11,000	資本金	30,000
商品	6,000	売上	36,000
売上原価	24,000		
給料	4,000		
	71,000		71,000

この残高試算表を，事実の記録と原因の記録の観点から図示したものが，図表４－５です。こうした残高試算表は，どのような形態のプラスの財産とマイナスの財産が，どのようなプラスの原因とマイナスの原因により存在しているのかを示していると解釈することができます。

図表４－５　残高試算表（事実と原因の記録）

（借）　残高試算表　（貸）

（借）	（貸）
事実の勘定 （＋） 現金・売掛金・商品 43,000	事実の勘定 （－） 借入金　5,000
原因の勘定 （－） 売上原価・給料 28,000	原因の勘定 （＋） 資本金・売上 66,000

2．財務諸表の構成要素

（１）複式簿記と財務諸表

会計情報を伝達する道具である財務諸表は，複式簿記による記録に基づいて作成されます。すなわち複式簿記と財務諸表とのあいだに有機的な関係が存在しています。複式簿記における会計期間末における処理の仕組みからは，財務諸表のうち，損益計算書と貸借対照表が必然的に導かれます。

（２）損益勘定と損益計算書の構成要素

複式簿記では一会計期間が終了した時に，すべての勘定記録を集計します。そしてそれらの各勘定の記録が正しく，修正等を加える必要がないならば，財産純額が増減した原因を示す勘定記録のなかから，貨幣資本の増大のための直接的な活動である経営活動（儲けを得るための直接的活動）によるプラスの原因とマイナスの原因を抽出して，**損益勘定**という勘定にまとめます。損益勘定は，貨幣資本増大のための直接的活動に基づく，財産純額のプラス原因とマイナス原因を収容した勘定です。貨幣資本増大のための直接的活動に基づく財産純額のプラス原因を**収益**と呼び，マイナス原因を**費用**と呼びます。そして収益と費用の差額を**損益**と呼んでいます。損益は，収益が費用より大きい場合は**利益**，少ない場合は**損失**と呼ばれます。

簿記の手続きとしては，そうした財産純額の原因の勘定の残高を損益勘定に振り替えることになります。この振替は，取引がないにもかかわらず行われる特別な勘定記入です。この振替は，損益勘定へ振り替えるので，**損益振替**と呼ばれています。この損益振替によって，収益と費用に属する諸勘定の残高がなくなり，損益勘定の残高はその会計期間の損益を示すことになります。

図表4－6　損益勘定

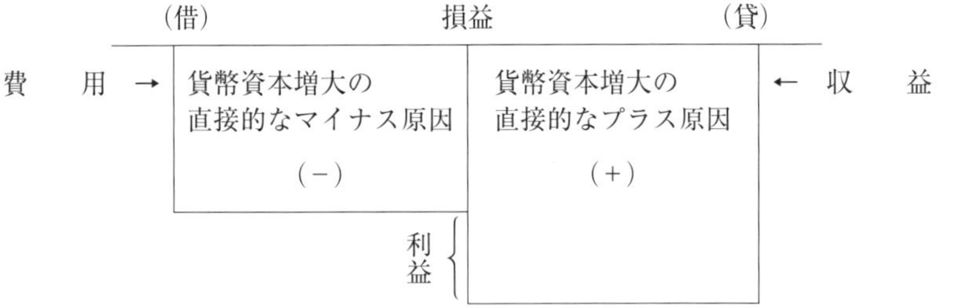

この損益勘定を報告書形式にしたものが，**損益計算書**です。すなわち，損益計算書は，一会計期間中の各種の収益と各種の費用を収容し，収益と費用の差額である損益を計算している表です。また特定の会計期

間末までに，配当等されることなく，企業の内部に留保された利益の累積額を，**留保利益**と呼びます。

設例の数値を用いて損益勘定を示すならば，図表４－７のとおりです。

図表４－７　損益勘定

（借）　損益　（貸）

売上原価	24,000	売上	36,000
給料	4,000		

収益：	売上	36,000
費用：	売上原価	24,000
	給料	4,000
利益：		8,000＝収益36,000－費用(24,000＋4,000)

（３）残高勘定と貸借対照表の構成要素

複式簿記では，損益振替後に，損益勘定の残高を，留保利益を表す勘定に振り替えます。この振替のことを，**資本振替**と呼んでいます。ここにいう**資本**とは，資本主に帰属する財産純額を意味しています。この資本主に帰属する財産純額は，もともと元手として拠出した金額とこれまでの利益の留保額（留保利益）の合計でもあります。

そして資本振替後に，残高が残っているすべての勘定について，その残高を**残高勘定**にまとめます。残高勘定にまとめられるのは，事実の勘定と，収益と費用を代表する留保利益の勘定，そして収益や費用ではない原因の勘定です。事実の勘定の残高は，財産の増加と減少の差額を意味しており，期末における財産の有り高を示しています。そのため，事実の勘定の期末の残高は，期末における財産額を示すことになります。そしてプラスの事実（プラスの財産）を**資産**と呼び，マイナスの事実

（マイナスの財産）を**負債**と呼びます。そして資産と負債の差額を**純資産**と呼びます。

簿記の手続きとしては，資本振替後に，残高のあるすべての勘定の残高を残高勘定に振り替えます。この振替もまた，取引がないにもかかわらず行われる特別な勘定記入です。残高勘定へ振り替えるので，**残高振替**と呼ばれています。残高勘定の借方合計と貸方合計は，一致します。そのためこの残高振替によって，すべての勘定の残高がなくなることになります。

なお残高振替を行うのは，**大陸式**と呼ばれる複式簿記の手法です。**英米式**と呼ばれる手法の場合は，残高振替を行わずに，勘定ごとに繰越記入が行われます。各勘定の残高とは反対の側に次期繰越を記入し，締切後に次の会計期間の初日の日付で，前期繰越を記入するという手法です。したがって英米式によれば残高勘定は出てきません。しかし英米式の場合，繰越記入とは別に，**繰越残高試算表**を作成します。この繰越残高試算表の内容が，大陸式の残高勘定に相当します。

図表4－8　残高勘定

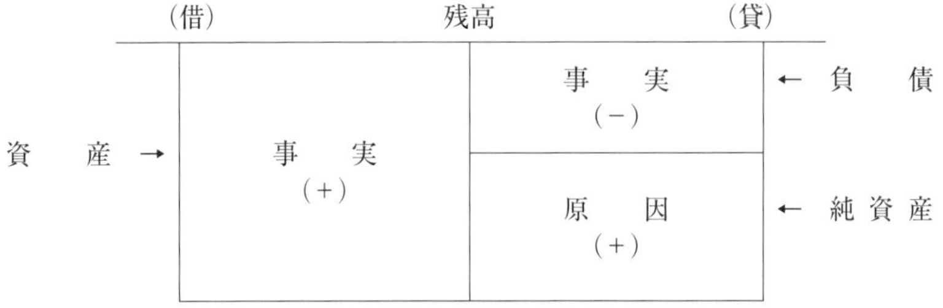

この残高勘定を報告書形式にしたものが，**貸借対照表**です。すなわち，貸借対照表は，一定の時点（通常は会計期間末）における各種の資産と各種の負債を収容するとともに，資産と負債の差額である純資産を

示している表です。すなわち，貸借対照表は，一定時点における財産純額がどのようなプラスとマイナスの具現形態で存在しているのかを示しています。

設例の数値を用いて残高勘定を示すならば,図表４－９のとおりです。

図表４－９　残高勘定

（借）　残高　（貸）

現金	26,000	借入金	5,000
売掛金	11,000	資本金	30,000
商品	6,000	留保利益	8,000
	43,000		43,000

（４）財務諸表の構成要素と会計等式

財務諸表の構成要素として，貸借対照表には資産と負債，純資産が収容されることを説明しました。貸借対照表の構成要素間の関係を示す会計等式として，**純資産等式**と**貸借対照表等式**があります。それぞれ次の等式で示されます。

・純資産等式：　資産　－　負債　＝　純資産

・貸借対照表等式：　資産　＝　負債　＋　純資産

数式としては，負債という項が，左辺にあるのか，右辺にあるのかの違いにすぎませんが，会計上は大きな意味を有することになります。純資産等式では，負債の性格を資産のマイナス，すなわちマイナスの資産として把握していることになります。それに対して，貸借対照表等式では，負債と純資産を同じ性格とみなして，負債と純資産の合計が資産の合計と対照的に示されると理解することになります。現行の会計制度では，資本主理論に立脚しており，純資産等式の考え方が採用されていると言えます。

なお，純資産の内訳のなかに，元手を意味する部分と留保利益が含まれることは既述のとおりです。元手は資本主がその企業に払込み（拠出とも言います）を行った金額であり，**払込資本**と呼ばれます。すなわち払込資本と留保利益が，資本主にとっての財産純額であり，**資本**と呼ばれます。株式会社の場合，資本主は株主ですから，資本を**株主資本**とも呼んでいます。なお，この資本が純資産と一致しない場合がありえます。後の章で説明いたしますが，資本に属さない純資産の内訳項目がありえるのです。

もし純資産と資本が一致しているならば，上記の2つの等式は，次のように表現することができます。

- **資　本　等　式：　資産　－　負債　＝　資本**
- **貸借対照表等式：　資産　＝　負債　＋　資本**

この場合，貸借対照表等式は，債権者と出資者（資本主）という外部の資金提供者から得られた資金により，資産が獲得されているという説明にうまく適合するように思われます。すなわち，企業主体論の考え方に通底する等式であると言えます。

【コラム：簿記の一巡】

本章では，複式簿記と財務諸表の構成要素との関連性に着目して説明をしました。そのため，複式簿記の詳しい説明は省略しました。複式簿記というシステムの特質は，財産変動の事実と原因について，借方と貸方に二面的に記入を行う点にあります。そしてそうした特質を備えた複式簿記における記録の一連の流れを，**簿記の一巡**と呼んでいます。

いくつかのバリエーションがありますが，基本的な簿記の一巡は次のとおりです。

［期中手続］

記録対象となる事象（取引）が生じると，まず**仕訳帳**に記録が行われます。そのため仕訳帳では，すべての取引がその発生順に記録がなされます。仕訳帳に記録することを，**仕訳**と呼びます。そして仕訳帳の記録に基づいて，関連する勘定口座に記録を行います。すべての勘定口座を集めた帳簿のことを**総勘定元帳**と呼び，仕訳帳の記録を移すという意味で，総勘定元帳に記録することを**転記**と呼びます。

	仕訳		転記	
取引	→	仕訳帳	→	総勘定元帳

［決算手続］

１つの会計期間が終了した日を**決算日**と呼び，決算日における総勘定元帳の各勘定口座の金額を集計して合計試算表および残高試算表を作成します。そして決算で期中の勘定口座の記録について修正等が必要な事項（**決算整理事項**と言います。）をまとめた棚卸表を作成し，その棚卸表に基づいて決算整理が行われます。この決算整理により，すべての勘定残高が正しい金額となります。そしてその後，損益振替，資本振替，残高振替を行います。損益振替により，損益勘定を除く，収益と費用に属するすべての勘定の残高がゼロになります。同様に，資本振替により損益勘定の残高がゼロとなり，残高振替により，残高勘定も含めて，すべての勘定の残高がゼロになります。その後，会計帳簿が締め切られます。締め切るとは，一会計期間の記録が完了し，以後の記録は新たな会計期間に生じた取引に係る記録として区別するための処理を言います。実際の会計帳簿については，その日付欄や金額欄等に二重線を引くことで２つの会計期間の記録を区別するようにします。

以上の説明は，**大陸式**と呼ばれる決算手続です。**英米式**の場合には，決算振替のなかの残高振替は行われずに，資産と負債，純資産に属する諸勘定の残高は，各勘定口座で金額を次期に繰り越すための記入（**繰越記入**と呼ばれています。）を行うとともに，資産と負債，純資産に属する諸勘定の残高の一覧表（**繰越残高試算表**と呼ばれています。）を作成します。

集計
総勘定元帳 の期末記録 → 試算表 の作成 → （棚卸表の作成）
→ 決算整理仕訳･転記 → 決算振替（損益振替･資本振替･残高振替）
→ 帳簿の締切

［報告手続］

厳密には簿記の一巡には含まれませんが，損益勘定や残高勘定（繰越残高試算表）の内容を踏まえて，損益計算書や貸借対照表等の財務諸表を作成します。

なお決算手続で作成される残高試算表から財務諸表を作成するまでの一連の手続を概観するために**精算表**が利用されます。以上の説明から明らかなように，精算表は簿記の一巡に不可欠なものではありません。簿記の学習上よく用いられる典型的な精算表は，残高試算表欄と決算整理欄，損益計算書欄，貸借対照表欄の4欄が設けられた表で，それぞれの欄にはさらに借方欄と貸方欄が設けられています。そのため，この精算表のことを八桁精算表と呼びます。

簿記の一巡を図示すると，次のとおりです。

《簿記の一巡（英米式）》

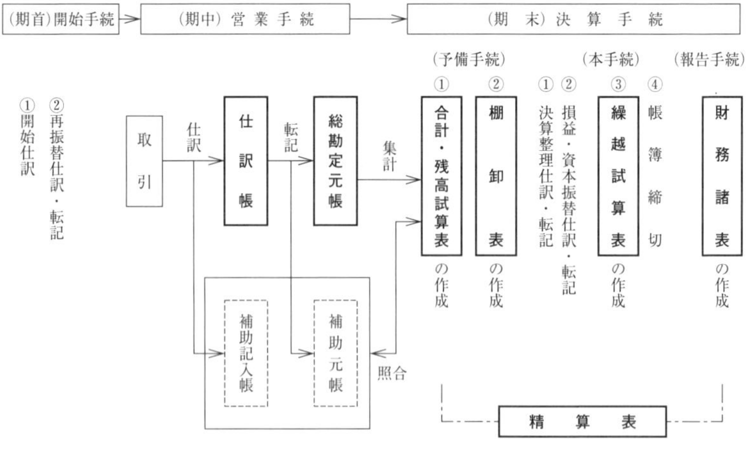

5 企業会計に関わる法規制

《本章のポイントと学習の目標》 会計，特に外部の利害関係者に会計情報を伝達する会計には，社会システムとしての役割が期待されています。現代の法治国家においては，法のもとに，社会システムが構築されています。社会システムとしての会計もまた同様であり，そうした法律規定の枠内で行われる会計一般を制度会計と呼んでいます。制度会計は，政府や非営利法人の会計などにあっても存在しますが，本章では企業会計の領域に焦点を当てて説明します。

企業会計を規定する主たる法律としては，会社法と金融商品取引法，そして法人税法を挙げることができます。それぞれの法律にはそれぞれの目的や役割がありますから，それに沿うように会計もまた規制されています。それぞれの法律の枠内で行われる会計の内容や役割，作成される会計情報を理解しましょう。

《キーワード》 制度会計，会社法，会社法会計，債権者保護，決算公告，金融商品取引法，投資家保護，金融商品取引法会計，情報の非対称性，法人税法，税務会計，益金，損金，会計責任，株式会社，計算書類等，企業内容等開示制度（ディスクロージャー制度），有価証券届出書，有価証券報告書，財務諸表，EDINET，課税所得，確定した決算，確定決算主義，公正処理基準，貸借対照表，損益計算書，包括利益，株主資本等変動計算書，キャッシュ・フロー計算書

1．企業会計に関わる法規制

（1）財務会計と制度会計

現代の法治国家においては，法のもとに社会システムが構築されてお

り，自然人のみならず法人もまた，法の規制下に置かれています。そしてその経済活動を明らかにすることが，社会システムとして要請される場合には，会計もまた法の規制を受けることになります。法の規制の枠内で行われる会計一般のことを**制度会計**と呼びます。したがって制度会計は，企業以外の組織の会計についても存在しますが，以下では企業会計の領域における制度会計をみていくことにします。

企業の経営者が自らの経営上の判断を下すために必要な会計情報を作成することを法的に規制する必要はありませんので，制度会計は，企業会計における財務会計の一部として位置づけることができます。

図表５－１は，財務会計と制度会計の関係を示しています。財務会計には，制度会計に含まれない領域も存在します。たとえば，新たな会計情報の作成を試みる研究や，公表されている会計情報の分析などは，制度会計には含まれません。ただし制度会計の領域は変動するものです。たとえば，かつてアメリカでは1980年代の数年間，インフレーション（貨幣の購買力の低下）を考慮した会計情報の作成が義務付けられていましたが，現在ではそうした義務はありません。また新たなファイナンスの技法が開発されることにより生み出される金融商品について，新たな会計上の処理が定められることがあります。図表５－１のなかの双方向の矢印は，そうした制度会計の変動性を示しています。

図表５－１　財務会計と制度会計の関係

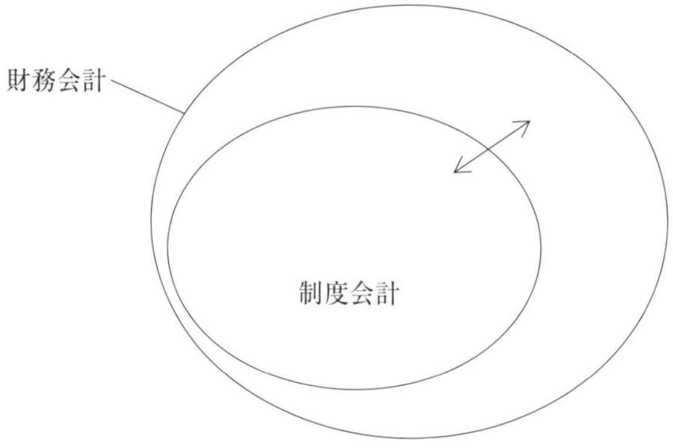

なお，法の規制の枠内にはないものの，社会一般に慣習等により実際に行われている財務会計の領域を含めて，**会計制度**と呼ぶこともあります。

（2）企業会計を規制する主な法律

企業会計を規制する主な法律として，**会社法**，**金融商品取引法**および**法人税法**があります。それぞれの法の規制の枠内で，それぞれの制度会計が存在することになります。

会社法は，会社の商事に関する法律であり，会計の観点からは，**債権者保護**および**出資者保護**の目的を有しています。会社法における債権者保護は，債務を返済する能力を維持することで債権者が安心して資金提供できるようにしようとする思考です。株式会社を例に挙げると，会社の財産の処分を決定する株主総会に債権者は参加することができませんから，会社法では一定の財産が会社内に維持されるように規制を行っています。また出資者とは事業を行うための元手となる資金を提供する所有者ですが，会社法における出資者保護とは，会社の会計情報を公開することを主軸とする思考です。後述するように現在の出資者（株式会社にあっては株主）には，会計情報が直接伝達されます。現在の出資者に会計情報を伝達することは，**営業報告**と呼ばれています。それに加えて，株主ではない者にも情報を知らしめることも求められています。この会計情報の公開は，**決算公告**と呼ばれています。会社法の枠内で行われる制度会計は，**会社法会計**[1)]と呼ばれています。

金融商品取引法は，金融商品の発行市場と流通市場に関する法律であり，会計の観点からは**投資家保護**という目的を有しています。金融商品取引法における投資家保護は，企業の財務状況等の内容を広く公開することで，投資家の投資に関する意思決定を自らの責任において行うこと

1）会社法は，2005（平成17）年に成立した法律ですが，それ以前は商法により規制されていた部分でした。そのため，商法会計という名称が付された書籍が存在するのは，その名残です。

ができるようにする思考です。これから投資をしようとする者も会計情報を利用することができるようにするために，企業の会計情報を広く一般に知らしめること（**開示**と呼ばれます。）が求められます。金融商品取引法の枠内で行われる制度会計は，**金融商品取引法会計**[2)]あるいは短く表現して**金商法会計**と呼ばれています。

法人税法は，各事業年度の課税所得をベースとした課税に関する法律であり，課税の公平化を目的としています。課税の公平化とは，同じ状況にある納税義務者には同じ課税負担を求め，異なる状況にある納税者にはその税の負担能力に応じて異なる税負担を求めることを指します。そのため，法人税法では，課税対象となる所得の金額（**課税所得**と呼びます。）の計算方法を明らかにしています。法人税法の枠内で行われる会計は，**税務会計**あるいは法人税法会計，税法会計と呼ばれています。

2. 会社法会計

（1）会社法会計の概要

会社法は，商法から会社の設立，組織，運営および管理，会計などに関する規定を抜き出す形で定められ，2005（平成17）年に成立し，2006（平成18）年より施行されている法律です。

会社法では，会社を4種類（**合名会社**，**合資会社**，**合同会社**，**株式会社**）に分類しています。4種類の会社は，それぞれの**社員**（会社法では出資者のことを，社員と呼びます。）がどのような責任を負っているのか等を規準にして区別されています。社員の責任には，**無限責任**と**有限責任**があります。無限責任とは，会社が倒産した場合に会社が負っている債務を会社の資産を処分して得た金銭だけで返済することができない場合には，出資者である社員の私有財産を会社の債務の返済に充てる義

2）金融商品取引法は，2007（平成19）年に改正する前は，証券取引法という名称でした。そのため証券取引法会計ないしは証取法会計という名称が付された書籍等が存在するのは，その名残です。

務を負っていることであり，そうした義務を負っている社員を**無限責任社員**と呼びます。それに対して，有限責任とは，会社の債務の返済に充てる財産は，その会社に出資した金額までとする義務であり，そうした義務を負っている社員を**有限責任社員**と呼びます。

図表５－２は，会社の種類と社員の構成を示しています。会社法では，合名会社と合資会社，合同会社を総称して**持分会社**と呼んでいます。持分会社は，社員間の人的関係を基礎に，比較的小規模な企業活動が行われることが想定されています。これに対して株式会社は，株式を自由に譲渡できる特徴を有しています。

図表５－２　会社の種類と社員の責任

会社の種類		社員の構成
持分会社	合名会社	無限責任社員
	合資会社	無限責任社員と有限責任社員
	合同会社	有限責任社員
株式会社		有限責任社員

以下では，最も数が多く，また経済的に最も重要な役割を果たしている株式会社を前提に，会社法会計を説明します。

株式会社には様々な利害関係者が存在しますが，会社法における債権者保護の思考の観点からは，債権者と株主との関係が重要となります。株式会社は，有限責任社員の株主により構成されていますので，株主の意思により，債務の返済が困難になるほどに，会社の財産を自由に株主に分配されると，債権者にとっては，安心して資金提供できません。そこで，株主と債権者のあいだの利害を調整するために，会社法では一定の財産額が会社に維持されるように，会計情報を利用して，株主の権限を制限しています。一定の金額とは，会社が有している純資産額から株主が出資した金額に会社法が求める追加的な要求を考慮した金額を控除した金額が，株主が自らに分配できる金額とするものです。また各会計期間の利益の金額を明らかにすることで，それぞれの期間にどれだけの金額を株主に分配するのかを決めることを助けることができます。会社法会計が果たすこうした機能は，**利害調整支援機能**に該当します。

またその規模が大きくなると，株式会社の株主と経営者が同一ではないことが一般的です。いわゆる所有と経営の分離です。このような場合，出資者である株主は，自らの財産の管理と運用を経営者に委託するという関係が存在することとなります。すなわち株主と経営者のあいだで，委託・受託の関係が成立しているのです。財産の管理と運用を受託した経営者は，受託した財産の状況ならびに顚末について，株主に対して報告する義務を負うことになります。このように財産の管理運用の状況や顚末を報告する義務のことを**会計責任（アカウンタビリティ）**[3]と言います。この会計責任は，その報告を受けた株主が承認することで解除されます。

（2）会社法会計における会計情報～計算書類等～

会社法会計において作成される会計情報は，「会社法施行規則」や「会社計算規則」等により規定されています。

まず株式会社は，適時に正確な会計帳簿を作成し，10年間にわたり会計帳簿および事業に関する重要な資料を保存（帳簿閉鎖時から10年間）しなければなりません（会社法第432条）。また株式会社は，会社成立日における貸借対照表（開始貸借対照表）の作成（会社法第435条第1項），**各事業年度の計算書類（貸借対照表，損益計算書，株主資本等変動計算書，個別注記表）**および**事業報告書**，**附属明細書**の作成と保存（作成時から10年間）（会社法435条第2項）が義務付けられています。

3）英語で accountability と表記します。その訳語として，説明責任という用語が使用されることがあります。会計学上の専門用語である会計責任には，その責任解除の仕組みが付帯する概念である点，説明責任とは異なります。

なお，計算書類の記載方法は，法務省令である会社計算規則で規定されています（会社計算規則第91条）。計算書類等のうち，株主資本等変動計算書とは純資産の各項目の変動をその原因別に明らかにするための表であり，事業報告書とは事業の内容について文言により説明を行うものです。そして計算書類や事業報告書に記載されている諸項目等についての明細を示したものが附属明細書です。（貸借対照表や損益計算書については前章で説明しましたのでここでは省略します。）

そして有価証券報告書（上場会社等が作成，後で説明します。）を提出する会社は，**連結計算書類**（連結貸借対照表，連結損益計算書，連結株主資本等変動計算書，連結注記表）を作成しなければなりません。また会計監査人設置会社は，連結計算書類を作成することが認められています（会社法第444条，会社計算規則第93条）。会計監査人は，会社の計算書類等を監査する役割を担っている者であり，公認会計士または監査法人でなければなりません。株式会社であれば会計監査人を設置することができますが，その設置が義務付けられているのは，**監査等委員会設置会社**と**指名委員会等設置会社**，**大会社**です。監査等委員会設置会社とは，業務執行を行わない取締役で監査等委員に選任された者により構成される監査等委員会を設置している株式会社を指します。監査等委員会は，取締役の職務の執行を監査します。また指名委員会等設置会社とは，社外の取締役を過半数とする３名以上の取締役から構成される**監査委員会**，**指名委員会**，**報酬委員会**の３つの委員会を取締役会の中に設けている株式会社です。なお取締役会は執行役を選任し，業務執行を監督します。報酬委員会は，取締役と執行役の報酬を決め，指名委員会は株主総会へ提案する取締役候補を決め，監査委員会は取締役と監査役の職務監査と会計監査人の選任を行います。また**大会社**とは，資本金５億円以上または負債200億円以上の株式会社を言います（会社法第２条第６号）。

なお株式会社は，計算書類（貸借対照表，損益計算書，株主資本等変動計算書および個別注記表）および事業報告書ならびにこれらの付属明細書について次の監査を受けなければなりません。

監査等委員会設置会社については，監査等委員会と会計監査人による監査が，指名委員会等設置会社については，監査委員会と会計監査人による監査が行われます（会計監査人による監査の対象には，事業報告書は含まれません。）（会社法第327条，328条）。監査等委員会設置会社および指名委員会等設置会社以外の株式会社で，監査役を設置している会社（**監査役設置会社**）においては，監査役は，取締役の職務の執行を監査する役割を担っており，計算書類等はその監査の対象となります（会社法第381条）。そしてすべての監査役で構成される監査役会を設置している会社（**監査役会設置会社**）は，監査役による監査を，さらに監査役会設置会社であって大会社であれば会計監査人による監査も受けることになります。

また監査は，会社法の規定に基づき，会計責任の解除と関わりを持っています。監査役会設置会社は，取締役会の承認を得た後，監査を受けた計算書類を定時株主総会に提出し，総会の承認を得て確定します（会社法第438条）。一方，会計監査人設置会社は，監査の結果，会社の財産および損益の状況を正しく表示しているとされた計算書類については，定時株主総会で承認する必要はなく取締役会で確定することができます。ただしこの場合，取締役は計算書類の内容を定時株主総会で報告する必要があります（会社法第439条）。すなわち，会計責任の解除は，基本的に委託者である株主が株主総会にて行うべきですが，株主総会の実態に合わせて会計監査人設置会社にあっては，取締役会で確定することができるように規定されています。

そして会社法では，計算書類等の報告あるいは公告方法を，次のように定めています。なお用語法についてですが，報告は特定の者に対する情報伝達を指し，公告や開示は不特定多数の者に対する情報伝達を指します。

（１）定時株主総会の２週間前までに株主へ発送する総会招集通知に計算書類等を添付することを要求。これは，現在の株主に対する報告です。

（２）定時株主総会の２週間前から計算書類等を本店に５年間，その写しを支店に３年間備え置くことを要求。これにより，株主や債権者が営業時間内にこれらの計算書類等を閲覧することができます。

（３）定時株主総会が終了し，計算書類が確定後，遅滞なく決算公告を行うことを要求。決算公告の方法として，官報に掲載，日刊新聞紙に掲載，電子公告（会社のホームページ等を利用した公告）が認められています。なお大会社は貸借対照表と損益計算書，その他の株式会社は貸借対照表の決算公告が求められています。これは，不特定多数の者に対する開示です。

このように会社法会計では，計算や開示について様々な規定が存在しますが，具体的な会計処理に関して，会社法では「株式会社の会計は，一般に公正妥当と認められる企業会計の慣行に従うものとする。」（会社法第431条），会社計算規則では「この省令の用語の解釈及び規定の適用に関しては，一般に公正妥当と認められる企業会計の基準その他の企業会計の慣行をしん酌しなければならない。」（会社計算規則第３条）と規定しています。これらの**遵守規定（斟酌規定）**は，会社法等の法令で規定が存在しない場合，その処理や解釈等については，一般に公正妥当な会計慣行に従うことを求めるものです。特に会社計算規則で「企業会計の基準」と明記したことは，それに該当するものが金融商品取引法会計で用いられる会計基準しか，現在の日本ではないことから，会社法会計と金融商品取引法会計が大きく関わっていることを示しています。

3. 金融商品取引法会計

(1) 金融商品取引法会計の概要

金融商品取引法は，1948（昭和23）年に制定された証券取引法を2007（平成19）年に改正し名称を変更したものです。会社法がすべての会社に適用されるのに対して，金融商品取引法は，上場会社，1億円以上の有価証券を発行するために届け出をする会社，株主数が500人以上の会社等の一部の会社に適用されます。金融商品取引法では，「有価証券の発行及び金融商品等の取引等を公正にし，有価証券の流通を円滑にするほか，資本市場の機能の十全な発揮による金融商品等の公正な価格形成等を図り，もって国民経済の健全な発展及び投資者の保護に資することを目的とする。」（金融商品取引法第1条）と記されています。資本市場では，企業がその事業に必要な資金を，株式や社債等を発行することで，資金の所有者から直接調達することができます。なお銀行から借り入れる場合を**間接金融**と呼ぶのに対して，資本市場から資金調達することを**直接金融**と言います。

資本市場の役割は，社会全体でみた経済資源の効率的利用を達成することです。そのためには経済資源を効率よく利用している者に経済資源が多く集まるようにする必要があります。このことは，利用している経済資源に対する利益の割合が高い企業により多くの資金が集まることで達成されます。言い換えますと，資金提供者である投資家が，投資先となる企業がどのように経済資源を利用し，どれだけの利益を得ているのかを理解できるような情報が必要となります。そうした企業の情報については，経営者はよく知っていますが，企業外部にいる投資家はよく知りません。このように企業に関して情報格差があること（**情報の非対称性**）を解消し，投資家が自らの意思決定を可能ならしめるための情報を広く一般に伝達することが，**企業内容等開示（ディスクロージャー）制度**です。投資意思決定に有用な情報が開示されることで，投資家は保護されると考えられています。ここにいう有用とは，投資家の意思決定を改善するのに役立つことを意味しています。

そして金融商品取引法会計は，「金融商品取引法」および「金融商品取引法施行令」，「連結財務諸表の用語，様式及び作成方法に関する規則」（**連結財務諸表規則**），「財務諸表等の用語，様式及び作成方法等」（**財務諸表等規則**），「企業内容等の開示に関する内閣府令」等により規制されています。また金融商品取引法の適用を受ける上場会社等の会計情報の作成基準として，各種の企業会計基準が設定されています。

（２）金融商品取引法会計における会計情報～財務諸表～

金融商品取引法では，有価証券の発行市場における規制と流通市場に分けて開示規制が行われています。

発行市場における開示は，会社が新たに株式や社債等の有価証券を発行することにより資金調達を行う場合に要求される情報開示です。具体的には，会社は総額１億円以上の有価証券を50名以上の者に対して募集あるいは売り出しを行う場合には，**有価証券届出書**（ゆうかしょうけんとどけいでしょ）を内閣総理大臣に提出するとともに，その写しを証券取引所等に提出することが要求されます（金融商品取引法第４条）。

有価証券届出書には，会社の商号，発行する証券の種類，発行数，発行価格等の発行条件，手取金の使途，企業情報などが記載されます。財務諸表は，企業情報のなかの「経理の状況」に含まれます。そして，会社は，この有価証券届出書の記載内容と実質的に同じ内容の目論見書（もくろみしょ）を作成して，投資者に交付する必要があります（金融商品取引法第13条）。

一方，流通市場における開示規制は，資本市場で有価証券等を流通させている上場会社等が，資本市場に参加する投資家の意思決定のための情報を継続的に開示することを求めるものです。具体的には，証券取引所に上場している会社および有価証券届出書の提出会社，ならびに資本金が5億円以上ないしは株主が500名以上の会社は，毎決算期経過後3ヶ月以内（外国会社の場合には原則として6ヶ月以内）に**有価証券報告書**を内閣総理大臣に提出することが要求されます（金融商品取引法第24条）。有価証券報告書には，企業の概況，事業の状況，設備の状況，株主の構成，財務諸表を含む経理の状況などが記載されます。

提出された有価証券報告書は，財務局，取引所などで公開されます。また，現在では金融庁が運営する**EDINET**（Electronic Disclosure for Investors' Network：金融商品取引法に基づく有価証券報告書等の開示書類に関する電子公開システム）によりインターネット上で誰でも閲覧することができます。

また，2008（平成20）年4月1日以降開始する事業年度から，四半期報告書の開示も要求されています（金融商品取引法第24条）。従来，上半期（6ヶ月）の財務状況を報告する半期報告書が要求されていましたが，企業業績をより適時に開示することを通じ投資意思決定に必要な情報を開示するために，四半期報告書の開示が導入されました。四半期報告書は，3ヶ月ごとに会社の財務状況を適時に報告するため，当該期間経過後45日以内に内閣総理大臣に提出されなければなりません。なお，他企業との合併や災害損失など，臨時的に発生した重要事象に関しては，臨時報告書の作成が求められます。

有価証券届出書および有価証券報告書は，それぞれ「企業内容等の開示に関する内閣府令」の第二号様式と第三号様式によります。それらのなかで会計情報は，経理の状況として開示されます。具体的には，連結財務諸表として，**連結貸借対照表**，**連結損益計算書**および**連結包括利益計算書**，あるいは**連結損益及び包括利益計算書**，**連結株主資本等変動計算書**，**連結キャッシュ・フロー計算書**，**連結附属明細表**が開示されます。また財務諸表として，貸借対照表，損益計算書，株主資本等変動計算書，キャッシュ・フロー計算書，附属明細表が開示されます。

有価証券報告等に含められる連結財務諸表および財務諸表の作成方法については，内閣府令の「連結財務諸表規則」および「財務諸表等規則」等で定められています。ただし，これらは形式面を規定している内容が多く，具体的な会計処理については，「この規則において定めのない事項については，一般に公正妥当と認められる企業会計の基準に従うものとする。」（財務諸表等規則第１条）とされ，公表されている企業会計の基準や指針等を遵守することが求められています。

そして有価証券届出書や有価証券報告書に含まれる連結財務諸表および財務諸表については，公認会計士または監査法人による監査が義務付けられています（金融商品取引法第193条の２）。この監査は，一般に公正妥当と認められる企業会計の基準に準拠して，連結財務諸表や財務諸表が作成されていれば，適正であるとの監査意見が表明されることになります。加えて開示情報の適正性を確保するために，2008（平成20）年４月からは，上場会社には有価証券報告書の記載内容が法令に基づき適正であることを確認した旨の確認書を，さらに，内閣府令に定めるところにより**内部統制報告書**を内閣総理大臣に提出することが求められています（金融商品取引法第24条の４）。金融商品取引法が要求する内部統制報告書は，財務報告の信頼性を確保するための手続を文書化し，経営者がその有効性を評価した報告書であり，公認会計士または監査法人の監査を受けなければなりません（金融商品取引法第193条の２第２項）。

4．税務会計

（1）税務会計の概要

法人である企業に対しては，**法人税**の納付が義務付けられています。法人税は，公共法人[4]以外の内国法人と国内源泉所得を得た外国法人に対して，所得を課税標準として課される国税です。法人税法の枠内で行われる税務会計は，公平な課税を達成するために，課税標準たる所得の金額（課税所得）ならびに税額を計算することを目的とし，納税者である法人間の利害の調整を行います。

法人税法では，各事業年度の課税所得の金額は，その事業年度の**益金**の額から**損金**の額を差し引いて計算されます（法人税法第22条第１項）。益金の額は，別段の定めのあるものを除き，資産の販売，有償または無償による資産の譲渡または役務の提供，無償による資産の譲り受その他の取引で資本等取引以外のものに係る収益の額とされています（法人税法第22条第２項）。損金の額は，別段の定めのあるものを除き，収益に係る売上原価等の原価の額，販売費および一般管理費等の額，損失の額で資本等取引以外の取引に係るものとされています（法人税法第22条第３項）。ここにいう資本等取引とは，法人の資本金等の額の増減が生じる取引や利益または剰余金の分配等を指します。

また税額の計算は，基本的には課税所得に税率を乗じることで行われます。

課税所得の計算や税額計算等については，具体的には「法人税法」や「法人税法施行令」，「法人税法施行規則」，「法人税法基本通達」等において詳細な規定が設けられています。なお別段の定めは，従来法人税法第23条以下を指していましたが，平成30年改正により法人税法の規定全般を意味するようになったと思われます。

4）公共法人とは，法人税法上，納税義務が免除されている法人です。たとえば，沖縄振興開発金融公庫や国立大学法人，株式会社日本政策金融公庫などが含まれます。

（２）納税申告書

法人税法においては，納税義務者は納税申告書を作成しなければなりません。課税所得の計算は，別表四と呼ばれる納税申告書により行われます。別表四の基本的な構造は，図表５－３のとおりです。当該会計期間の利益である当期純利益から出発して，法人税法上の調整となる加算と減算を行って，課税所得を計算します。また税額の計算は，別表一（一）と呼ばれる納税申告書により行われます。

図表５－３　納税申告書（別表四）の構造

当期純利益		＊＊＊
調整	加　算	＊＊
	減　算	＊＊
課税所得		＊＊＊

課税所得の計算の出発となる当期純利益は，**確定した決算**に基づく金額であることが求められています（法人税法第74条）。確定した決算とは，株式会社の場合，株主総会にて承認された計算書類等に含まれる決算内容を指すと，一般的に理解されています。すなわち会社法会計に依存して課税所得が計算されることになります。株主総会は，個々の会社ごとに開かれますので，課税所得計算と結びついているのは，個別の計算書類の会計数値です。このように，確定した決算に基づき，課税所得が計算されること，あるいはその考え方のことは，**確定決算主義**と呼ばれています。

確定決算主義には，次の３つの内容が含まれると考えられます。上述の内容は次の（１）に該当します。

（１）（狭義の確定決算主義）確定した決算に基づき，課税所得を計算し，申告すること。

（2）（損金経理の要件）確定した決算上，費用や損失として経理されていることを要件として損金算入を認めること。（外部の者との取引に基づかない費用や損失については，基本的にこの要件が付されています。）

（3）（公正処理基準）別段の定めがなければ，一般に公正妥当な会計処理の基準に従って計算すること。

こうした確定決算主義は，税制の簡素化を主たる趣旨として，会社法会計に依存した課税所得計算を求めていることになります。確定決算主義は，会社法会計に従った課税所得計算を求めているわけではないことに，すなわち税務会計に対して会社法会計に従うことを求めているわけではないことに留意しましょう。

5．会計情報の伝達手段～計算書類等と財務諸表～

（1）計算書類等と財務諸表の体系

3つの制度会計では，それぞれの会計情報が特定の者に報告，ないしは不特定多数の者に開示することが求められています。会社法会計における計算書類等と金融商品取引法会計における（連結）財務諸表とは，その内容がかなり重複しているのに対して，納税申告書はこれらとは大きく異なります。そのため，税務会計の立場からは，他の2つの制度会計の領域を単に「会計」，税務会計の領域を単に「税務」と呼び，区別することもあります。

以下では，会社法会計と金融商品取引法会計における計算書類等と（連結）財務諸表を取り上げることにします。計算書類等と（連結）財務諸表の体系を比較するかたちでまとめたものが，図表5－4です。計算書類等にはキャッシュ・フロー計算書が含まれていないことや，附属明細書と附属明細表の用語の相違がみられます。また金融商品取引法会計では連結情報が重視されるため，連結財務諸表の開示が求められており，そこでは連結情報として包括利益が示されることになります。

両者に含まれる**貸借対照表**は，財政状態ないしは投資のポジションを明らかにするために，資産と負債，純資産を収容する表です。**損益計算書**は，経営成績ないしは投資の成果を明らかにするために，収益と費用を収容し，ボトムラインとして純利益を計算・表示する表です。金融商品取引法会計において要求される**連結包括利益計算書**は，直接的に純資産を変動させる取引による増減を除いて，一会計期間における純資産の増減額（**包括利益**）を計算表示するための表であり，企業グループを会計単位としています。また**連結損益及び包括利益計算書**は，連結損益計算書と連結包括利益計算書を１つの計算書として示したものです。**株主資本等変動計算書**は，貸借対照表の純資産の内訳項目ごとに一会計期間における変動を示す表であり，主として株主に帰属する部分である株主

図表５－４　計算書類等と財務諸表の体系

会社法会計の計算書類等		金融商品取引法会計の財務諸表	
個別	連結（作成は任意）	個別	連結
貸借対照表	連結貸借対照表	貸借対照表	連結貸借対照表
損益計算書	連結損益計算書	損益計算書	連結損益計算書と連結包括利益計算書（または，連結損益及び包括利益計算書）
株主資本等変動計算書	連結株主資本等変動計算書	株主資本等変動計算書	連結株主資本等変動計算書
—	—	キャッシュ・フロー計算書	連結キャッシュ・フロー計算書
附属明細書	—	附属明細表	連結附属明細表
個別注記表	連結注記表		

資本の変動事由を報告するためのものです。キャッシュ・フロー計算書は，一会計期間中の資金（現金および現金同等物）の流れを示す表です。そして**附属明細書**や**附属明細表**は，上記の諸表に加えて，重要な項目についての明細表です。なお注記表は，企業が採用する重要な会計方針に関する注記などをまとめて示したものです。

（2）貸借対照表の表示

①　貸借対照表の表示様式

貸借対照表の表示様式には，資産項目を左側（借方側）に，負債および純資産の各項目を右側（貸方）に掲げ，左右を対照して表示する様式（**勘定式**）と，資産および負債，純資産の各項目を上から下へ順次掲げる様式（**報告式**）の２つがあります。

②　貸借対照表の区分表示

資産の部は，流動資産および固定資産，繰延資産に区分し，固定資産は，有形固定資産および無形固定資産，投資その他の資産に区分し，**負債**の部は，流動負債および固定負債に区分して記載します。そして，**純資産**の部は，株主資本と**評価・換算差額等**[5]，**新株予約権**[6]に区分します。

なお，連結貸借対照表では，連結包括利益計算書の作成に関連して，純資産の部の「評価・換算差額等」は，「その他の包括利益累計額」という表示へ変わります。また連結貸借対照表は，純資産の内訳項目として**非支配株主持分**も表示されます。非支配株主持分は，子会社の資本勘定に対する持分のうち親会社に帰属しない部分を言います。

既述のとおり，資産と負債は流動と固定に分類されます。流動と固定

5）その他有価証券評価差額金や繰延ヘッジ損益等が含まれます。第12章で詳しく説明します。

6）将来，所定の金額で自社株を引き渡す義務です。新株予約権を有する者の側からは，その所定の金額がその権利を行使する時点での株価を下回れば，権利を行使することで株価と権利行使金額との差額だけ利益を得ることができます。反対の場合は，権利を放棄することで損失を避けることができます。

を区分するための基準には，**正常営業循環基準**と**一年基準**があります。正常営業循環基準は，原材料を購入してから生産，販売を経て最終的には販売代金が回収されるまでの一連の営業循環に要する正常な期間内に現金として回収するもの，または支払いを行う義務があるものを，流動に区分し，それ以外を固定に分類する基準です。一年基準はその正常な営業循環期間に代えて一年という期間を用いる基準です。

現在，日本では期間を基準とするのではなく，一連の営業循環過程に含まれるか否かが分類基準となっています。すなわち，このような一連の正常な営業循環に含まれる，原材料，仕掛品，製品，売上債権等が流動資産とされ，それに関わる買掛金や支払手形のような仕入債務が流動負債とされます。それに対して，正常な営業循環に含まれない資産および負債には，一年基準が適用されます。

③　貸借対照表の配列方法

貸借対照表の配列方法には**流動性配列法**と**固定性配列法**があります。

流動性配列法は，資産については，換金性の早い項目から遅い項目へ順次配列し，負債については返済期限の早いものから順次配列し，その後に純資産（資本）の項目を配列する方法です。この方法は，流動資産と流動負債との対比に重点を置き，企業の短期的支払能力の表示を強調します。固定性配列法は，資産については，換金性の遅いものから早いものへ順次配列し，純資産（資本）の項目を配列した後に，負債については返済期限の遅いものから順次配列する方法です。この方法は，固定資産と固定負債との対比に重点を置き，企業の長期的資金調達と長期的資金運用状況の関係の表示を強調します。日本では，ほとんどの企業が流動性配列法を採用しています。ただし，固定資産が巨額となる企業，たとえば電力会社等では一般に固定性配列法が用いられています。

④　総額主義の原則

総額主義の原則は，資産の項目とそれに関連する負債または資本の項目とを相殺せず，総額をもって貸借対照表に記載すべきことを要請する原則です。総額表示と純額表示（相殺）については，実際に直接的相殺関係にない項目・金額については，それぞれ総額で表示（総額表示）し，実際に直接的相殺関係にある項目については，その差額で表示（純額表示）すると理解することができます。

⑤　貸借対照表のひな型

報告式で示された貸借対照表のひな型を，図表５－５として示しておきます。

図表５－５　貸借対照表のひな型

貸借対照表
（×年×月×日）

資産の部		
Ⅰ　流動資産		＊＊＊
Ⅱ　固定資産		
1　有形固定資産	＊＊＊	
2　無形固定資産	＊＊＊	
3　投資その他の資産	＊＊＊	＊＊＊
Ⅲ　繰延資産		＊＊＊
資産合計		＊＊＊
負債の部		
Ⅰ　流動負債		＊＊＊
Ⅱ　固定負債		＊＊＊
負債合計		＊＊＊
純資産の部		
Ⅰ　株主資本		＊＊＊
Ⅱ　評価・換算差額等		＊＊＊
Ⅲ　新株予約権		＊＊＊
純資産合計		＊＊＊
負債・純資産合計		＊＊＊

（3）損益計算書と包括利益計算書の表示

①　損益計算書の表示様式

損益計算書の表示様式には，収益項目を右側（貸方）に，費用項目を左側（借方側）に掲げ，左右を対照して表示する様式（勘定式）と収益項目と費用項目を上から下へ順次掲げる様式（報告式）の２つがあります。

②　損益計算書における区分計算

損益計算書では，収益と費用をその性格によって分類し，利益を段階的に計算・表示する区分別の損益計算書が一般的です。**区分別の損益計算書**を作成することにより，関連する収益と費用が対比され，あるいは類似の原因たる収益と費用がまとめられ，段階的に利益の発生原因を明らかにすることができます。

日本では，**営業損益計算**の区分と**経常損益計算**の区分，**純損益計算**の区分が設けられています。営業損益計算の区分は，当該企業の主たる営業活動から生ずる収益および費用を記載して，**営業利益**を計算します。具体的には，売上高と売上原価を記載して**売上総利益**を計算し，これから**販売費及び一般管理費**を控除して営業利益を表示します。経常損益計算の区分は，営業損益計算の結果を受けて，利息および割引料，有価証券売却損益等の財務活動に関わる損益，そしてその他主たる営業活動以外の原因から生ずる損益であって特別損益に属さないものを記載し，**経常利益**を計算します。純損益計算の区分は，経常損益計算の結果を受けて，固定資産売却損益等の臨時的な損益や災害損失等の異常損益といった特別損益を記載し，さらに法人税等を控除して，**当期純利益**を計算します。

なお連結損益計算書では，企業グループの出資者の立場から計算された当期純利益が計算されますが，**親会社株主に帰属する当期純利益**と子会社の非支配株主に帰属する**非支配株主に帰属する当期純利益**を付記して示すことが求められています。

③　損益計算書のひな型

図表5－6は，簡略化された報告式に基づく損益計算書のひな型です。

図表5－6　損益計算書のひな型

損益計算書
（自×年×月×日　至×年×月×日）

Ⅰ　売上高		＊＊＊		
Ⅱ　売上原価		＊＊＊		
売上総利益		＊＊＊	営業損益計算	
Ⅲ　販売費及び一般管理費		＊＊＊		
営業利益		＊＊＊		
Ⅳ　営業外収益		＊＊＊	経常損益計算	
Ⅴ　営業外費用		＊＊＊		
経常利益		＊＊＊		
Ⅵ　特別利益		＊＊＊		
Ⅶ　特別損失		＊＊＊		
税引前当期純利益		＊＊＊	純損益計算	
法人税，住民税及び事業税	＊＊＊			
法人税等調整額	＊＊＊	＊＊＊		
当期純利益		＊＊＊		

④　連結包括利益計算書

連結包括利益計算書では，当期純利益に**その他の包括利益**を加減算することで包括利益を計算・表示します。連結財務諸表における当期純利益には，親会社株主に帰属する当期純利益と非支配株主に帰属する当期純利益が含まれます。そしてその他の包括利益とは，包括利益のうち当期純利益に含まれない部分を言います。

包括利益の表示方法としては，連結損益計算書と連結包括利益計算書の２つを作成する方法（**2計算書方式**）と連結損益および包括利益計算書を作成する方法（**1計算書方式**）があります。

２計算書方式は，包括利益と純利益を別々の計算書で計算表示する形式です。一方，１計算書方式は，当期純利益を包括利益の内訳項目とし，純利益と包括利益を１つの計算書で計算表示する形式です。したがって，２計算書方式では当期純利益と包括利益が明確に区別され，１計算書方式では包括利益が強調されることになります。

図表５－７では，２計算書方式に基づく連結包括利益計算書のひな型を示しています。また１計算書方式に基づく連結損益及び包括利益計算書は，連結損益計算書と連結包括利益計算書を合体させたものです。

図表５－７　連結包括利益計算書のひな型

連結包括利益計算書
（自×年×月×日　至×年×月×日）

当期純利益		＊＊＊
その他の包括利益		
その他有価証券評価差額金	＊＊＊	
…	＊＊＊	
その他の包括利益合計		＊＊＊
包括利益		＊＊＊
親会社株主に係る包括利益		＊＊＊
非支配株主に係る包括利益		＊＊＊

（４）株主資本等変動計算書の表示

株主資本等変動計算書は，原則として，純資産の部の各項目を横に並べる様式により作成します。ただし，純資産の各項目を縦に並べる様式により作成することもできます。株主資本等変動計算書の表示区分は，貸借対照表の純資産の部の表示区分に従います。

株主資本の各項目は，前期末残高，当期変動額および当期末残高に区分し，当期変動額は変動事由ごとにその金額を表示します。株主資本に変動をもたらす主な事由としては，新株の発行，剰余金の配当，任意積立金の積立てと取崩し，当期純利益の計上，自己株式の取得と処分などがあります。株主資本以外の各項目は，前期末残高，当期変動額および当期末残高に区分し，当期変動額は原則として純額で記載します。

なお連結株主資本等変動計算書では，純資産の部の「評価・換算差額等」は，「その他の包括利益累計額」という表示へ代わります。また，株主資本以外の項目には非支配株主持分も表示されることになります。

図表５－８では，純資産の部を横に並べる様式の株主資本等変動計算書のひな型を示しています。

図表５－８　株主資本等変動計算書のひな型（横に並べる形式）

株主資本等変動計算書
自×年×月×日　至×年×月×日

	株主資本					評価・換算差額等			新株予約権	純資産合計（＊１）
	資本金	資本剰余金	利益剰余金	自己株式	株主資本合計	その他有価証券評価差額金	繰延ヘッジ損益	評価・換算差額等合計		
前期末残高	×××	×××	×××	△×××	×××	×××	×××	×××	×××	×××
当期変動額										
新株の発行	×××	×××			×××					×××
剰余金の配当			△×××		△×××					
当期純利益			×××		×××					×××
×××										
自己株式の処分				×××	×××					×××
その他			×××		×××					×××
株主資本以外の項目の当期変動額						×××	×××	×××	△×××	×××
当期変動額合計	×××	×××	×××	×××	×××	×××	×××	×××	△×××	×××
当期末残高	×××	×××	×××	△×××	×××	×××	×××	×××	×××	×××

（＊１）各合計欄の記載は省略することができます。

（５）キャッシュ・フロー計算書の表示

①　資金の範囲

キャッシュ・フロー計算書は，企業の活動を営業活動と投資活動，財務活動の３つに区分し，それぞれの活動に伴うキャッシュ・フローを表示します。キャッシュ・フロー計算書の対象となる**資金**（キャッシュ）の範囲は，**現金**および**現金同等物**です。現金には，手許現金および要求払預金（当座預金，普通預金，通知預金など）が含まれます。そして現金同等物には，容易に換金可能であり，かつ，価値の変動について僅少なリスクしか負わない短期投資が含まれます。たとえば，取得日から満期日または償還日までの期間が３ヶ月以内の短期投資である定期預金や譲渡性預金，コマーシャル・ペーパー，公社債投資信託等です。なお売買目的で所有している市場性ある有価証券は，容易に換金可能ですが，価格等変動のリスクが僅少であるとは言えないため，現金同等物とはみなされません。

②　キャッシュ・フロー計算書における区分表示

既述のとおり，キャッシュ・フロー計算書は，営業活動と投資活動，財務活動の３つに，区分ごとのキャッシュ・フローを表示します。

営業活動によるキャッシュ・フローでは，営業損益計算の対象となった取引のほか，投資活動および財務活動以外の取引によるキャッシュ・フローを記載します。具体的には，商品・製品の売上収入，商品・原材料の仕入の支出，人件費，販売費，管理費の支出，さらには投資活動や財務活動に含まれない災害による保険金収入や税金の支払い等もこの区分に含まれます。

投資活動によるキャッシュ・フローでは，固定資産の取得および売却，現金同等物に含まれない短期投資の取得および売却等によるキャッシュ・フローを記載します。具体的には，固定資産や有価証券の取得のための支出および売却による収入，新規の貸し付けや貸付金の回収が含まれます。

財務活動によるキャッシュ・フローでは，資金の調達および返済によるキャッシュ・フローを記載します。具体的には，新規の借入れや社債の発行および増資による収入や，借入金の返済や社債の償還の支出が含まれます。

③ 営業活動によるキャッシュ・フローの２つの表示方法～直接法と間接法～

営業活動によるキャッシュ・フローの区分の表示には**直接法**と**間接法**の２つがあります。

直接法は，主要な取引ごとの収入総額と支出総額を記載し，期中の資金増減を直接的に表示する方法です。間接法は，税金控除前の当期純利益に，非資金損益項目，営業活動に係る資産・負債の増減，「投資活動によるキャッシュ・フロー」および「財務活動によるキャッシュ・フロー」の区分に含まれる損益項目を加減して表示する方法です。間接法を用いることにより，損益計算書の純利益とキャッシュ・フローのズレを説明する内容となり，純額としての資金変動を明らかにする表示となります。

直接法によるとしても，間接法によるとしても，営業活動によるキャッシュ・フローの区分の結果である金額は，同一であることに留意してください。

図表5－9は，直接法と間接法に基づくキャッシュ・フロー計算書のひな型を示しています。

図表5－9　キャッシュ・フロー計算書のひな型

キャッシュ・フロー計算書（直接法）
（自×年×月×日　至×年×月×日）

Ⅰ　営業活動によるキャッシュ・フロー	
営業収入	＊＊＊
原材料または商品の仕入支出	＊＊＊
人件費支出	＊＊＊
その他の営業支出	＊＊＊
小計	＊＊＊
利息及び配当金の受取額	＊＊＊
利息の支払額	＊＊＊
損害賠償金の支払額	＊＊＊
………	
法人税等の支払額	＊＊＊
営業活動によるキャッシュ・フロー	＊＊＊
Ⅱ　投資活動によるキャッシュ・フロー	
有価証券の取得による支出	＊＊＊
有価証券の売却による収入	＊＊＊
有形固定資産の取得による支出	＊＊＊
有形固定資産の売却による収入	＊＊＊
貸付けによる支出	＊＊＊
貸付金の回収による収入	＊＊＊
………	
投資活動によるキャッシュ・フロー	＊＊＊
Ⅲ　財務活動によるキャッシュ・フロー	
借入れによる収入	＊＊＊
借入金の返済による支出	＊＊＊
社債の発行による収入	＊＊＊
社債の償還による支出	＊＊＊
株式の発行による収入	＊＊＊
自己株式の取得による支出	＊＊＊
親会社による配当金の支払額	＊＊＊
非支配（少数）株主への配当金の支払額	＊＊＊
………	
財務活動によるキャッシュ・フロー	＊＊＊
Ⅳ　現金及び現金同等物にかかる換算差額	＊＊＊
Ⅴ　現金及び現金同等物の増加額	＊＊＊
Ⅵ　現金及び現金同等物期首残高	＊＊＊
Ⅶ　現金及び現金同等物期末残高	＊＊＊

キャッシュ・フロー計算書（間接法）
（自×年×月×日　至×年×月×日）

Ⅰ　営業活動によるキャッシュ・フロー	
税引前（税金等調整前）当期純利益	＊＊＊
減価償却費	＊＊＊
貸倒引当金の増加額	＊＊＊
受取利息及び受取配当金	＊＊＊
支払利息	＊＊＊
為替差損	＊＊＊
持分法による投資利益	＊＊＊
有形固定資産売却益	＊＊＊
損害賠償損失	＊＊＊
売上債権の増加額	＊＊＊
たな卸資産の減少額	＊＊＊
仕入債務の減額	＊＊＊
………	
小計	＊＊＊
利息及び配当金の受取額	＊＊＊
利息の支払額	＊＊＊
損害賠償金の支払額	＊＊＊
………	
法人税等の支払額	＊＊＊
営業活動によるキャッシュ・フロー	＊＊＊

（以下は直接法と同じなので省略する。）

6 企業会計の基準と国際的対応

《本章のポイントと学習の目標》 制度会計は，法令だけでは成立できるものではありません。加えて基礎的な諸概念について社会的に共通認識されていたとしても，取引をどのように記録し，いかに会計情報を作成するのかを，直接に導くことはできません。会計情報を作成するために，取引をいかに記録し，最終的に会計情報をいかに作成するのかという方法や手続きを定めたものを，会計基準と呼んでいます。会計基準を設定して公表することで，企業の経営者はそれに基づいて会計情報を作成することができ，利害関係者はそれに基づいて会計情報を理解することができるようになります。会計基準の内容を概括的に把握するとともに，果たす社会的機能を理解しましょう。

また企業活動のグローバル化により，海外の利害関係者の存在は無視できなくなり，会計基準のグローバル化もまた課題となっています。会計基準のグローバル化の背景と状況についても把握しておきましょう。

《キーワード》 会計基準，企業会計基準委員会，概念フレームワーク，有用な情報，企業会計原則，真実性の原則，正規の簿記の原則，資本取引・損益取引区分の原則，明瞭性の原則，継続性の原則，保守主義の原則，単一性の原則，重要性の原則，中小企業の会計に関する指針，中小企業の会計に関する基本要領，会計基準の国際的統一化，国際財務報告基準（IFRS），国際会計基準審議会（IASB），IOSCO，ノーウォーク合意，東京合意

1．企業会計の基準の意義

（1）会計基準の意義と必要性

企業会計は，企業活動を写像した会計情報を利害関係者に伝達するプロセスです。利害関係者が会計情報を読んで企業がどのような活動を

行ったのかを理解するためには，どのように会計情報が作成されたのかを知っていなければなりません。そのため，会計情報を作成する企業の経営者と，会計情報の利用者である利害関係者のあいだで，会計情報をどのように作成するのかについて，両者が知り，かつ同意することが必要となります。会計情報の作成にいたる処理の方法や手続きを定めたものは，**会計基準**と呼ばれます。

会計基準は，個々の企業について経営者と利害関係者のあいだで同意がなされればよいのですが，今日，資本市場において株式が売買されることで株主が頻繁に変化し，また事業の拡大や変化等により取引先が変化しており，さらに経営者も変化することが十分に考えられます。もし個々の企業ごとに会計基準を決めるならば，経営者または利害関係者に変化があるごとに，会計基準について改めて同意を得る必要が生じ，たいへん手間やコストがかかり，社会システムとして会計が機能できないことになります。そこでこうした問題を解決するために，社会一般が公正妥当であると認める会計基準[1)]を設定して，すべての企業が適用できるようにしています。そのため制度会計における会計基準は，社会的規範として機能することになります。いわば，社会的規範として会計基準を設定し，かつ公表するのは，社会的コストを削減するためと言えます。そのため，少数にして限定的なところでしか生じない事象については，社会的規範としての会計基準は設定されないことになります。会計基準がミニマム・スタンダーズとなるゆえんです。

また会計基準の役割をそれぞれの関係者の立場から表現するならば，次のようになります。情報作成者である企業の経営者は会計基準に従って会計情報を作成し，情報利用者である各種の利害関係者は会計基準に基づいて会計情報を理解し自らの意思決定を行います。さらに会計情報を監査する者は，会計情報の適否等を会計基準に従って作成されたか否

1）一般に公正妥当な会計諸基準のことを，GAAPと呼ぶことがあります。GAAPは，generally accepted accounting principlesの略称です。Principleは，「原則」と訳される用語ですが，過去において会計基準を会計原則と呼んでいた名残りです。

かにより判断します。

（2）日本の会計基準

日本において企業会計で適用される会計基準は，次のとおりです。

企業会計原則

一連の企業会計諸基準

企業会計原則は，1949（昭和24）年7月（最終改正：1982〔昭和57〕年4月）に当時の経済安定本部の会計制度対策調査会（1952〔昭和27〕年7月に企業会計審議会に改称）より公表されたものであり，企業会計に関する包括的な会計基準を示したものです。

企業会計原則の前文には「企業会計原則の設定について」と題し，財務諸表等により企業の経営成績・財政状態等の企業の実状を利害関係者に報告する基礎となるという目的が明記されています。さらに企業会計原則は，企業会計の実務のなかに慣習として発達したもののなかから，一般に公正妥当と認められたところを要約したものであり，必ずしも法令によって強制されなくとも，すべての企業が会計を処理するにあたって，従わなければならない基準であるとされています。

しかし企業会計原則は1982（昭和57）年4月の改正以降，今日まで修正がなされていません。そのため，その後に新たに設定された会計基準の内容が企業会計原則の内容と異なる場合には，その異なる部分は実効性が失われています。

一方，一連の会計基準は，現在，公益財団法人財務会計基準機構の中核組織である**企業会計基準委員会**（英語表記は，Accounting Standards Board of Japan。略称は，ASBJ）が開発し，それを金融庁が制度に組み込んでいくことで，社会的規範として機能させています。企業会計基準委員会では，会計基準の設定が望まれるテーマごとに，会計基準を開発しています。こうした個々のテーマごとの基準開発の方式を，**ピースミール方式**と呼んでいます。

そして会計基準の開発がピースミール方式で行われることから，個々の会計基準間の整合性を保つための共通基盤となる**概念フレームワーク**（討議資料「財務会計の概念フレームワーク」2006（平成18）年12月最終アップデート）が公表されています。この日本版概念フレームワークは，資本市場における会計情報を前提として，財務報告の目的を投資家の意思決定に**有用な情報**を提供することとし，そのためにはその意思決定に影響を及ぼし（**意思決定との関連性**），かつ**信頼性**のある情報であることが求められるとの立場が示されています。

【コラム：会計基準等の名称】

会計基準の名称には，「○○に係る会計基準」と「○○に関する会計基準」があり，それらの指針についても「実務指針」と「適用指針」という異なる用語が使われています。こうした複数の用語が用いられているのには歴史的理由があります。

会計基準は，2003（平成15）年まで金融庁の諮問機関である企業会計審議会で開発されてきました。企業会計審議会が開発した基準には，「○○に係る会計基準」という名称が用いられていました。そして企業会計審議会で，会計実務のためのガイドラインを開発することは，マンパワーの制約等の理由で行われず，日本公認会計士協会で開発されていました。日本公認会計士協会が開発したガイドラインの名称として「実務指針」が用いられました。

一方，企業会計基準委員会は，会計基準とともに会計実務のためのガイドラインも開発しています。企業会計基準委員会が開発した会計基準とガイドラインの名称として，それぞれ「○○に関する会計基準」と「適用指針」が用いられています。

そのため，現在，会計基準等の名称について複数の用語がみられることになっています。企業会計審議会が開発した会計基準を企業会計基準委員会が改正した場合には，会計基準の名称もまた変えられています。また実務指針の内容についても，順次，企業会計基準委員会の公表する基準や適用指針等のなかに移管されています。

2．企業会計原則の構成と一般原則

(1) 構成

企業会計原則は，**一般原則**，**損益計算書原則**，**貸借対照表原則**の3つにより構成され，これに注解が付されています。

一般原則は，企業会計全般に関する基本原則であり，他の諸原則を包括する一般的指針としての役割を有しています。一般原則としては，**真実性の原則**，**正規の簿記の原則**，**資本取引・損益取引区分の原則**，**明瞭性の原則**，**継続性の原則**，**保守主義の原則**，**単一性の原則**の7つの原則が挙げられています。また注解において**重要性の原則**が挙げられています。

損益計算書原則と貸借対照表原則は，それぞれの作成基準について，企業会計上の基本原則が定められています。ただし既述のように，新たな会計基準により，部分的に無効となっています。

(2) 一般原則

① 真実性の原則

真実性の原則は，「企業会計は企業の財政状態及び経営成績に関して，真実な報告を提供するものでなければならない。」（一般原則の一）ことを要求する原則です。この原則は，他の6つの一般原則が遵守されることにより充たされるものと考えられています。なお，ここにいう真実性とは，会計情報の数値が唯一しかないという意味での絶対的な真実性ではなく，判断や見積り等を踏まえた上で同じ事象についての会計情報であったとしても必ずしも唯一とは限らないという意味での**相対的な真実性**を意味します。

②　正規の簿記の原則

正規の簿記の原則は，「企業会計は，すべての取引につき，正規の簿記の原則に従って，正確な会計帳簿を作成しなければならない。」（一般原則の二）ことを要求する原則です。この原則は，一般的には，次の3つの要件を充たすように帳簿記録を行うことが要求されていると理解されています。3つの要件とは，**網羅性**のある記録（記録すべきすべての事象が漏れなく網羅的に記録されること），**検証性**のある記録（客観的な証拠に基づいて記録されること），**秩序性**のある記録（一定の方法に従って秩序ある記録がなされること）です。そして複式簿記によりすべての取引が記録されるならば，これら3つの要件が備わるものと考えられています。

なお，正規の簿記の原則により，帳簿記録に基づいて誘導的に会計情報が作成されることが要請されることになります。

③　資本取引・損益取引区分の原則

資本取引・損益取引区分の原則は，「資本取引と損益取引とを明瞭に区別し，特に資本剰余金と利益剰余金とを混同してはならない。」（一般原則の三）ことを要請する原則です。したがって，この原則は，次の2つを要請しています。第1に資本取引と損益取引の区分の要請であり，第2に資本剰余金と利益剰余金の区分の要請です。

前者は，純資産の増加という意味では同じであっても，追加的に出資を受けたり，配当金を支払ったりするような直接的に資本を増減させる取引と，利益を得るための商品売買のような取引とを区別することで，適正な期間損益計算を確保しようとするものです。一方後者は，資本取引から生じる資本剰余金（払込資本の一部）と損益取引から生じる利益剰余金（留保利益）を区別することで，企業活動の元本となる資本の維持を可能にしようとしています。

④　明瞭性の原則

明瞭性の原則は，「企業会計は，財務諸表によって，利害関係者に対し必要な会計事実を明瞭に表示し，企業の状況に関する判断を誤らせないようにしなければならない。」（一般原則の四）ことを要請する原則です。この原則は，会計情報の表示等に対する要請です。具体的には，財務諸表の様式や区分，配列に対する工夫，ならびに各種の注記表や附属明細表の作成等が挙げられます。

⑤　継続性の原則

継続性の原則は，「企業会計は，その処理の原則及び手続を毎期継続して適用し，みだりにこれを変更してはならない。」（一般原則の五）ことを要請する原則です。今日の企業会計では，同一の取引について複数の代替可能な会計処理や手続きが認められている場合があります。この原則は，**正当な理由**がない限り，一度採用した会計処理の原則および手続きを毎期継続して適用することにより，経営者の**利益操作を排除**するとともに，財務諸表の**期間比較性を確保**することを目的としています。なお正当な理由としては，従来認められていた会計処理の原則や手続きが認められなくなった場合のように適用可能な会計処理の原則や手続きの変化等が挙げられます。

なお継続性の原則は，会計帳簿への記録についても，財務諸表の表示についても求められるものです。財務諸表の表示に継続性が保たれることにより，期間比較性が確保されます。

⑥　保守主義の原則

保守主義の原則は，「企業の財政に不利な影響を及ぼす可能性がある場合には，これに備えて適当に健全な会計処理をしなければならない。」（一般原則の六）ことを要請する原則です。この原則は，企業にとって不利益な影響が潜在しているときに，それが顕在化しても企業の財務的健全性を確保できるように，慎重かつ安全な会計処理方法ないしは手続きを採用することを促す原則です。しかしある取引や事象について，特定の会計処理方法を限定することに直結する原則ではなく，むしろ保守的な態度で会計を行うことを要求していると理解すべきです。たとえば，合理的な根拠を有する予測や見積りを含んで会計処理される場合でその合理的予測等に幅があるときは，慎重な態度でそれらを検討することを求めています。したがって複数の代替的な会計処理が認められている場合に，最も保守的な処理を選択することを要請するものではないことに留意してください。

⑦　単一性の原則

単一性の原則は，「株主総会提出のため，信用目的のため，租税目的のため等種々の目的のために異なる形式の財務諸表を作成する必要がある場合，それらの内容は，信頼しうる会計記録に基づいて作成されたものであって，政策の考慮のために事実の真実な表示を歪めてはならない。」（一般原則の七）ことを要請する原則です。この原則は，財務諸表が利用目的に応じて報告形式の異なるものが作成されるとしても，その基礎となる会計記録は信頼しうる会計記録から誘導されたものでなければならず，実質的な内容は同一でなければならないこと（実質一元・形式多元）を求めています。

⑧　重要性の原則

重要性の原則は，一般原則に準ずる原則として位置づけられており，「企業会計が目的とするところは，企業の財務内容を明らかにし，企業の状況に関する利害関係者の判断を誤らせないようにすることにあるから，重要性の乏しいものについては，本来の厳密な会計処理によらないで他の簡便な方法によることも，正規の簿記の原則に従った処理として認められる。重要性の原則は，財務諸表の表示に関しても適用される。」（注解，注１），と規定されています。重要性には，金額についての重要性と，勘定科目や財務諸表項目の質的な重要性があります。たとえば，少額の消耗品については，購入した時点ですべて使ってしまったものとして記録し，物品として存在していても資産に含めない処理が認められることになります。また財務諸表の表示に関しては，重要性が乏しい科目を他の科目に含めて表示する方法が認められることになります。このように重要性の原則は，会計処理および表示の双方に適用されるため，処理面では正規の簿記の原則に関係し，表示面では明瞭性の原則と関係していることになります。

3．会計基準等の適用対象

企業会計をめぐる会計基準として，企業会計原則と会計諸基準が存在することは既述のとおりです。そしてそれらの会計実務上のガイドラインとなる指針が存在します。しかし公表されている企業会計基準やその指針は，基本的に上場会社を想定して開発されているため，非上場の中小企業にとっては，その会計処理が複雑過ぎるなどの批判がみられます。また会計基準の国際的統一化の影響を受けて企業会計基準の開発や改訂がなされているため，日本の経済にとって好ましくないと思われるような内容が含まれているとの批判もみられます。会計基準の国際的統一化については後で説明しますが，この動きが日本の会計基準等を複雑にした一因となっています。

さらに制度会計において，会社法でいう「一般に公正妥当と認められる企業会計の慣行」や法人税法でいう「一般に公正妥当と認められる会計処理の基準」は複数存在しえるとの理解があり，そのため企業会計審議会や企業会計基準委員会が開発してきた一連の企業会計の諸基準群（以下，日本基準と呼びます。）のみがそれらに該当するわけではないと理解されています。

そこで，特に中小企業のための会計を前提として，会計基準という用語は用いられてはいないものの，会計基準と同様の機能を果たすと考えられるものが公表されています。具体的には，日本税理士会連合会，日本公認会計士協会，日本商工会議所そして企業会計基準委員会が主体となって設置している「中小企業の会計に関する指針作成検討委員会」より，2005（平成17）年８月１日に公表された「**中小企業の会計に関する指針**」（以下，中小会計指針と呼びます。）（公表後，毎年改正），中小企業の会計に関する検討会より2012（平成24）年２月１日に公表された「**中小企業の会計に関する基本要領**」（以下，中小会計要領と呼びます。）が挙げられます。中小会計指針は，日本基準を中小企業に適用する場合の指針として位置づけられており，会計処理の複雑さや国際対応による内容に対する批判は残っています。そして中小会計要領は，かなりの部分を税務会計に依存しており，中小会計指針よりも日本基準からは距離を置いています。ただし，税法に依存する部分を有する中小会計要領が，法人税法上の公正処理基準となりうるかについては疑問が提示されています。

上場会社や金融商品取引法上情報開示が求められる会社については，企業会計審議会や企業会計基準委員会が開発してきた日本基準が適用されます。また会社法上の大会社もまた日本基準の適用がなされます。しかしそれら以外の会社に対しては，日本基準を適用することに何らの問題もありませんが，その適用に代えて，上述の中小会計指針や中小会計要領の適用の可能性があります。

4．会計基準の国際的統一化の背景

（1）国際会計基準審議会

会計制度は，各国によりその主権のもとに設計されています。それにもかかわらず，財務会計制度を支える規範としての会計基準については，国境を越えて国際的に収斂ないしは統一させるべきであるとの議論が存在します。現実的にも，各国の会計基準の相違は縮小してきているように思われます。そして，グローバルに統一された会計基準（正確には，会計基準がテーマごとに開発されているので，「1セットの会計諸基準」）を開発することを目的としている組織が，**国際会計基準審議会**（International Accounting Standards Board : **IASB**）です。IASBが，会計基準の国際的統一化を目指す背景には，資本市場の国際的な連携や統合の動きが存在しています。IASBが，資本市場が世界的に統合され，1つの市場となっていることを前提として，高品質で単一の会計諸基準のセットの開発を行おうとしていることは，よく知られています。

いわば，資本市場の統合が，あるいは少なくとも統合への方向性が，会計基準の国際的統一化ないしは収斂を導いていると考えることができます。

留意しなければならないのは，IASB が開発する基準は，資本市場における財務情報の作成基準であり，資本市場における財務情報は連結財務諸表により開示される点です。このことは，IASB が各国の個別財務諸表の作成のための基準にまで直接的には影響しないことを意味します。ただし連結財務諸表の作成基準が，個別財務諸表の作成基準に大きな影響を与えることもあり，様々な議論がなされてきました。

（2）企業の経済活動の国際化

資本市場が国際的統合に進む背景には，企業の経済活動の国際化があります。企業の経済活動の国際化は，**事業活動の国際化**，**資金調達の国際化**，**証券投資の国際化**の 3 つの観点から整理することができます。

事業活動の国際化は，企業が，輸出入のほか，外国企業との業務提携，プラント輸出，在外支店・在外子会社の開設による海外での事業展開，異なる国に登記している企業（会社）同士の合併や買収，異なる国に登記している企業（会社）同士の資本提携等を指しています。他国における事業活動は，会計を含め，当該他国の制度の規制下におかれます。在外子会社を設立した場合には，この子会社はその所在する国の会計制度に基づいて財務報告等を行うことが要請されるのが基本です。

また資金調達の国際化は，海外の資本市場での日本企業の上場，さらには外国企業の日本の資本市場への上場という現象を指します。日本企業が海外の資本市場に上場する場合，その海外の市場に参加する投資家向けの情報開示が要求されるのは当然であり，その情報は，日本の会計基準により作成される情報をそのまま受け入れられる場合もあれば，それぞれの資本市場で用いられる会計基準に基づくことが要求される場合もあります。

さらに証券投資の国際化は，投資家の活動が自国の資本市場に留まらず，海外の資本市場へ投資活動を拡大している現状を指します。投資家は，それぞれの国に関わるリスクを考慮した上で，企業の業績や財政状態等に基づいて投資を行います。すなわち複数の国で合理的な投資活動を行うためには，異なる財務情報を理解することが必要となります。

こうした企業の経済活動の国際化は，もし会計基準が統一化されたならば，それぞれの活動に係るコストは削減されるものと期待されます。

（3）資本市場の国際的統合の動き

ヨーロッパでは，ヨーロッパ単一通貨であるユーロの導入と電子証券取引のネットワークの発達に支えられて，1999（平成11）年5月に，ロンドン，フランクフルト，アムステルダム，ブリュッセル，マドリッド，ミラノ，チューリッヒ，パリの8取引所は，2000（平成12）年後半に単一プラットフォーム設置による取引システムの共通化に同意しました。しかしその後，修正案（妥協案）を経て，結果的に棚上げとなっています。さらに2000（平成12）年5月に，ロンドン証券取引所とドイツ証券取引所が，合併する計画が発表されましたが，頓挫しました。

しかし一方，2000（平成12）年9月に，パリ証券取引所とアムステルダム証券取引所，ブリュッセル証券取引所の3つの証券取引所が出資して，ユーロネクスト（Euronext）が，オランダに設立されました。ユーロネクストは，当面は3証券取引所を存置しますが，単一のプラットフォームによる株式，債券，デリバティブのすべてについての上場，取引，決済を可能にすることを目標としていました。ユーロネクストには，その後2002（平成14）年に，リスボン証券取引所とロンドンのデリバティブ取引所（LIFFE）が加入しています。そして，2006（平成18）年6月にニューヨーク証券取引所を運営するNYSEグループとの合併が発表され，2007（平成19）年4月にNYSEユーロネクスト（本社はニューヨーク）が立ち上げられました。しかしその後，2012（平成24）年12月にインターコンチネンタル取引所にNYSEユーロネクストは買収され，さらに2014（平成26）年6月にはユーロネクストが分離・独立しています。そしてユーロネクストは，2018（平成30）年3月にアイルランド証券取引所を買収しています。

NYSEユーロネクストのように証券取引所そのものが統合するというかたちではありませんが，日本でも東京証券取引所や大阪取引所を傘下に置く日本取引所グループは，ニューヨーク証券取引所を始め，多くの海外の取引所との連携ないしは協力というかたちで，企業の経済活動の国際化に対応しています。

5．会計基準の国際的統一化の経緯

（1）国際会計基準委員会の設立と発展

第2次世界大戦後，アメリカやイギリスの大企業が国際的な取引を拡大させるとともに多国籍化してきたことを背景に，さらに日本やドイツの経済発展に伴い，会計や監査に関わる国際的問題が浮上することになりました。そうした状況を受けて，1957（昭和32）年にアムステルダムで開催された第7回国際会計士会議において，直面している問題として「様々な国における監査基準の多様性」が取り上げられました。さらに1962（昭和37）年にニューヨークで開催された第8回国際会計士会議において，会計や財務報告，監査に関連する世界経済がテーマとなり，そのオープニング・セッションにおいて，前回の議長であったJacob

Kraayenhofが，会計諸原則の国際的統一の必要性を指摘しました。加えて1966（昭和41）年に始められたイングランド・ウェールズ勅許会計士協会（ICAEW）とアメリカ公認会計士協会（AICPA），そしてカナダ勅許会計士協会（CICA）による会計士国際共同研究グループ（Accountants International Study Group）の活動の影響もあり，1972（昭和47）年にシドニーで開催された第10回国際会計士会議において，国際的な会計基準を審議する機関の設立への動きが固まりました。そして1973（昭和48）年６月に国際会計基準委員会（IASC）が，オーストラリア，カナダ，フランス，西ドイツ，日本，メキシコ，オランダ，イギリスおよびアイルランド，アメリカの職業会計人団体が，設立メンバーとして，定款等に合意することで設立されました。

IASC設立後，1977（昭和52）年に定款が改正されるまでは，設立メンバーが，IASCのメンバーとなり，その後に加入した団体は準メンバーとされていました。そしてIASCが，唯一の議決機関として，**国際会計基準（International Accounting Standards：IAS）**の公開草案や基準等の審議・承認，そして組織や規定，人事，財政等に関する決定を行っていました。1977（昭和52）年にミュンヘンで開催された国際会計士会議の際に，IASCは準メンバーをも含めた総会を開催し，その時までにIASが第７号まで公表されていたという実績が評価され，IASCの存続について肯定されました。ただし閉鎖的な運営状態への批判に対応して，定款を改正し，IASC設立メンバーとその後に加入したメンバーとを区別することなく，すべてメンバーとするとともに，従来の委員会（Committee）を理事会（Board）と呼ぶこととし，設立メンバーに固定することなく，メンバーから理事会メンバーを選出することとしました。

IASCが公表する初期のIASの設定は，当初はイギリスの影響が強かったようですが，各国で行われている実務を取り込むかたちで進められました。そのために，代替的処理方法を広く認めていました。

（2）証券監督者国際機構の影響とコア・スタンダード

1977（昭和52）年以降も引き続き，IASCはIASの開発を進めていましたが，1986（昭和61）年に設立された証券監督者国際機構（International Organization of Securities Commissions : **IOSCO**）の影響を大きく受けることになります。IOSCOは，資本市場を監督する政府機関の国際的団体です。IOSCOは，ディスクロージャー制度の国際的調和化を目指すIASCの活動を支持する意向を示し，1987（昭和62）年には，国際会計基準委員会の諮問グループに参加することになりました。そしてIOSCOは，1988（昭和63）年の総会において，IASCに対して財務諸表の比較可能性を高めることを要請しました。この要請は，当時会計処理について幅広い選択肢を認めていた一連のIASに対して，その選択の幅を狭めることを要請するものでした。

IOSCOのこうした関与に応えて，IASCは1986（昭和61）年に「財務報告のためのフレームワーク（Framework for Financial Reporting）」をテーマとして採択し，1987年には「財務諸表の比較可能性」をテーマとして採択します。1988年には，IASCは概念フレームワークの草案を公表し，翌年1989年4月に理事会で承認し，同年7月に「財務諸表の作成と表示のためのフレームワーク（Framework for the Preparation and Presentation of Financial Statements）」を公表するに至ります。

さらにIOSCOは，1993（平成5）年8月に，**コア・スタンダード**と呼ばれた41のトピックスに及ぶ広範囲の基準一覧をIASCに提示しました。これは，IOSCOがクロスボーダーで行われる資金調達の際に利用される財務諸表の作成のために最低限度必要であるとして指定した基準の一覧です。IASCは，IOSCOが指定する基準一覧を作成することに同意し，IOSCO は IASC がそれらすべてを完成するならば，IAS をクロスボーダーで行われる資金調達の際に利用される財務諸表の作成のための基準として承認することを検討することに合意しました。

コア・スタンダードは，IASC により1998（平成10）年12月に完成され，IOSCO は1999（平成11）年１月からその査定に入りました。そして IOSCO は，2000（平成12）年５月に，外国企業が IAS に基づいて作成した財務諸表により情報開示して資金調達を行うことを，IOSCO のメンバー国の規制当局が受け入れるように推奨するというかたちで，IAS を是認しました。このことは，プライベート・セクターの国際組織である IASC が開発した一連の会計基準を，パブリック・セクターの国際組織である IOSCO が承認したことを意味しており，IAS が実効性をもって広く認知されたことを意味しています。コア・スタンダードとしての IAS は，従前の IAS に比して，代替的処理方法の幅が相当縮小されたものとなりました。

（３）国際会計基準審議会への組織改革

IASC は，2000（平成12）年に行われた組織改革の結果，同年12月に活動を終了しました。この背景には，IOSCO により提示されたコア・スタンダードが完成した後，その一連の会計基準がクロスボーダーでの資金調達に際して利用されるとするならば，IASC の担うべき役割もまた変化するものとの認識があったものと思われます。

新たな組織は，2001（平成13）年１月に発足しました。新たな組織では，理事会の権限は変更することなく，その構成メンバーについて，13ヶ国＋３団体からのそれぞれ２～３名の代表によるのではなく，出身国や出身組織にかかわらず，その個人の能力に基づいて選出された14名（12名常勤，２名非常勤）の理事によることとされました，また理事は有給となりました。新たな組織は，財団としての国際会計基準委員会（the International Accounting Standard Committee Foundation : IASCF）のもと，評議員会が，組織全体の監視や資金調達のほか，**国際会計基準審議会**（**IASB**）と国際財務報告解釈指針委員会（International Financial Reporting Interpretations Committee : IFRIC），基準諮問会議（Standards Advisory Council: SAC）のメンバーを選任することになりました。IASBは，基準および解釈指針の承認権限を有しており，評議員会に報告義務を負います。IFRICは，基準の解釈指針を作成する組織であり，IASBに報告義務を負います。そしてSACは，評議員会と理事会に助言を与える役割を持ち，職業会計人，アナリスト，財務諸表作成者など，様々な背景を有するメンバーにより構成されています。

その後2009（平成21）年に評議員の選任の承認や評議員の責任遂行について助言等を行うモニタリング・ボードが創設されました。モニタリング・ボードはIOSCOやアメリカSEC，日本の金融庁，ヨーロッパ委員会等の政府機関等により構成されています。さらに2010（平成22）年には，IASC財団はIFRS財団に，IFRICはIFRS解釈指針委員会に，SACはIFRS諮問会議に名称を変更しています。

IASBに関わる組織を図示したものが，図表6－1です。

図表6－1　IASBの組織

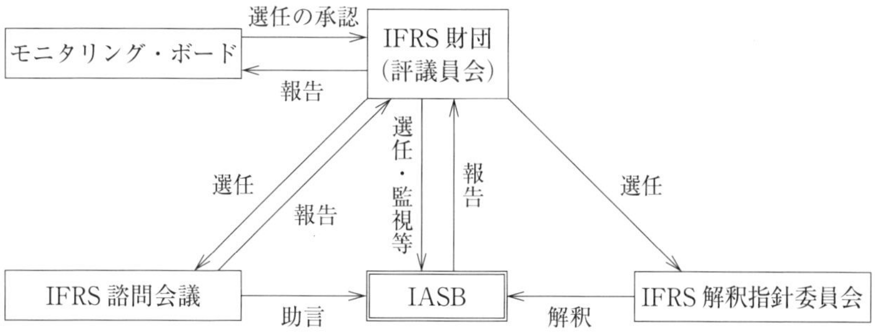

そしてIFRS財団は，その定款のなかで「公益に資するため，明確に記述された諸原則に基づいて，高品質で，理解可能で，かつ実行可能な単一のグローバルに受け入れられた財務報告基準を開発すること」を，さらに各国の国内会計基準と国際財務報告基準とを収斂させることにより，IFRSの採用を推進し，促進することを目的として掲げています。すなわちIFRS財団の中核的下部組織であるIASBは，高品質な財務報告のための会計基準の開発とともに，会計基準の国際的統一を目的とすることになります。

IASBは，現在，新たに開発した基準を，**国際財務報告基準（IFRS）**という名称で公表しています。IFRSが公表されることで過去に公表されたIASの内容が無効とされない限り，個々の基準としてのIASは有効なままです。いまだ有効なIASと，新たに開発されたIFRSを総称して，IFRSと呼ばれることがあります。したがって具体的な基準を指すときは，IAS第○号，IFRS第○号と表記しますが，それら一連の諸基準全体を指すときは，IFRSと呼んでいます。

6．国際財務報告基準の適用の現状

（1）IFRS採用の現状

IFRS財団によれば，2018（平成30）年には，140を超える国や地域が，IFRSの適用を要求し，あるいはその利用を容認しているとされています。特にEUにあっては，IOSCOがコア・スタンダードとして一連のIASを承認した2000（平成12）年5月の翌月6月に，EUのヨーロッパ委員会はEU加盟諸国域内にある資本市場に上場している企業にIFRS（有効なIASを含む。以下同じ。）を適用した財務情報の作成を義務付ける方針を発表し，その後，2002（平成14）年6月に正式決定されました。そして2005（平成17）年より EU 加盟諸国の域内にある資本市場に上場している企業は，原則として IFRS に準拠して作成された連結財務諸表を開示することが要求されるとともに，個別財務諸表についても IFRS に準拠して作成されることが望ましいとされました。

ただし EU は，IFRS について独自のエンドースメント・メカニズム（是認の仕組み）を有しています。まずプライベート・セクターのヨーロッパ財務報告アドバイザリー・グループ（the European Financial Reporting Advisory Group : EFRAG）が，IFRS の個々の基準が EU にとって適切か否かの判断をし，それを受けてヨーロッパ委員会が，IFRS の採用に関する決定を行います。2003（平成15）年 9 月にヨーロッパ委員会は，金融商品に関する会計基準である IAS32と IAS39を除いて，IFRS を支持することを決定しました。重要なことは，EU が，IASB により作成された基準をそのまま受け入れているわけではない点です。

EU は，IFRS をすべて受け入れたわけではありませんが，IFRS のビッグ・ユーザーとなりました。そして IFRS は，実際に適用される場を獲得したのです。そしてその後の EU のさらなる加盟国の拡大を考えると，IFRS の重要性は一層高まってきています。また今後の IFRS の開発に対する EU の発言力が，一層増大することでしょう。

EU 加盟国以外の国にあっても，IFRS の採択は拡がっています。たとえば，オーストラリアを始め，先進諸国のなかでも，EU と同様に主体的な基準開発を自らが放棄し，IFRS を受け入れる諸国がみられ，また発展途上諸国にあっては自国で主体的に基準を開発するよりも IFRS を受け入れたほうが安価である（コストが少なくてすむ）ため，その採択がなされているようです。

（2）アメリカの対応

アメリカの**財務会計基準審議会（FASB）**とIASBは，2002（平成14）年9月に開催された合同会議において，両者の会計基準の互換性をより一層高めるための具体的な作業について合意（いわゆる，**ノーウォーク合意**）をしました。具体的な作業とは，両者の基準の間にある多様な差異を削除する目的で短期的な収斂プロジェクトに着手すること，共同プロジェクトの継続等です。

そしてIASBとFASBは，2004（平成16）年4月に開催された合同会議において，短期的に解消できない両者の差異が検討され，中長期収斂プロジェクトとして検討する課題について合意がなされました。さらに，2006（平成18）年2月27日付けで両者の会計基準の収斂のためのロードマップ（覚書きMoU）（「A Roadmap for Convergence between IFRSs and US GAAP-2006-2008 Memorandum of Understanding between the FASB and the IASB」）が公表され，2008（平成20）年までの両者の会計基準に係る収斂のロードマップが示されました。その後，このMoUは，2008（平成20）年に見直しがなされています。

こうした動きを踏まえて，アメリカの証券取引委員会（SEC）は，2008（平成20）年11月に，アメリカ国内においてIFRSを適用することに関するロードマップを公表し，そのなかで，2009（平成21）年12月15日以後に終了する事業年度から一定の要件を満たした企業にIFRSの任意適用を認め，それ以外の企業へのIFRSの強制適用については2011（平成23）年に決定することが述べられていました。また2007（平成19）年には，アメリカの資本市場に上場する外国企業について，IASBが公表しているIFRSを適用している場合には，アメリカ基準への調整表を作成しなくともよい（調整表の作成義務の廃止）とされました。

このようにアメリカにおいては，IFRSを採用する方向性で検討がなされてきました。しかし，現在なお，アメリカの国内企業について，IFRSの任意適用が認められていません。そしてIFRSの採用というよりかはむしろ，IFRSの一部は採用し，一部はアメリカ基準と収斂させていくという考え方（コンドースメント・アプローチと呼ばれています）が示されたこともあり，最近ではIFRSとのあいだに距離が置かれているようです。

（3）日本の対応

一方，日本の**企業会計基準委員会（ASBJ）**とIASBは，2004（平成16）年10月に会計基準の収斂を最終目標として，両者の会計基準の差異を可能な限り縮小するための共同プロジェクトの立ち上げに向けて協議を開始し，2005（平成17）年1月に共同プロジェクトを立ち上げることに合意しました。そして2007（平成19）年8月にASBJとIASBは，日本基準とIFRSとの収斂を加速化させる内容を含む「会計基準のコンバージェンスの加速化に向けた取組みへの合意」（いわゆる，**東京合意**）を公表しました。

こうした動きを踏まえて，日本の企業会計審議会は，2009（平成21）年6月に「我が国における国際会計基準の取扱いについて（中間報告）」を公表し，個別財務諸表に先行して連結財務諸表についてIFRSを適用するという考え方（いわゆる，連結先行）を示しました。また2010（平成22）年3月期からIFRSの任意適用が認められています。

このように日本においても，IFRSを採用する方向性で検討がなされてきました。しかし企業会計審議会は2012（平成24）年7月に「国際会計基準（IFRS）への対応のあり方についてのこれまでの議論（中間的論点整理）」を公表し，そのなかで連結財務諸表の作成についてはIFRSを適用し，個別財務諸表の作成についてはIFRSの適用を強制しないという考え方（いわゆる，連単分離）を示しました。このことは，アメリカの動向に符合するように，IFRSの採用に対しては以前よりも消極的となっていることを意味しています。

しかしIASB自体も，多くの者の意見を広く国際的に聴こうとする姿勢に変化しているように思われます。また日本でも，グローバルな活動を行う会社を中心に，IFRSの適用が拡がっています。日本からの意見発信への対応をIASBが強めるならば，IFRS自体が日本でも受け入れやすくなるものと期待されます。ASBJは，2015（平成27）年6月に「修正国際基準（国際会計基準と企業会計基準委員会による修正会計基準によって構成される会計基準）」を公表し，IFRSの内容のなかで，改善すべきと考えられる点を明確にしました。この修正国際基準は，IFRSの新設や改訂の度に，それに検討が加えられ，必要に応じて改正されています。

なお図表6－2は，会社区分による日本における会計基準等の適用を示しています。

図表6－2　会社の区分と適用される会計基準等　（2019年2月末現在）

<table>
<tr><th rowspan="2">区分</th><th rowspan="2">会社数</th><th colspan="2">適用される会計基準等</th></tr>
<tr><th>個別財務諸表</th><th>連結財務諸表</th></tr>
<tr><td>①上場会社</td><td>約3,650社</td><td rowspan="3">日本基準</td><td rowspan="2">・日本基準
・IFRSの任意適用
・米国基準適用
・修正国際基準の任意適用</td></tr>
<tr><td>②金商法開示会社
(①以外)</td><td>約1,000社</td></tr>
<tr><td>③会社法大会社
(①②以外)</td><td>約5,000社</td><td rowspan="2">作成義務なし</td></tr>
<tr><td>④上記以外の
株式会社</td><td>約260万社</td><td>中小会計指針
中小会計要領</td></tr>
</table>

7 損益計算と資産・負債の関係

《本章のポイントと学習の目標》 企業会計では，収益と費用，資産と負債について，実際のキャッシュフローの金額の枠内で，その大きさ（金額）が決定されるというキャッシュフロー制約が存在します。こうしたキャッシュフロー制約は，各期間の収益や費用が，企業が存続する全期間の収入と支出のうち損益に関連する収入と支出を配分したものであるという性格づけを行うことになります。期間計算を前提におくと，各会計期間において収益や費用に配分されるのか，資産や負債に配分されるのかを決定する計算基準が重要な課題となります。この配分基準についての考え方には，収益と費用を先に決める考え方と資産と負債を先に決める考え方の２つのアプローチがあります。現行の企業会計では，これら２つのアプローチが相互に補完しています。そしてそのことは，収益・費用の計算基準と資産・負債の計算基準に反映されています。本章では，そうした収益と費用，資産と負債の関係について，キャッシュフロー制約を踏まえて理解することが目標です。

《キーワード》 キャッシュフロー制約，合致の原則，キャッシュフローのアンカー機能，成果作用的収入，成果作用的支出，成果中性的収入，成果中性的支出，費用配分の原則，動態論，収益費用アプローチ，資産負債アプローチ，認識基準，測定基準，実地調査，貸借対照表能力の基準，評価基準

1．企業会計におけるキャッシュフロー制約

（1）企業会計上のキャッシュフロー制約

企業会計では，貨幣単位による測定が行われています。それは，企業に属する財産の貨幣としての側面に着目して，会計が行われるからで

す。言い換えると，資産や負債について，様々な形態をとっている貨幣としてみていることになります。そのため，資産や負債，収益や費用は貨幣単位により測定されることになります。もちろんその結果，資産と負債の差額である純資産や，収益と費用の差額である利益（または損失）も，貨幣単位で測定されることになります。

今，企業の設立開業から解散までを１つの会計期間としてみましょう。当初にその企業に投下した貨幣が，企業の経済活動により様々な形態の資産に変換するとし，そして企業が経済活動を行うなかで借入れやその返済が行われ，そしてその企業が解散するときにすべての財産を貨幣に換えたならば，その企業の存続期間中に追加の資本の払込みや配当等の直接的な資本の増減が行われない限り，解散時に保有する貨幣額と当初に投下した貨幣額の差額が，その企業の存続期間全体の損益を示すことになります。企業の存続期間を，複数の会計期間に区分するとすれば，資本の直接的増減がない限り，各会計期間の損益の総計は，当初投下貨幣額と解散時の回収貨幣額との差額に一致するものと考えることができます。

こうした意味で，各期間損益は，実際の貨幣の増減，すなわち**キャッシュ・インフロー（収入）**と**キャッシュ・アウトフロー（支出）**の制約を受けることになります。これを**キャッシュフロー制約**と呼ぶことにします。この制約について，別の表現を用いるならば，キャッシュフローが収益と費用の金額に対して**アンカー機能**を有しているとも言えます。キャッシュフローの枠内でしか，収益と費用の金額は変動しないからです。

このキャッシュフローのアンカー機能を有効なものとするためには，**合致の原則**（**一致の原則**とも呼ばれています。）が求められます。合致の原則とは，次の関係が成立するように会計が行われることを要請するものです。すなわち，企業の成立から解散までの期間を**全期間**と表現し，利益が計算される場合を想定すると，全期間の利益が各期間の利益の合計に合致すること，そして全期間の利益が全期間の収入と全期間の支出の差額に合致することです。

〈合致の原則〉

全期間利益　＝　各期間利益の総計

全期間利益　＝　全期間の収入　－　全期間の支出

合致の原則が守られる限り，各会計期間の収益と費用は，全期間の収入と支出を配分したものとして性格づけることができます。そして利益は収支余剰として性格づけることができます。さらに収益と費用は，純資産の変動のプラス原因とマイナス原因ですから，資産と負債もまたキャッシュフローの制約を受けることになります。

（2）収入と支出の配分として導かれる収益・費用と資産・負債の関係

収入と支出のなかには，資本の払込みや貨幣の借入れのように，いずれの会計期間にも収益にならない収入があります。同様に，貨幣の貸付けや借入金の返済のように，いずれの会計期間にも費用とならない支出があります。それらの収入と支出は，純資産の増減に影響しない，あるいは直接的な利益獲得活動に基づく純資産の増減にはなりません。このように収益に関わらない収入を**成果中性的収入（損益非作用的収入／成果非作用的収入）**と呼び，費用に関わらない支出を**成果中性的支出（損益非作用的支出／成果非作用的支出）**と呼びます。それに対して収益に関わる収入を**成果作用的収入（損益作用的収入）**と呼び，費用に関わる支出を**成果作用的支出（損益作用的支出）**と呼びます。

《損益計算との関わりによる収支の分類》

- 収益に関わる収入　…　成果作用的収入
- 費用に関わる支出　…　成果作用的支出
- 収益に関わらない収入　…　成果中性的収入
- 費用に関わらない支出　…　成果中性的支出

そして成果作用的収入・支出と収益・費用，そして資産・負債の関係を示したものが，図表７－１です。図表７－１は，収入・支出がすでにあった場合に，一定の配分基準に基づいて，成果作用的収入が収益と負債に，成果作用的支出が費用と資産に分けられることを示しています。

図表７－１　収益・費用と資産・負債の有機的関連性

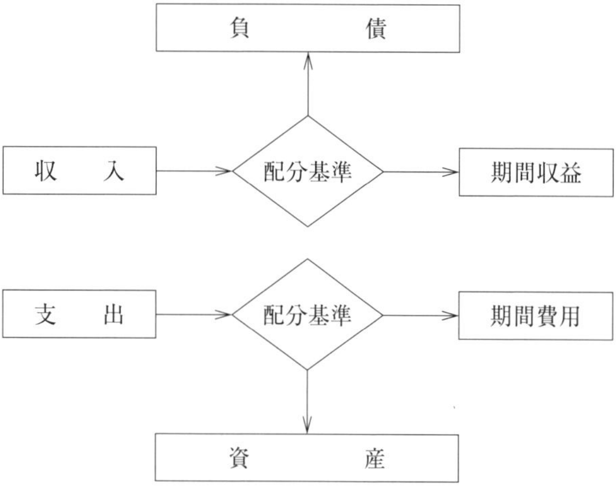

※この図表にいう収入と支出は，いずれかの期間の収益・費用となるもの（成果作用的収支）を指しています。

成果作用的収入について，たとえば，当期に商品を売り上げて現金を受け取った場合，その現金増加額（収入）は，当期の収益となります。

しかし，商品の注文を受け，手付けとして現金を前もって受け取った場合，その商品を引き渡すまでは，前受金という負債として処理されることになります。また成果作用的支出については，たとえば，商品が当期に売り渡された場合には，その商品の取得に要した支出額は，売上原価[1)]として当期の費用になります。しかし仕入れた商品が未だ売り渡されていない場合には，その商品の取得に要した支出額は，商品という資産として処理されることになります。単価1,000円で仕入れた商品10個のうち，7個が売り上げられた場合，7個分の支出額7,000円（＝単価1,000円×7個）が費用（売上原価）となり，残りの3個分の支出額3,000円（＝単価1,000円×3個）はその時点では資産（商品）となります。また反対にある時点で商品が3個手許にあれば，3個分が資産となり，なくなった7個分が費用となります。

こうしたことは，収益や費用，あるいは資産や負債のいずれかが決定すれば，他方は自動的に決定されることを意味しています。すなわち，収益や費用を先に決定するという配分基準もあれば，資産や負債を先に決定するという配分基準もあることになります。つまり，配分基準には，大きく2つのアプローチが存在します。

（3）費用配分の原則

支出を各会計期間に配分していく過程を**費用配分の原則**と呼ぶことがあります。この費用配分の原則は，成果作用的支出が，一定の配分基準に基づいて，各会計期間の費用として配分されていく過程ないしはその結果を指しています。支出を各会計期間に費用として配分するという思考は重要ですが，費用配分の原則は，なんらかの計算上の要請を有しているものではありません。費用配分の原則によって費用の金額が決まるわけではないという意味です。

1）商品の取得に直接要した支出額を，商品の原価と呼びます。そして売り上げられた商品の原価を，売上原価といいます。

2．損益計算を収支計算に結び付ける学説～動態論～

（1）動態論の特徴

損益計算を収支計算に結び付ける考え方，すなわち実質的に収益と費用にキャッシュフロー制約を課する考え方を最初に整理した者として，ドイツの学者であるオイゲン・シュマーレンバッハ（Eugen Schmalenbach）が有名です。彼が提唱した学説は**動態論**または**動的貸借対照表論**と呼ばれています。

動態論の特徴としては，損益計算と収支計算を関連させることのほかに，企業会計の主目的を損益計算と考えること，貸借対照表を損益計算の補助手段と解すること，貸借対照表は当該期間の損益計算に含まれなかった**未解消項目**の収容表と理解することなどを挙げることができます。そのため，動態論では，貸借対照表は，損益計算と収支計算の期間的ズレを収容した表として理解されます。言い換えますと，貸借対照表は，損益計算と収支計算の期間的ズレを，ある期間から次の期間へと繰り越すための表（繰越表）として性格づけられます。このことは，あたりまえのようですが，ある会計期間の期末の貸借対照表は次の会計期間の期首の貸借対照表と同一であることを要求しています。

なお，動態論に対して，財産計算を主目的と考える学説は，**静態論**または**静的貸借対照表論**と呼ばれています。今日の制度会計は，基本的に動態論の考え方を基礎において構築されていると言えます。

（2）動態論の発展的整理

動態論の内容を，単純明快に整理した岩田巖『利潤計算原理』（同文舘）における説明に基づいて，動態論の内容を紹介します。以下では，損益計算と収支計算のズレがどのように貸借対照表に収容されているのかをみることにします。

動態論は，損益計算を収支計算に結び付ける考え方であり，貸借対照表は2つの計算のズレの収容表であると理解されています。そこで損益計算を①式，収支計算を②式として，次のとおり示します。

① 式：　収益　－　費用　＝　利益

② 式：　収入　－　支出　＝　現金

②式の収入と支出はそれぞれ，収入には成果作用的収入と成果中性的収入が含まれ，支出には成果作用的支出と成果中性的支出が含まれます。そのため，②式は②´式に置き換えることができます。

②´式：(成果作用的収入＋成果中性的収入)－(成果作用的支出＋成果中性的支出)＝現金

次に2つの計算のズレを把握するために，①式から②´式を差し引くことにします。収益と成果作用的収入の差額，費用と成果作用的支出の差額，そして成果中性的収入と成果中性的支出の差額が，それぞれ計算されることになります。

③式(＝①式－②´式)：

(収益－成果作用的収入)－(費用－成果作用的支出)－(成果中性的収入－成果中性的支出)＝利益－現金

③式のそれぞれの項ごとに生じる差額の性質を，③式における符号も合わせて示すことにします。収入または支出が未だなされていない場合には，未収入または未支出と表記され，未だ収益または費用になっていない場合には，未収益または未費用と表記されています。各項ごとに生じる2つの計算のズレが未解消項目です。なお，符号は③式左辺における符号です。

（イ）（収益－成果作用的収入）

収益＝成果作用的収入 … 差額なし（貸借対照表項目なし）

収益＞成果作用的収入 … ＋収益・未収入

収益＜成果作用的収入 … －収入・未収益

（ロ）（費用－成果作用的支出）

費用＝成果作用的支出 … 差額なし（貸借対照表項目なし）

費用＞成果作用的支出 … －費用・未支出

費用＜成果作用的支出 … ＋支出・未費用

（ハ）（成果中性的収入－成果中性的支出）

成果中性的収入＝成果中性的支出 … 差額なし（貸借対照表項目なし）

成果中性的収入＞成果中性的支出 … －収入・未支出

成果中性的収入＜成果中性的支出 … ＋支出・未収入

上記の（イ）～（ハ）で示された差額項目を左辺にまとめるならば，右辺の「利益－現金」と同額になるはずです。

④式：収益・未収入－収入・未収益－費用・未支出＋支出・未費用－収入・未支出＋支出・未収入＝利益－現金

さらにすべての符号が正（+）になるように移項するならば，⑤式のとおりになります。

⑤式：収益・未収入＋支出・未費用＋支出・未収入＋現金＝収入・未収益＋費用・未支出＋収入・未支出＋利益

この⑤式の左辺を貸借対照表の借方へ，右辺を貸借対照表の貸方に，それぞれ収容するようにして示したものが，図表７－２です。図表７－２からは，貸借対照表上，どのような性格の項目が貸借どちら側に記載されるのかが説明できます。また貸借対照表が，いわゆる未解消項目に加えて現金や利益が含まれることも必然であることが分かります。

なお図表７－２で示される利益は，最初の会計期間以外は，留保利益と考えることができますが，過年度の留保利益を新たな出資と理解して，収入・未支出に含めて理解するならば，期間利益を示していると解することもできます。

図表７－２　貸借対照表の構造（ビランツ・シェーマ　Bilanz Schema）

貸借対照表

１．収益・未収入	５．収入・未収益
２．支出・未費用	６．費用・未支出
３．支出・未収入	７．収入・未支出
４．現金	８．利益

参考：未解消項目の例

収益・未収入	…	売掛金	収入・未収益	…	前受金
支出・未費用	…	商品，備品	費用・未支出	…	各種の引当金(第12章参照)
支出・未収入	…	貸付金	収入・未支出	…	借入金，資本金

解釈の領域になりますが，図表７－２からは，貸借対照表が現金と利益の差を説明していると解することもできます。また図表７－２からは，現金を原型とする貨幣資本がどのような状態で具現しているのかを読み取ることも可能であると思われます。

3．収益費用アプローチと資産負債アプローチ

（１）配分基準の２つのアプローチ

成果作用的収入と成果作用的支出を，それぞれ収益と負債，費用と資産に分ける基準については，先に収益や費用を決定するアプローチと，先に資産や負債を決定するアプローチの２つがあります[2)]。前者を**収益費用アプローチ**，後者を**資産負債アプローチ**と呼ぶことにします。言い換えると，収益費用アプローチは，収益と費用を直接把握して損益計算

２）将来の成果作用的収入を当期の収益として配分する場合は，その未収入額を資産として記録し，将来の成果作用的支出を当期の費用として配分する場合は，その未支出額を負債として記録することになります。

を行い，それに従って貸借対照表の内容を決定するアプローチであり，資産負債アプローチは資産と負債を直接把握して貸借対照表の内容を決定し，それに従って損益計算を行うアプローチです。収益費用アプローチや資産負債アプローチには，様々な用語法があり，異なる意味で使用されていることが多くあります。本章では，先に述べた意味で2つの用語を用いることにします。

なおそれぞれのアプローチは，理念上，それぞれが独立して完結する計算体系を構築することが可能です。そこでまずそれぞれのアプローチを取り上げて，その上で，現在の企業会計がどのように構築されているのかを，これら2つのアプローチとの関連で説明することにします。

(2) 収益費用アプローチ

ここにいう収益費用アプローチによれば，一定の基準に従って，先に収益と費用の大きさを把握し，決定する方法です。そのため損益計算は，一定の基準に基づいて直接的に把握した一期間の収益と費用の差額を求めるかたちで行われます。ここにいう直接的把握とは，一定の計算基準に基づいて，収益たる資産の増加や負債の減少，および費用たる資産の減少や負債の増加をフローとして捉えることであり，期末の資産や負債を手がかりにして，収益や費用を把握することではありません。そこで，このアプローチの場合，直接的な利益獲得活動による純資産の増減の原因を，複式簿記の技法により，その都度，収益あるいは費用として継続的に記録しておくことが必要となります。

収益費用アプローチでは，収益と費用を直接に把握するための配分基準をどのように決めるのかが，中心的な課題となります。すなわち一会計期間の収益と費用の計算基準を確定することが求められます。より具体的には，収益と費用の計算基準として，いずれの会計期間に帰属させるのかという**認識基準**と，その収益と費用の金額をいくらにするのかを決定する**測定基準**が確定されなければなりません。

このアプローチに基づくと，採用されている収益・費用の計算基準に照らして，収益・費用の勘定記録を検討し，その金額の修正や脱漏があればそれを補足することで損益計算が行われます。そして確定した収益と費用の金額に基づいて，関連する資産と負債の勘定記録を修正し，あるいは補足することで，資産と負債の金額が確定されます。こうしたアプローチは，利益の発生原因を明らかにすることができるという点において優れていると言えます。ただし利益を，会計帳簿での記録からしか導くことができないため，会計帳簿に記録されない，あるいはその時々には記録することができない経済事象については，損益計算や資産・負債の金額決定に関わらせることができないという欠点を有しています。たとえば，ガソリンのような揮発性の液体である商品について，知らないうちに一部が蒸発している場合には，その商品の減少を記録できないことになります。

（３）資産負債アプローチ

ここにいう資産負債アプローチによれば，一定の基準に従って，先に資産と負債の大きさを把握し，決定する方法です。そのため損益計算は，一定の配分基準に基づいて直接的に把握した一定時点の資産と負債を直接に把握して確定した期首と期末の純資産の差額を求めるかたちで行われます。すなわち，直接的な純資産の変動がなければ，二時点の純資産の差額として損益が計算されます。ここにいう直接的把握とは，資産と負債を実際に調査（**実地調査**）して確定することを指します。資産負債アプローチでは，日々の会計帳簿への記録は，損益計算に関する限り不要であると考えられます。しかし期首と期末の純資産の差額として損益を計算するためには，期中において純資産を直接増減させるような新たな元手の払込みや配当等を記録して期首の純資産の金額を修正しなければなりません。なお期首の純資産の金額についてもメモであったとしても，どこかに記録しておく必要があります。

資産負債アプローチでは，資産と負債を直接に把握するための配分基準をどのように決めるのかが，中心的な課題となります。すなわち一定時点での資産と負債の計算基準を確定することが求められます。具体的には，一定の時点において資産や負債として貸借対照表に計上されうる要件が充たされているのか否かという**貸借対照表能力の基準**（**認識基準**とも呼ばれます），またその金額をいくらにするのかという**評価基準**（**測定基準**とも呼ばれます）が確定されなければなりません。

このアプローチに基づくと，採用されている資産・負債の計算基準に照らして，資産・負債の勘定記録を検討し，金額の修正や脱漏があればそれを補足することで，一定時点の純資産の金額を確定します。そして確定した資産と負債の金額に基づいて，関連する収益や費用の勘定記録を修正し，あるいは補足することで，収益と費用の金額が確定されます。こうしたアプローチでは，実地棚卸等の実地調査に基づいて確定された資産と負債により，損益計算がなされるため，実地調査によらなければ把握できない要素も把握できます。それを損益計算に反映することが可能となる点で優れています。ただし，利益の発生原因を明らかにすることができないという欠点を有しています。

（4）両者の相違と現行の企業会計

収益費用アプローチは，一定期間の収益と費用を直接把握して損益計算を行うアプローチであり，資産と負債は間接的に把握されることになります。資産負債アプローチは，一定時点の資産と負債を直接把握して，二時点間の純資産の比較により損益計算を行うアプローチであり，収益と費用は間接的に把握されることになります。

収益費用アプローチに基づくならば，資産と負債は，収益と費用の比較計算という意味での損益計算に含まれなかった残り部分として性格づけられます。一方，資産負債アプローチに基づくならば，収益と費用は，損益計算のプラス要素とマイナス要素ではなく，二時点間の純資産比較から計算された利益の原因明細として性格づけられることになります。

そして両者の相違が顕著に現れるのは，次の点です。すなわち，記録は，会計期間ごとに集計され，それに基づいて損益計算書と貸借対照表が作成されます。しかし日々の記録が，損益計算書に記載されるべき収益や費用，貸借対照表に記載されるべき資産や負債を，網羅的かつ正しい金額で示しているとは限りません。そこで期末に勘定記録を集計するに当たっては，必要な修正を勘定記録に施さなければならないのです。この必要な修正は，第4章のコラムでは，決算整理と呼ばれていた手続です。

その際，収益費用アプローチでは把握できる利益の発生原因を資産負債アプローチでは把握することができません。反対に資産負債アプローチでは把握できる原因不明の商品の減少（棚卸減耗）等を，収益費用アプローチでは把握できないことになります。

そこで現在の企業会計では，複式簿記による会計記録を前提として，収益費用アプローチと資産負債アプローチが相互補完的に結合しています。留意すべきは，収益費用アプローチか，資産負債アプローチかのいずれか一方だけで，企業会計が成立しているわけではないことです。時代の変化や環境制約の変化等に伴い，会計処理方法に変化が生じることがありますが，2つのアプローチの相互補完のかたちが部分的に変わるだけのことと理解すべきでしょう。

8　収益・費用と資産・負債の計算基準

《本章のポイントと学習の目標》 収益費用アプローチにおける重要な課題は，収益と費用の計算基準を確定することです。そして資産負債アプローチにおける重要な課題は，資産と負債の計算基準を決定することです。期間計算を前提とするならば，1会計期間にかかる財務諸表に記載される性質を有するのか否か，記載されるのであればその金額がいくらになるのかを，どのように決めるのかを示すものが，ここにいう計算基準です。収益と費用については，いつ収益や費用となるのかという認識の基準と，それに付する金額を決める測定の基準を取り上げます。一方，資産と負債については，貸借対照表に記載することができるのかという貸借対照表能力の基準と，それに付する金額を決める評価の基準を取り上げます。それぞれの計算基準の内容を理解するとともに，収益・費用，資産・負債の関係についても再確認するようにしてください。

《キーワード》 認識，測定，発生主義会計，発生，実現，対応，実地棚卸，履行義務の充足，変動対価，販売基準，工事進行基準，工事完成基準，時間基準，経過勘定項目，収益・費用の見越し・繰延べ，貸借対照表能力，評価，貨幣性資産，非貨幣性（費用性）資産，取得原価，回収可能見込額，費用配分の原則，取得原価主義会計

1．収益と費用の計算基準

（1）収益と費用の認識と測定

収益費用アプローチは，収益や費用がまず確定され，それに従って資産や負債が確定するアプローチです。このアプローチでは，収益や費用

を確定するための計算基準が重要になります。すなわち収益や費用がいつ把握・記録されるのかを決める**認識基準**と，把握・記録される収益や費用の金額がいくらなのかを決める**測定基準**です。期間損益計算を前提とすると，収益と費用の認識基準は，どの会計期間に帰属させるのかという期間帰属の基準であり，どの会計期間の損益計算書に記載されるのかを決める基準であると言えます。また同様に，収益と費用の測定基準は，損益計算書に記載される収益と費用の金額を決める基準であると言えます。

このように収益と費用の認識と測定は，異なる概念として説明することができます。しかし，実際の収益と費用の認識は，測定を伴って行われることが多くみられます。これは，収入と支出のうち，どれだけの金額が当期の収益や費用になったのかを決定するプロセスとして，収益と費用の認識・測定が行われるためです。以下では，認識基準と測定基準をそれぞれ説明したのちに，具体的な事例を用いて，収益と費用の計算基準を確認することにします。

収益と費用の認識と測定についての包括的な基準としては，「企業会計原則」があります。企業会計原則では，期間損益計算全体の観点から，具体的には次のとおり，規定しています。

「損益計算書は，企業の経営成績を明らかにするため，一会計期間に属するすべての収益とこれに対応するすべての費用とを記載して経常利益を表示し，これに特別損益に属する項目を加減して当期純利益を表示しなければならない。」（損益計算書原則一）

また「すべての費用及び収益は，その支出及び収入に基づいて計上し，その発生した期間に正しく割り当てられるように処理しなければならない。ただし，未実現収益は，原則として，当期の損益計算に計上してはならない。」（損益計算書原則一Ａ）

これらの規定では，収益と費用の認識は，発生した期間であること，そして収益は実現していること，さらに，損益計算書ですべての収益に対応するすべての費用を記載することが示されています。すなわち，収益は発生し，かつ実現したときに認識され，費用は発生し，かつ収益と対応するときに認識されることになります。

そして収益と費用が，その収入と支出に基づいて測定されることも示されています。

図表７－１の配分基準に，収益と費用の認識基準をはめ込むならば，図表８－１のとおりになります。図表８－１においても，収入と支出は既に生じている成果作用的収入・支出を前提としています。

図表８－１　収益と費用の認識・測定

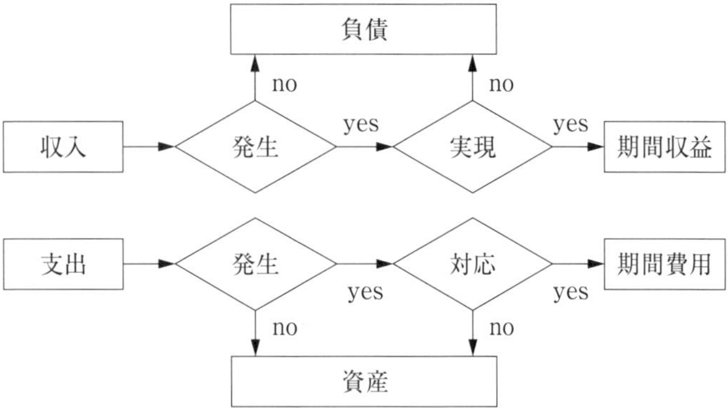

（２）収益・費用の認識基準

①　発生主義会計

図表８－１でも示されるとおり，収益と費用の認識については，まず発生していることが求められます。ここに言う**発生**とは，財やサービスの消費の事実を意味しています。企業は，財やサービスの消費を行うこ

とで，新たな価値を生み出していると考えることができます。たとえば，建築業を営む企業が家屋を建築する場合，様々な建築資材（鉄骨や木材，コンクリートなど）を消費し，またそれらを組み立てる人たちの労働サービスを消費して，さらには電動工具を使用している場合には電気を消費して，家屋を建築します。この場合，建築資材や労働サービス等が消費された分だけ経済価値が消滅し，新たに家屋という経済価値が創造されています。すなわち財やサービスの消費という事実を原因として，同時に経済価値の消滅と創造が生じています。こうした経済価値の消滅と創造の関係を捉えて，期間損益計算を行おうとする考え方を**発生主義会計**と呼んでいます。より厳密には**原因発生主義会計**と呼ばれる考え方です。

そして同じ事象を原因として生じているため，経済価値の消滅と創造には，**対応関係**があると考えられます。会計上，経済価値の消滅を費用として，経済価値の創造を収益として，費用と収益との対応関係を反映した損益計算を行おうとするのが，発生主義会計ということになります。したがって発生主義会計は，収益と費用の対応という観念を有していると言えます。また後述するように，発生主義会計における収益や費用の認識は，すべての場合における財やサービスの消費のときに行われるわけではありません。そのため，発生主義会計は，収益と費用の認識について，発生という要件を充たすことを必要条件としている損益計算の考え方にほかなりません。

なお発生主義会計は，しばしば**現金主義会計**と対比されて説明されています。現金主義会計とは，現金の増加，すなわち収入があったときに収益を認識し，現金の減少，すなわち支出があったときに費用を認識するという損益計算の考え方ですが，収支計算と同義になります。現金主義会計と比べると，発生主義会計は，現金の収支のタイミングにとらわれないという特徴を有していると言えます。

こうした発生主義会計の考え方を図示したものが，図表８－２です。

図表８－２　発生主義会計の考え方

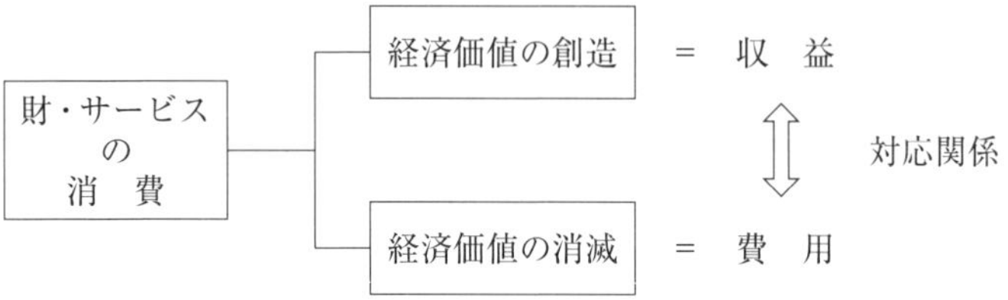

②　発生・実現・対応

発生主義会計の考え方に基づくならば，収益と費用は，**発生**の事実に基づいて認識されることになります。しかし収益については，経済価値を創造したとしても，それが実際に現金に変換するかどうかが確定していないことが多くあります。売れるだろうと期待して製造した物が必ず売れるとは限らないことからも理解できると思います。そこで収益については，発生の事実に加えて，確実に現金を獲得できる状態になった時点で認識します。この認識基準を**実現**と呼びます。いわば実現という概念は，物財等に投下した貨幣が，再び貨幣のかたちで回収できることが確実になった時点で認識することを意味しています[1]。そして発生主義会計の考え方に従って，収益と費用の対応関係を損益計算に反映させるために，実現した収益に**対応**する費用が認識されることになります。

なお，特定の収益との対応関係が明らかな場合には，**直接的（個別）対応**と呼ばれ，発生した費用のうち，特定の実現収益と対応しているものが，その期間の費用として認識されます。直接的対応としては，たとえば，売上高に対する売上原価の関係が該当します。一方，特定の収益

1）何をもって確実と考えるのかについては，判断の余地があります。また貨幣のかたちでの回収が確実になるということは，貨幣資本の増大を期待して行われた行為（投資）の成果が不可逆的な事実となることをも意味しており，**リスクからの解放**という用語で説明されることもあります。

との対応関係が明らかではない場合には，**間接的（期間的）対応**と呼ばれ，その期間の実現収益に対応するものとみなして，その期間に発生した費用がそのままその期間の費用として認識されます。間接的対応としては，たとえば，売上高に対する従業員の給料（固定給の場合）や事務所の賃貸料等の関係が該当します。上述から理解されるように，計算基準として機能するのは，直接的対応のみとなります。計算基準として機能するとは，対応を充たすために認識される費用が変動する場合を指しています。間接的対応は，対応を要求されたからといって，認識される費用が変動することはありません。図表８－１で説明するならば，間接的対応は，対応というフィルターを素通りしているということになります。

なお，発生，実現，対応は，それぞれ，**発生原則**または**発生主義**，**実現原則**または**実現主義**，**対応原則**または**費用収益対応の原則**と，呼ばれることがあります。

収益の認識基準	…	発生	＋	実現
費用の認識基準	…	発生	＋	対応

（３）収益と費用の測定基準

収益と費用は，キャッシュフロー制約に基づいて，収入と支出により規制されます。すなわち，企業会計原則で「すべての費用及び収益は，その支出及び収入に基づいて計上」することが記されているとおり，収益の測定基準は**収入**であり，費用の測定基準は**支出**です。ここにいう収入と支出には，過去の収入と支出のみならず，過去の事象に基づく将来の収入と支出も含みます。この測定基準は**収支額基準**と呼ばれています。

たとえば商品を掛売りした場合，未だ現金を受け取っていませんが，すでに生じた事象である掛売りに基づいて将来現金を受け取ることができるため，将来の収入をもって収益の金額とします。

収益の測定基準	…	過去の事象に起因する過去および将来の現金収入額
費用の測定基準	…	過去の事象に起因する過去および将来の現金支出額

（4）資産や負債の計算基準に依存する収益や費用

収益や費用の計算基準により直接的に把握されない収益や費用があります。すなわち，資産負債アプローチによって把握される収益や費用です。

1つには，会計期間末に実際に資産があるかどうかを確かめること（**実地棚卸し**と呼びます。）により，資産の物量があるはずの物量（会計帳簿上の金額の基礎となる物量。）と異なっている場合に把握される収益や費用です。商品や製品等の棚卸減耗損などが該当します。

今1つには，その物量としてはまったく変化していないものの，その市場価格などの時価が変動することにより，資産や負債の評価額が変化することで把握される収益や費用です。有価証券の評価損益などが該当します。

これらはいずれも資産や負債の評価に依存して把握される収益や費用です。

2．収益認識基準

（1）基本となる手続き

「実現」という概念によって，収益認識を行い，その実現した収益に対応するものとして費用が認識されることになるとの説明を行いました。そして実現概念を適用するための具体的な基準として，「収益認識に関する会計基準」（以下，収益認識会計基準）や「収益認識に関する会計基準の適用指針」（以下，収益認識適用指針）が存在しています。収益認識会計基準では，顧客との契約から生じる収益（金融商品やリース取引などに関する収益を除きます。）について，具体的な認識と測定の基準を示しています。

この収益認識基準では，顧客との契約のなかに含まれる履行義務（財またはサービスを顧客に移転する約束）の充足をもって収益の認識基準とし，それと交換に企業が得ると見込まれる対価の額をもって収益の測定基準としています。そしてこうした収益の認識と測定を達成するために，次の５つのステップが適用されます。

①　顧客との契約の識別
②　契約に含まれる履行義務の識別
③　契約に係る取引価格の算定
④　契約に含まれる履行義務ごとへの取引価格の配分
⑤　履行義務の充足に基づく収益の認識・測定

以下では，それぞれのステップの概要を説明します。

①　顧客との契約の識別

顧客との契約は顧客と企業との合意に基づいて行われますが，書面のみならず，口頭や取引慣行等を考慮して，移転される財またはサービスに関する各当事者の権利ならびに支払条件が識別可能であって，かつ経済的実質を伴っており，企業が対価を回収する可能性が高い場合に，収益認識という手続きにおいて，その契約が識別されます。経済的実質とは，契約の結果として，企業の将来キャッシュフローに係るリスクや時期，金額が変動すると見込まれることを指しています。したがって，契約の当事者のいずれかが，他の当事者に補償することなく，完全に未履行の契約を解除する権利を一方的に有している場合には，その契約は記録対象自体から除外されます。

なお顧客との契約については，収益の認識上，複数の契約を１つの契約とみなす場合や，契約内容が変更された場合にその変更内容を考慮して独立した契約とみなす場合があります。

② 契約に含まれる履行義務の識別

履行義務は，契約における取引開始日に，契約により約束された財またはサービスを評価して，別個の財またはサービス（あるいはその束）ごとに，あるいは一連の別個の財またはサービスごとに，識別されます。こうした履行義務の識別においては，顧客との契約にて明示されている財またはサービスに限らず，契約締結時に企業が財またはサービスを移転するという顧客の合理的な期待を生じさせるような取引慣行や公表した方針等により含意されている約束もまた含まれる可能性があることに留意しなければなりません。

③ 契約に係る取引価格の算定

取引価格とは，財またはサービスの顧客への移転と交換に企業が権利を得ると見込む対価の額をいいます。ただし，第三者のために回収する額は除かれます。第三者のために回収する額とは，たとえば，商品売買の仲介を行った場合に，その売買取引の額を購入者から受け取り，自らの手数料を差し引いて販売者に引き渡すときは，販売者に引き渡された金額は，取引価格からは除かれるという意味です。

そしてこの取引価格を算定するにあたっては，契約条件や取引慣行等を考慮することが求められています。また対価の性質や時期，金額は，取引価格の見積りに影響を与えるものとして，変動対価と金融要素，現金以外の対価などが挙げられています。

変動対価とは，顧客と約束した対価のうち変動する可能性のある部分をいいます。このような変動対価がある場合，取引価格は見積額となります。たとえば，返品の可能性や値引き，割戻し（リベート）の可能性がある場合には，変動対価があるといえます。そして変動対価の額の見積額は，「最頻値」（最も高い発生可能性の単一の対価の額）または「期待値」（発生する可能性のある対価の額を確率で加重平均した金額の合計額）のいずれかを採用することとなります。

最頻値と期待値について，簡単な設例で説明します。

［設例８．１］最頻値と期待値

（前提条件）

・対価の額とその発生可能性（発生確率）

1,000千円（発生確率：30%）
1,200千円（発生確率：60%）
1,500千円（発生確率：10%）

【最頻値と期待値】

・最頻値　1,200千円（最も発生の可能性の高い値）
・期待値　1,170千円（＝1,000千円×30%＋1,200千円×60%
＋1,500千円×10%）

金融要素は，財またはサービスの提供に係る対価の支払時期により，その信用供与について便益が顧客または企業に提供される場合に，その契約に含まれると考えられます。そして重要な金融要素については，取引価格の算定にあたって，その金利相当を調整することになります。

現金以外の対価については，その対価の時価をもって取引価格を算定することになります。もしその時価を合理的に見積ることができない場合は，顧客に移転される財またはサービスの独立販売価格を基礎としてその対価を算定することになります。独立販売価格とは，移転する財またはサービスを独立して販売する場合の価格を指します。

④　契約に含まれる履行義務ごとへの取引価格の配分

履行義務への取引価格の配分とは，契約に係る取引価格をその契約に含まれるそれぞれの履行義務に配分する手続きを指します。この手続きは，当然ながら，その契約に単一の履行義務しか存在しないときには，不要となります。

履行義務への取引価格の配分は，基本的には，契約における取引開始日における個々の履行義務の基礎となる財またはサービスの独立販売価格の比率に基づき，行われます。算式で示すならば，次のとおりです。

個々の履行義務に配分される価格

$$=\text{契約の取引価格}\times\frac{\text{その履行義務の独立販売価格}}{\text{契約に含まれる履行義務の独立販売価格の合計}}$$

個々の履行義務の独立販売価格は，企業が同様の状況において独立して類似の顧客に財またはサービスを販売する場合におけるその財またはサービスの観察可能な価格が最善の見積りであると説明されます。

⑤　履行義務の充足に基づく収益の認識・測定

企業は，約束した財またはサービスを顧客に移転することによって，履行義務を充足した時に，または履行義務を充足するにつれて，収益は認識されます。履行義務を充足した時に収益認識される場合は，一時点で充足される履行義務が対象となり，履行義務を充足するにつれて収益認識する場合は，一定の期間にわたり充足される履行義務が対象となります。そして履行義務の充足は，契約における財またはサービスの移転をもって把握され，その移転は顧客による財またはサービスに対する支配の獲得をもって把握されます。そして「支配」とは，排他的かつ独占的に，財またはサービスから得られる将来の便益を享受することができることを指します。

それではまず，一時点で充足される履行義務の場合の収益認識をみてみましょう。履行義務が一定の期間にわたり充足されると判断されない限り，一時点で充足される履行義務と判断されます。そして一時点で充足される履行義務の場合，その契約における財またはサービスに対する支配が顧客に移転することで，その履行義務が充足されたときに，収益が認識されます。具体的事象としては，顧客が法的占有権を有することになったことや，物理的にその占有が移転したこと，顧客が移転する財またはサービスに係る重要なリスクを負い，かつその便益を享受していること，顧客が検収してその財またはサービスを受け取ったことなどを考慮することになります。

なお，一時点で充足される履行義務については，企業が支配を喪失するときと顧客が支配を獲得するときが一致しない場合が考えられます。具体的には，商品や製品の販売において，企業が商品等を出荷する時からその商品等の支配が顧客に移転される時（例えば，顧客による検収時）までに一定の期間を要する場合です。出荷時から検収時までの期間が通常の期間である場合は，顧客による検収を待たずに，出荷時で収益を認識することも認められています。

(2) 5つのステップの簡単な設例

収益認識における5つのステップの基本的なプロセスを理解するために，収益認識適用指針にて基本となる原則に関して示されている［設例1］を，設例8．2として紹介します（表現は簡略化しています。)。

［設例8．2］収益認識の5つのステップ

(前提条件)

・当期期首に顧客とのあいだで，標準的な商品Xの販売と2年間の保守サービスを提供する契約を締結

・当期期首に顧客に商品Xを引き渡し，当期期首より翌期末まで保守サービスを提供

・契約書に記載された対価の額は12,000千円

【5つのステップ】

・ステップ1：契約の識別

顧客との契約を識別

・ステップ2：履行義務の識別

商品Xの販売という履行義務と，保守サービスの提供という履行義務があることを識別

それぞれが収益認識の単位となります。

・ステップ3：取引価格の算定

当該契約に係る取引価格を12,000千円と算定

・ステップ4：履行義務への取引価格の配分

取引価格12,000千円を2つの履行義務に配分

ここでは，「商品Xの販売」に対する取引価格を10,000千円，「保守サービスの提供」に対する取引価格を2,000千円とします。

・ステップ５：履行義務の充足に基づく収益認識

「商品Ｘの販売」については，一時点で履行義務が充足すると判断

→　商品Ｘの引渡時に収益認識

「保守サービスの提供」については，時の経過に伴い履行義務が充足すると判断

→　当期と翌期の２年間にわたり，収益認識

この設例では，この契約に係る当期（１年間）の収益は，当期期首に履行義務が充足された「商品Ｘの販売」について10,000千円が，そして１年間の経過分だけに履行義務が充足された「保守サービスの提供」について1,000千円（＝2,000千円÷２年）の合計となります。

当期の収益

商品Ｘの販売に係る収益	10,000千円
保守サービスの提供に係る収益	1,000千円
	11,000千円

こうした一連の５つのステップのプロセスを図示したものが，図表８－３です。図表８－３は，収益認識適用指針において示されている設例１に付随して示されている図表です。

図表8－3　収益認識に係る5つのステップ

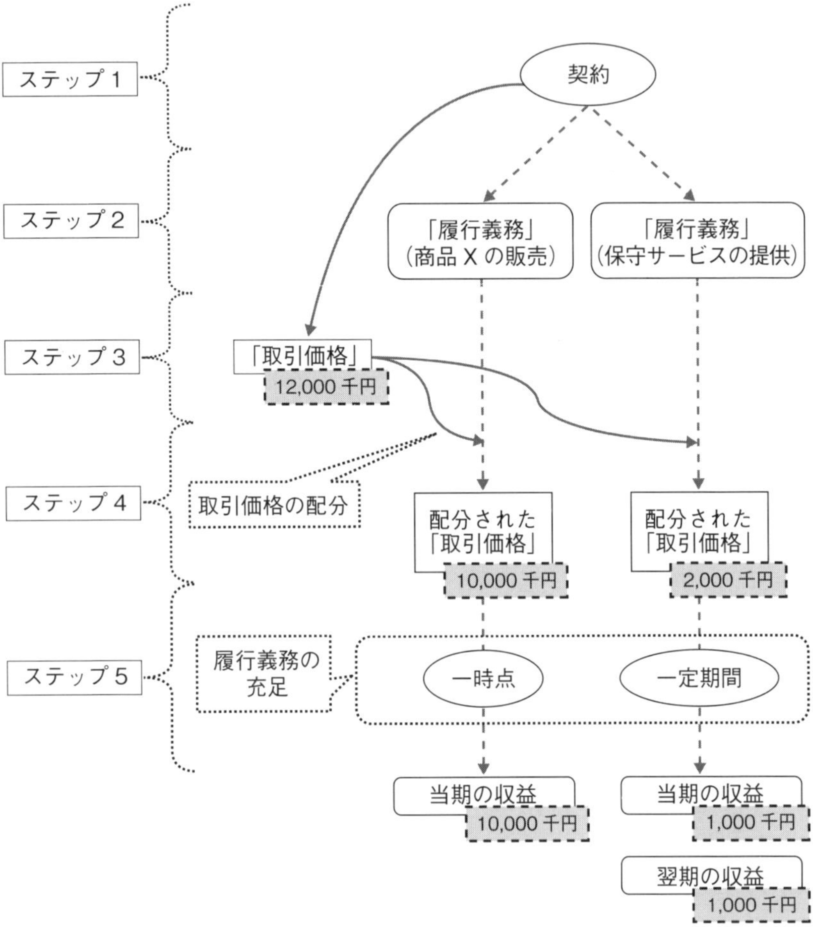

出所）収益認識適用指針，［設例1］2（3）。

3．具体的な収益・費用の計算基準の適用

(1) 市場生産の場合

ここでは，１つの契約に１つの履行義務が含まれていることを前提とします。そして一時点で履行義務が充足される場合の具体的な適用をみてみます。

売れることを期待して商品を仕入れ，あるいは製品を製造するという市場生産で，販売時に代金を直ちに現金で受け取る，あるいは手形債権（受取手形）や売掛金のような債権を獲得して短期のうちに現金を受け取る（通常の信用販売の）場合，商品などを引き渡して販売した時点で，履行義務が充足されたものとして，収益を認識します。そしてその認識された収益に直接対応する費用（商品の仕入や製品の製造のための支出）がその期間の費用（売上原価）として認識されます。この認識基準は，**販売基準**と呼ばれています。

なお販売は，基本的には商品などの引き渡しを指します。しかし他者に販売を依頼する**委託販売**の場合は，その受託先がその商品などを顧客に引き渡した時点が，履行義務の充足のときであり，販売の時点となります。また顧客がその商品などを試してみてから買うか否かを判断する**試用販売**の場合は，顧客が買う意思を表明した時点が，販売の時点です。設例８．３で，試用販売の場合に適用される販売基準を確認してみましょう。

[設例８．３] 試用販売

次の条件に基づき，試用販売に係る t_1期と t_2期の収益と費用の金額を計算してみましょう。会計期間は，４月１日から翌年の３月31日とします。

（条件）

・t_1期３月20日に，試用販売のために売価100,000円（単価10,000円×10個），原価60,000円（単価6,000円×10個）の商品を顧客に発送した。

・t_1期３月25日に，試用に供していた商品６個について，買取りの意思表示があった。

・t_2期４月２日に試用に供していた商品３個について買取りの意思表示があった。

・t_2期４月３日に残りの商品１個が返送されてきた。

【収益・費用の認識・測定】

t_1期の収益（売上高）　：　60,000円

買取りの意思表示のあった６個分だけ収益として認識します。

10,000円×６個＝60,000円

t_1期の費用（売上原価）　：　36,000円

t_1期に認識された収益に対応する分だけが費用（売上原価）となります。

6,000円×６個＝36,000円

t_2期の収益（売上高）　：　30,000円

買取りの意思表示のあった３個分だけ収益として認識します。

10,000円×３個＝30,000円

t_2期の費用（売上原価）　：　18,000円

t_2期に認識された収益に対応する分だけが費用（売上原価）となります。

6,000円×３個＝18,000円

なお，返送された商品については収益も費用も認識されないことになります。

（２）長期の注文生産の場合

ここでも，１つの契約に１つの履行義務が含まれていることを前提とします。そして一定期間にわたって履行義務が充足される場合の具体的な適用をみてみます。

注文を受けてから製品を完成させるという注文生産で，その完成まで長期間を要する請負工事やソフトウェア製作の場合，その履行義務が充足されるにつれて，一定の期間にわたって収益が認識されえます。そしてそうした履行義務の充足につれて収益認識を行う基準を，**生産進行基準**と呼んでおり，長期請負工事の場合は特に**工事進行基準**と呼ばれています。

生産進行基準が適用されるのは，履行義務の充足につれて顧客がその便益を享受している場合や，履行義務の充足につれてその生産物の価値が増加し，それを顧客が支配している場合，さらには履行義務の充足につれて別の用途に転用できない資産が生じ，かつ充足された履行義務に相応する対価を受け取る権利を有することになる場合のような一定の期間にわたり充足される履行義務が対象となります。そして一定の期間にわたり充足される履行義務については，その充足に係る進捗度に基づいて収益が一定期間にわたって認識されます。

そこで長期請負工事については，その工事の進捗度が合理的に把握でき，かつその工事の代金総額（工事収益総額）が確定ないしは合理的に見積もることができる場合，その工事収益総額のうち，その進捗度に応じる部分を収益として認識測定することになります。そしてその認識された収益に直接対応する費用（その工事に係る支出額）がその期間の費用として認識測定されます。ただし，その進捗度を，工事を完成するために要する支出総額（見積額）のうちに占める当期支出額の割合をもって把握する場合には，先に費用が確定し，それに応じた収益が認識されることになります。

長期請負工事に工事進行基準が適用されるプロセスを，設例８．４で確認しましょう。

［設例８．４］長期請負工事（工事進行基準）

次の条件に基づき，当期の売上高（工事収益）と売上原価（工事原価）を計算します。

（前提条件）

・当期に，契約金額50,000,000円の長期工事を請け負った。

・総見積工事原価は40,000,000円であり，当期に支出した工事原価は8,000,000円であった。

・工事の進捗度として，工事原価の支出割合を用いるものとする。

【収益・費用の認識・測定】

売上高（工事収益）　：　10,000,000円

工事売上高は，その進捗度合20%（＝8,000,000円÷40,000,000円）に応じた収益の額10,000,000円（＝50,000,000円×20%）となります。

売上原価（工事原価）　：　8,000,000円

工事売上原価は，当期の支出額8,000,000円となります。

なお長期請負工事について，工事が完成し，引き渡したときに収益認識する基準を，**工事完成基準**と呼びます。工事完成基準は，一時点で履行義務が充足されて，収益認識する基準にほかなりません。

4．時間基準

継続的な役務の授受が行われるような取引については，**時の経過**に伴って収益や費用を認識測定します。時の経過に伴って収益や費用を認識測定する基準を**時間基準**と呼びます。時間基準が適用される取引は，一定の契約に基づいて継続して役務の提供を行う，または受ける取引であり，たとえば金銭の貸し借り，家屋や土地の賃貸借，保険契約などが該当します。金銭を貸し付けた場合には，貸し付けた額の金銭を一定期間自由に使用できるというサービスを継続して提供していることになります。また建物を賃借した場合，一定期間その建物を自由に使用できることとなり，その建物が提供する空間の利用というサービスを継続して受けていることになります。こうした取引は，時間の経過に伴って，そうしたサービスを消費していることを意味しています。この意味で，時間基準は，発生概念を適用して行われる，典型的な収益や費用の認識測定の基準であると言えます。

こうした取引に関連して発生する収益や費用は，金銭の貸し借りの場合は受取利息や支払利息，家屋の賃貸借の場合は受取家賃や支払家賃，保険契約の場合は保険を掛ける側では支払保険料として処理されます。

そして収益や費用の認識測定と現金の受取りや支払いの時期が異なる場合には，そのズレの期間に相応する部分は，図表８－４のように，資産または負債として把握されることになります。時間基準の適用により把握されるそうした期間のズレに相応する部分としての資産や負債を，**経過勘定項目**と呼んでいます。たとえば，所有する本社ビルを対象として火災保険契約を締結し，１年分の保険料を支払った場合で，会計期間終了時において，未だ経過していない保険期間がある場合，経過した期間に相応する保険料の金額だけが支払保険料という費用として処理され，未経過の保険期間に相応する保険料は前払保険料という資産として処理されます。前払保険料のように，未だ提供されていない役務に対してすでに支払いを行っている場合の経過勘定項目は，**前払費用**と総称されます。他のパターンの場合も同様に，それぞれ**未収収益**や**前受収益**，**未払費用**と総称されます。これら経過勘定項目は，将来の収入や支出を見越して収益や費用が認識測定されること（**収益・費用の見越し**と呼ばれています。）で把握される未収収益や未払費用と，収入や支出をその会計期間の収益や費用とすることなく将来の収益や費用とすること（**収益・費用の繰延べ**と呼ばれています。）により把握される前受収益と前払費用に分類されます。

図表８－４　時間基準：収益・費用と収支のズレのパターン

収益・費用と収支のズレ	経過勘定項目
すでに提供した役務に対して未だ支払いを受けていない場合	未収収益 （資産）
未だ提供していない役務に対してすでに支払いを受けている場合	前受収益 （負債）
未だ提供されていない役務に対してすでに支払いを行っている場合	前払費用 （資産）
すでに提供された役務に対して未だ支払いを行っていない場合	未払費用 （負債）

5．資産と負債の計算基準

（１）資産と負債の貸借対照表能力と評価

資産負債アプローチは，資産や負債がまず確定され，それに従って収益や費用が確定するアプローチです。

このアプローチでは，資産や負債を確定するための計算基準が重要になります。すなわち資産や負債がいつ把握・記録されるのかを決める**貸借対照表能力の基準**と，把握・記録される資産や負債の金額がいくらなのかを決める**評価基準**です。なお，資産や負債の評価額を貸借対照表価額とも呼んでいます。

貸借対照表能力の基準は，資産または負債として貸借対照表に記載されうるのか否かを決定する基準という意味ですが，会計期間の途中にあっては，その時点でもし貸借対照表が作成されるならば記載されるか否かを決定する基準であると理解することができます。そのため，資産と負債の**初期認識の基準**とも表現されます。厳密には，貸借対照表能力の基準は，この初期認識の基準と認識の中止の基準を合わせたものであるとも言えます。また近年では，貸借対照表能力の基準を貸借対照表に記載されるか否かを決定する基準であり，損益計算書に記載されるか否かを決定する基準でもある収益費用の認識基準と同様に，資産や負債の**認識基準**と呼ぶこともあります。評価基準を，金額を付けるという意味で収益や費用の場合と同様に，**測定基準**と呼ぶこともあります。

(2) 資産と負債の貸借対照表能力の基準

資産は，過去の事象の結果，現金や将来現金などを得ることができる経済的資源を獲得したときに，把握され，記録されます。負債は，過去の事象の結果，将来現金を支払う義務や物財等の経済的資源を引き渡す義務が生じたときに，把握され，記録されます。換言するならば，資産については支配している経済的資源であることが貸借対照表能力の基準となり，負債については経済的資源を引き渡す義務があることが貸借対照表能力の基準となります。

また二者間における契約を前提とするならば，資産や負債の把握・記録は，その基礎となる契約内容を少なくとも一方の当事者が一部だけでも履行したときに，その履行部分に相応する資産や負債が貸借対照表能力を持つことになります。たとえば，商品を受注しただけでは契約が結ばれただけであり，当事者のいずれも何もしていない状態，すなわち**未履行契約**の状態にあります。この未履行契約の段階では，基本的に資産や負債を記録することはありません[2)]。そして商品の受注を受けただけではなんらの資産も負債も把握されませんが，発注者がその代金の一部を現金で前払いしたときは，現金という資産と，前受金という負債が把握され，記録されます。

(3) 資産の性格による分類と評価基準

資産には，その性格から大きく**貨幣性資産**と**非貨幣性（費用性）資産**に分類することができます。貨幣性資産とは，現金や預金，売却の過程を経ることなく現金として回収される売掛金や手形債権のような資産を指します。非貨幣性（費用性）資産とは，商品などの棚卸資産や事務所等の使用目的で所有する建物などが該当し，将来の期間において費用となる性格を有する資産です。

貨幣性資産のうち，現金はその金額により評価し，それ以外のものは現金による**回収可能見込額**（＝将来キャッシュ・インフローの見込額）により評価します。見込額としているのは，現金として回収できない場合があるからです。回収不能な状態を**貸倒れ**と呼んでいます。そこで実際に回収できると見込まれる額が評価額となります。そして実際に現金を受け取ったときは，受け取った額だけ貨幣性資産は減少します。たとえば売掛金を現金で回収したならば，その売掛金は回収した額だけ減少することになります。

非貨幣性（費用性）資産は，その取得に直接要した支出額（＝過去の

2）この例外が，先物取引や先渡取引，オプション取引，スワップ取引などのデリバティブ取引です。未履行契約の状態であっても，これらデリバティブ取引に係る正味の資産または負債が把握され，記録されます。

キャッシュ・アウトフローの額または将来キャッシュ・アウトフローの義務額)，すなわち**取得原価**により評価します。非貨幣性資産は，費用性資産と呼ばれることがあるとおり，非貨幣性資産の減少は，究極的には損益計算上の費用となる支出額を，適切な会計期間に適切な金額を配分していくことで生じます。換言すると，将来の会計期間に配分される支出額が，貸借対照表上，非貨幣性資産として計上されることになります。そして非貨幣性資産の取得に要した支出額が，各会計期間に費用として配分されていくことを，**費用配分の原則**と呼んでいます。すでに説明したとおり，費用配分の原則は，各期間の費用の金額に直接に影響を及ぼすものでないという意味で，計算基準ではありません。

現金の評価基準	…	その現金額
貨幣性資産(現金以外)の評価基準	…	回収可能見込額(将来の収入額)
非貨幣性資産の評価基準	…	取得原価(取得に要した支出額)

(4) 負債の性格による分類と評価基準

負債には，引き渡す義務となっているものが現金等の貨幣性資産であるものと，非貨幣性資産やサービスであるものがあります。引き渡す経済的資源が貨幣性資産の場合は，引き渡す義務のある貨幣性資産の評価額，いわば将来の支出額により評価します。たとえば，銀行から現金を借り入れた場合に生じる借入金や商品を掛け仕入れした場合に生じる買掛金は，将来返済する義務のある金額，すなわち将来支払うべき金額により評価されます。そして返済した額だけ，すなわち履行された義務に相応する額だけ，その負債の評価額は減少することになります。

また引き渡す義務が非貨幣性資産またはサービスの場合は，その非貨幣性資産やサービスを提供する義務の見返りとして受け取った現金額

(現金受入額)，いわば過去の収入額により評価します。たとえば，商品を引き渡す義務の見返りとして現金を受け取った場合に生じる前受金は，その受け取った現金の額により評価されます。そしてその義務を履行することで，履行した分だけ，その負債の評価額は減少することになります。

なおこうした負債の多くは，法律上の債務に該当します。法律上の債務は，特定の者に対して特定の行為を行う義務を指します。これらは，その契約に基づき行う義務のある行為に係る金額で評価することになりますが，その義務の内容により上述のような評価基準になります。

貨幣性資産を引き渡す義務	…	将来の支出額
上記以外の義務	…	現金受入額（過去の収入額）

(5) 収益や費用の計算基準に依存する資産や負債

資産や負債の計算基準により直接的に把握されない資産や負債があります。それは，収益費用アプローチに依存する資産や負債，すなわち収益や費用の計算基準により把握される資産や負債です。たとえば，費用の見越しや収益の繰延べにより生じる未払費用や前受収益といった経過勘定項目が該当します。

6. 取得原価主義会計

商法では，制定当初はすべての資産を時価で評価することを求めていましたが，その後，非貨幣性資産について取得原価による評価が容認され，さらに強制されることになりました。こうした経緯を踏まえて，非貨幣性資産を取得原価により評価することに特徴を見いだして，その計算の体系を**取得原価主義会計**と呼んでいます。取得原価主義会計とは，すべての資産を取得原価で評価することを意味しているわけではないことに留意してください。

今，企業の利益獲得活動を，貨幣を非貨幣の物財に投下し，より多くの貨幣として回収するプロセスであると理解してみましょう。非貨幣性資産を取得原価により評価し，貨幣性資産をその回収可能見込額で評価するということは，非貨幣性資産が貨幣性資産に変換したときに，その評価額が取得原価から回収可能見込額に変化することを意味しています。たとえば，現金10,000円を支払って商品を購入し，その商品を15,000円で掛け売上げする場合を考えてみます。この場合，商品が未だ販売されることなく手許にあるときは取得原価10,000円で評価し，商品が販売により売掛金に変換した後は回収可能見込額15,000円で評価することになります。

すなわち，取得原価主義会計を資産の評価という側面から考察するならば，投下した貨幣が未だ回収されていない状態（非貨幣性資産の状態）であれば取得原価により評価されますが，回収済と考えられる状態（貨幣性資産の状態）であればその回収可能見込額である将来収入額で評価されることになります。

一方，取得原価主義会計を収益の認識という側面から考察するならば，非貨幣性資産から貨幣性資産に変換した時点で貨幣資本の変動を認識することを意味します。先の商品売買の例の数値を用いるならば，商品が未だ販売されることなく手許にあるときには収益は認識されず，商品が販売されたときに収益15,000円が認識されることであり，実現という概念が適用されていることにほかなりません。いわば，非貨幣性資産の取得原価評価と収益の実現は，同じことを意味していると解することができます。

したがって取得原価主義会計は，非貨幣性資産を取得原価で評価し，収益は実現により認識されるという特徴を有する計算体系であると言えます。

9 金融商品に関わる取引

《本章のポイントと学習の目標》 本章より取引の種類ごとに，その会計処理を説明します。まず，金融商品に関する取引を取り上げます。金融商品には，現金預金や金銭債権，有価証券，デリバティブ取引により生じる正味の債権等の金融資産と，金銭債務，デリバティブ取引により生じる正味の債務等の金融負債が含まれます。金融商品の会計処理は，制度会計においては，「金融商品に関する会計基準」（以下，金融商品会計基準），その指針である「金融商品会計に関する実務指針」等により定められています。金銭債権については，基本的に回収可能見込額で評価されますが，そのために回収不能（貸倒れ）の見積りが課題となります。有価証券は，その流動性の程度や保有目的により，会計処理が異なります。金銭債務は基本的にその債務額，すなわち将来の現金支出額（返済額）で評価されます。デリバティブ取引は，未履行契約であるにもかかわらず記録対象となる取引です。それぞれの具体的な会計処理を第8章で学習した計算基準を踏まえて，理解するようにしてください。

《キーワード》 金融資産，金融負債，償却原価法，一般債権，貸倒懸念債権，破産更生債権等，貸倒引当金，財務内容評価法，キャッシュ・フロー見積法，有価証券，売買目的有価証券，満期保有目的の債券，子会社株式及び関連会社株式，その他有価証券，純資産直入法，デリバティブ，先物取引，先渡取引，オプション取引，スワップ取引

1．金融資産・金融負債の範囲

金融商品とは，金融資産と金融負債を総称したものです。

金融商品会計基準によると，**金融資産**は，現金預金，受取手形[1]および貸付金等の債権，株式その他の出資証券および公社債等の有価証券ならびに先物取引，先渡取引，オプション取引，スワップ取引およびこれらに類似する取引（以下，**デリバティブ取引**）により生じる正味の債権等を言います。一方，**金融負債**は，支払手形（手形債務），買掛金，借入金および社債等の債務ならびにデリバティブ取引により生じる正味の債務等を言います。

これらの金融資産および金融負債は，原則として，契約上の権利または契約上の義務を生じさせる契約を締結したときに，その発生を認識しなければなりません。ただし，商品等の売買または役務の提供の対価である金銭債権または金銭債務は，原則として，その商品等の引渡しまたは役務提供の完了したときに，いわばその売買等の契約上の履行義務が充足されたときに，その発生を認識することになります。

また金融資産については，その契約上の権利を行使したとき，権利を喪失したとき，または権利を他者に譲渡した（権利に対する支配が他へ移転した）ときに，その消滅を認識しなければなりません。一方，金融負債については，その契約上の義務を履行したとき，消滅したとき，または義務を免除された（第一次債務者の地位から免責された）ときに，その消滅を認識しなければなりません。

以下，金融商品の種類ごとに，その会計処理を具体的に説明します。

2. 金銭債権・金銭債務

(1) 債権の評価

金銭債権は，基本的には，その債権額から貸倒見積高を控除した回収

1）手形債権を示す会計上の用語。手形とは，一定の金額を将来の一定の日に支払うことを約束した証券です。振出人（発行者）が他者（その証券を有している者：受取人／債権者）に一定の金額を支払うことを約束した約束手形と，手形の振出人（発行者）が，第三者（支払者／債務者）に委託して，他者（その証券を有している者：受取人／債権者）に一定の金額を支払ってもらう形式の為替手形があります。

可能見込額で評価されます。

ただし金銭債権は，債権として売買されることがあります。たとえば，受取手形（手形債権）を，その手形証券の裏面に署名等をすることで他者に譲渡することができます。これを**手形の裏書譲渡**と呼びます。そして特に銀行等の金融機関に売却する場合は，通常，債権額（将来授受されることが約束された契約上の金額）から一定の金額（一般に割引料と呼ばれています。会計上は，手形売却損として処理します。）を差し引いた金額で売買されるため，**手形割引**と呼ばれています。このように，金銭債権が，その債権額とは異なる金額で売買される場合がありえます。債権額とは異なる金額で取得した債権は，その購入に要した支出額（取得原価）から貸倒見積高を控除した回収可能見込額で評価されます。なお，取得原価と債権額の差額が，金利の調整という性格を有しているときは，その差額を満期（金銭の授受の期日）までの期間にわたって解消させていく処理方法である**償却原価法**に基づいて算定された価額から貸倒見積高を控除した回収可能見込額で評価されます。

一方，金銭債務は債務額により評価されます。ただし，債権の場合と同様に，その金銭債務を負うこととなった収入額と債務額が異なる場合で，その差額が金利の調整という性格を有しているときは，償却原価法に基づいて算定された価額により評価されます。

以上から明らかなように，金銭債権については，貸倒れの見積りという会計処理上の課題が存在し，金銭債権と金銭債務の両者について償却原価法の適用という課題が存在します。

（２）貸倒れの見積り

金銭債権の回収可能性は，本質的には個々の金銭債権ごとに債務者の状況を調査して見積もることになります。しかし，多数の債務者の存在や多種の金銭債権の存在を考慮して，金融商品会計基準では，金銭債権を**一般債権**と**貸倒懸念債権**，**破産更生債権等**の３つに区分して，それぞれの貸倒れの見積りの方法を示しています。

・一般債権……経営状態に重大な問題が生じていない債務者に対する債権
・貸倒懸念債権……経営破綻の状態には陥っていないが，債務の弁済に重大な問題が生じているか，または生じる可能性の高い債務者に対する債権
・破産更生債権等……経営破綻または実質的に経営破綻に陥っている債務者に対する債権

一般債権については，債権全体または同種・同類の債権ごとに，債権の状況に応じて求めた過去の貸倒実績率等の合理的な基準により貸倒見積額を算定します。

貸倒懸念債権については，債権の状況に応じて，次の**財務内容評価法**または**キャッシュ・フロー見積法**のいずれかの方法により貸倒見積額を算定します。その方法から明らかなように，キャッシュ・フロー見積法は，債権の元本の回収および利息の受取りに係るキャッシュ・フローを合理的に見積もることができる場合にのみ適用可能です。

・財務内容評価法……「債権額」から「担保の処分見込額及び保証による回収見込額」を控除して，その残額について債務者の財政状態および経営成績を考慮して，貸倒見積額を算定
・キャッシュ・フロー見積法……債権の元本の回収および利息の受取りに係るキャッシュ・フローを合理的に見積ることができる債権については，「債権の元本及び利息について元本の回収及び利息の受取りが見込まれるときから当期末までの期間にわたり当初の約定利子率で割り引いた金額の総額」と「債

権の帳簿価額」との差額として，貸倒見積額を算定

【キャッシュ・フロー見積法の基本的算式】

$$貸倒見積額 = 債権の帳簿価額 - \frac{債権の元本 + 受け取る利息合計}{(1 + 当初の約定利子率)^n}$$

n = (債権の元本＋利息)の入金見込時点から当期末までの期間

破産更生債権等については，その債権額から「担保の処分見込額及び保証による回収見込額」を減額し，その残額をもって貸倒見積額として算定します。

以上の債権の種類ごとの貸倒見積額の算定方法を一覧に示したものが，図表９－１です。

図表９－１　債権の種類と貸倒見積額算定方法

債権の種類	貸倒見積額（見積方法）
一般債権	債権の状況に応じた過去の貸倒実績率等による
貸倒懸念債権	財務内容評価法またはキャッシュ・フロー見積法
破産更生債権等	担保のない部分全額

具体的な数値例により，貸倒見積額の算定を確認しましょう。

［設例９．１］貸倒見積額の算定

次の条件に示したそれぞれの債権について，貸倒見積額を算定します。

(条件)

・売掛金200,000円については，経営破綻に陥っている債務者Ａに対するものである。この売掛金については，債務者の関係者から債務保証150,000円が付されている。

・売掛金500,000円については，経営破綻の状態には至っていないが，債務の弁済に重大な問題が生じている債務者Ｂに対するものである。この売掛金については，債務者から担保として受け入れた国債（時価300,000円）がある。担保のない部分について回収可能と見積もられるのは50%である。売掛金については，財務内容評価法により貸倒見積額を算定する。
・貸付金1,000,000円（当初利子率，５%）について，債務者Ｃの財政状態が悪化したため，金利を免除するとともに元金の返済期限を当期の決算日から２年後へ延期した。キャッシュ・フロー見積法に基づき，貸倒見積額を算定する。

【貸倒見積高】

・債務者Ａに対する売掛金（破産更生債権等）の貸倒見積額

貸倒見積額50,000円

＝　売掛金の帳簿価額200,000円－債務保証額150,000円

・債務者Ｂに対する売掛金（貸倒懸念債権）の貸倒見積額（財務内容評価法）

貸倒見積額100,000円

＝（売掛金の帳簿価額500,000円－担保額300,000円）

×（１－回収可能率50%）

・債務者Ｃに対する貸付金（貸倒懸念債権）の貸倒見積額（キャッシュ・フロー見積法）

貸倒見積額92,970円

≒貸付金の帳簿価額1,000,000円－1,000,000円÷$(1+0.05)^2$

なお，貸倒見積額は，貸借対照表上，**貸倒引当金**として計上されるとともに，その会計期間に生じた貸倒見積額について損益計算書上，**貸倒**

引当金繰入（費用）が計上されます。債権の評価額は，貸倒見積額控除後の金額（回収可能見込額）となりますので，貸倒引当金はその対象となった債権のマイナスという性格を有することになります。こうした特定の勘定（項目）のマイナス（評価減）やプラス（評価増）の性格を有する勘定（項目）を**評価勘定**と呼んでいます。貸倒引当金は，特定の債権のマイナスの性格を有する評価勘定（控除性評価勘定）と言えます。貸倒引当金繰入は，売上債権（売掛金や受取手形等）の場合，売上高のマイナス項目または独立の販売費としての性格を有し，貸付金の場合，その債権の評価損としての性格を有することになります。

（3）償却原価法の適用

金銭債権の取得原価と債権額の差額，あるいは金銭債務の現金受入額と債務額との差額が，利息としての性格がある場合には，償却原価法が適用されます。償却原価法とは，それらの差額を債権の回収時まで，または債務の支払時までの期間にわたって債権額・債務額まで，一定の方法で債権の取得原価や債務の現金受入額に加減算していく評価方法です。加算していく場合には**アキュムレーション法**，減算していく場合には**アモチゼーション法**とも呼ばれます。

償却原価法における一定の方法には，差額を債権または債務の帳簿価額に対して一定率（実効利子率＝内部収益率）となるように複利をもって各期の損益に配分する**利息法**（原則）と，差額を取得日から弁済日（償還日）までの期間で除して各期の損益に配分する**定額法**（簡便法）があります。

債務となる社債を例にして，償却原価法を確認することにします。社債とは，会社が広く一般から長期的な資金を調達するために発行する債務証券です。発行者は，将来，その社債に記載された確定した利息の付いた債務額（額面額と言います。）を返済する義務を負います。社債の購入者は，その社債の発行価額を支払って，社債という債務証券（有価証券として処理されます。）を取得します。そして社債は，発行価額が額面金額と同額の場合の発行を**平価発行**，額面金額を下回る場合の発行を**割引発行**，額面金額を上回る場合の発行を**打歩**（うちぶ）**発行**と呼んでいます。償却原価法が適用されるのは，割引発行または打歩発行の場合となります。

［設例９．２］償却原価法（割引発行された社債の場合）

次の条件に基づいて，利息法と定額法により，割引発行された社債に償却原価法を適用してみましょう。

（条件）

・Ｘ１年４／１　額面金額2,000,000円の社債（償還期限２年後，利子率３％，利払日３月31日）を1,925,624円で発行した。

・実効利子率は５％

【利息法】

・Ｘ１年度の１年間で増加させる社債の評価額

36,281円≒Ｘ１年度の利息合計1,925,624円×５％－利息支払額2,000,000円×３％

・Ｘ２年３/31　社債の評価額

1,961,905円＝Ｘ１年４／１現金受入額1,925,624円＋36,281円

・Ｘ２年度の１年間で増加させる社債の評価額

38,095円≒Ｘ２年度の利息合計1,961,905円×５％－利息支払額2,000,000円×３％

・Ｘ３年３/31　社債の評価額（償還直前）

2,000,000円＝Ｘ２年３/31帳簿価額1,961,905円＋38,095円

なお実効利子率は，次の算式のｒとして説明することができます。

$$1{,}925{,}624円 = 2{,}000{,}000円 \times 3\% \div (1 + r) + (2{,}000{,}000円 \times 3\% + 2{,}000{,}000円) \div (1 + r)^2$$

上述の算式からｒを求めることは可能ですが，実効利子率の意味するところを理解してください。

【定額法】

・Ｘ１年度とＸ２年度の１年間でそれぞれ増加させる社債の評価額
　37,188円＝(額面金額2,000,000円－発行価額1,925,624円)÷２年

・Ｘ２年３/31　社債の評価額
　1,962,812円＝Ｘ１年４/１現金受入額1,925,624円＋37,188円

・Ｘ３年３/31　社債の評価額（償還直前）
　2,000,000円＝Ｘ２年３/31帳簿価額1,962,812円＋37,188円

3．有価証券

（1）有価証券の分類

有価証券は，株式券や社債券，国債証券や地方債証券の公債証券，証券投資信託または貸付信託の受益証券等を指します。証券投資信託や貸付信託は，多くの人から資金を集めて大きな金額として資金運用することで，個々に少額で資金運用するよりもより多くの利益を獲得しようとするものです。集めた資金は，株式券や社債券，公債証券といった有価証券等に投資されて運用されます。信託の受益証券は，その資金運用による利益を受け取る権利を示す証券であり，運用されている株式券等を実質的に所有しているものと考えられます。そこで有価証券のなかに含められています。

有価証券については，市場価格等の時価[2)]のあるものと，市場価格のないもの（ないしは市場価格等の時価の把握が困難なもの）にまず大別されます。そして時価のある有価証券は，さらに保有目的別に応じて，**売買目的有価証券，満期保有目的の債券，子会社株式及び関連会社株式，その他有価証券**の４種類に分類されます。

売買目的有価証券とは，時価の変動により利益を得ることを目的として保有する有価証券です。満期保有目的の債券とは，満期まで所有する意図をもって保有する社債その他の債券です。子会社株式及び関連会社株式とは，それぞれ子会社（他の会社を支配している場合の当該他の会社）の発行している株式と関連会社（他の会社の財務や営業の方針決定に対して重要な影響を与える場合の当該他の会社で，子会社以外）の発行している株式です。その他有価証券とは，時価がある有価証券のうち，売買目的有価証券にも満期保有目的の債券にも，子会社株式及び関連会社株式にも該当しないものです。その他有価証券の典型的な例としては，持合い株（業務提携等の際にその関係をより強くするなどのために，他の会社と相互に株式券を所有しあっている場合の当該他の会社の株式券）が挙げられます。

こうした分類に従って，それぞれ会計処理が異なります。

（２）有価証券の会計処理

①　時価のある有価証券

売買目的有価証券は，時価をもって評価額とし，評価差額は当期の損益として処理します。評価差額を当期の損益として処理する背景には，売買目的有価証券が，売却することについて事業遂行上等の制約がなく，時価の変動にあたる評価差額を企業にとっての財務活動の成果として捉える考え方があります。また売買目的有価証券は，形式的には市場

2）ここにいう時価とは，公正な評価額を指し，市場価格に基づく価額もしくは合理的に算定された価額です。

での売却あるいは反対売買という行為を経なければなりませんが，自由にいつでも容易に現金に換えることができるため，常に再投資を行っているのと同様であり，現金と同様の性格を有していると考えられます。

満期保有目的の債券は，取得原価をもって評価額とします。ただし，債券を債券金額より低い価額または高い価額で取得した場合で，両者の差額が金利の調整と認められるときは，**償却原価法**に基づいて算定された価額をもって評価額とします。償却原価法の手続きは，債務たる社債について行われた説明を，社債を所有している側に当てはめてください。

子会社株式及び関連会社株式は，取得原価をもって評価額とします。取得原価に基づき評価する背景には，子会社株式及び関連会社株式が，他企業への影響力の行使を目的とした事業投資と同様の性格を有するものとして捉える考え方があります。

その他有価証券は，時価をもって評価額とします。そして，会計期間末において時価が変動していることにより生じる評価差額は，原則として，損益計算には含めずに，貸借対照表上の純資産の部に計上します。これを**純資産直入法**と呼んでいます。ただし，評価減となる場合は，その評価差額を当期の損失（費用）として処理することも認められています。

②　市場価格のない株式等

市場価格のない株式や出資金は，取得原価をもって貸借対照表価額とします。

③　有価証券の減損～時価が著しく下落した場合～

市場価格のある満期保有目的の債券，子会社株式及び関連会社株式ならびにその他有価証券について，時価が著しく下落し，かつ回復する見込みがない，またはその見込みが不明な場合は，時価をもって評価額とし，評価差額は当期の損失として処理します。一方，市場価格のない株式等については，発行会社の財政状態の悪化により実質価額が著しく下落したときには，**相当の減額**を行い，評価差額は当期の損失とします。

こうした有価証券の強制的時価評価による評価減を，**有価証券の減損**と呼んでいます。

図表９－２　有価証券の分類および評価

<table>
<tr><th colspan="2">有価証券の種類</th><th>評価基準</th><th>評価差額の処理</th></tr>
<tr><td rowspan="4">市場価格有り</td><td>売買目的有価証券</td><td>時価</td><td>当期の損益に計上</td></tr>
<tr><td>満期保有目的の債券</td><td>取得原価または償却原価</td><td>償却原価法適用時には利息として計上</td></tr>
<tr><td>子会社株式及び関連会社株式</td><td>取得原価</td><td>—</td></tr>
<tr><td>その他有価証券</td><td>時価</td><td>原則として，純資産へ計上</td></tr>
<tr><td colspan="2">市場価格無し，または把握が極めて困難な有価証券</td><td>債権の評価に準じるか，または取得原価</td><td>償却原価法適用時には利息として計上</td></tr>
</table>

4. デリバティブ取引から生じる正味の債権・債務

（１）デリバティブ取引の意義

デリバティブ（derivatives）とは，金融派生商品とも表記されるものであり，外国通貨や債券，株式，金利等を本体商品とみるならば，それらの市場価格等の変動によりその価格が決定されてくるという意味で，本体商品から派生したとみることができる金融商品です。デリバティブ取引の代表的な例としては，**先物（さきもの）取引**（future），**先渡（さきわたし）取引**（forward），**オプション取引**（option），**スワップ取引**（swap）があります。

先物取引は，契約時の約定価格で将来の一定日に一定の数量の商品や金融商品，外国通貨を売買する，あるいは指数の差額で決済することを前もって約定する取引です。具体的には，その対象となる金融商品の相違により，**商品先物取引**，**債券先物取引**，**通貨先物取引**，**株価指数先物取引**などがあります。なお，先物取引は取引所で規格化された条件で行われる市場取引[3]であり，先物価格と決済価格との差金決済がなされます。

先渡取引は，先物取引と同様の取引ですが，取引所において取引が行われるのではなく，取引当事者間で相対して行われる店頭取引です。具体的には，その対象となる金融商品の相違により，先物為替予約や商品先渡取引などがあります。また相対（あいたい）取引[4]であるため，先渡取引においては，その取引は規格化されていません。さらに市場取引ではないため，差金決済はなされません。

オプション取引は，将来の一定期間または一定日に一定の価格で通貨や債券，株式等の購入，または売却に関する権利を売買する取引です。たとえば，購入者は，オプション料（**プレミアム**）を支払って権利（**オプション**）を取得します。そして，購入者は自分に有利な場合だけ権利を行使し，利益を実現することができますが，不利な状況であれば，権利を行使する義務はありません。オプションの種類として，特定の対象物を購入する権利である**コール・オプション**と，特定の対象物を売却する権利である**プット・オプション**があります。さらに 2 種類のオプショ

3）市場取引とは，資本市場のような市場において不特定多数の者のあいだで行われる取引であり，取引対象は規格化され，需要と供給の関係で価格が決定されます。

4）相対取引とは，取引の当事者が直接的な売り手と買い手となり，一対一（相対）で交渉して，取引対象の価格や取引数量，決済方法等を決定する取引です。

ンのそれぞれについて，買建（かいだて）と売建（うりだて）があります。

スワップ取引は，将来の一定期間にわたり当事者間がお互いのニーズに合わせた将来のキャッシュ・フローを交換することを約束する取引です。具体的には，その交換の対象物の相違により，通貨スワップ取引，金利スワップ取引等があります。通貨スワップ取引は，異なる通貨間での取引であり，債権・債務の元本および利息の受払いを交換する取引です。金利スワップ取引は，同一通貨債務の間で，変動金利と固定金利を交換するなどの金利条件交換取引であり，元本の交換は行われません。

(2) デリバティブ取引により生じる正味の債権・債務

デリバティブ取引により生じる正味の債権・債務は，時価をもって評価額とし，その評価差額は，原則としてその期の損益として処理されます。

デリバティブ取引により生じる正味の債権・債務について，A商品100個を3ヶ月後に30,000円で購入する契約を行った場合の商品先物取引を例として考えてみます。こうした契約を締結した時点では，3ヶ月後にA商品を購入する権利（債権）と将来30,000円を支払う義務（債務）が存在しますが，両者は同額であり，差額が生じないため，正味の債権・債務はありません。しかしたとえば，その後，同じ期日にA商品100個を購入する商品先物契約を締結しようとすると，32,000円を支払う約束をしなければならなくなっているとします。そうすると，この時点で将来A商品を購入する権利は32,000円で，将来支払う義務は30,000円のままですから，両者に差額2,000円が生じます。この差額が，デリバティブ取引により生じる正味の債権・債務（この例では債権）です。この差額について，資産または負債を計上するとともに，その差額が生じた会計期間の損益に計上します。

デリバティブにより生じる正味の債権・債務について，それが生じた会計期間の損益に計上するのは，その時価の変動の時点で損益を確定することができるからです。先の商品先物取引の例で説明しますと，その先物契約の約定価格が30,000円から32,000円に上昇したときに，同じ期日にＡ商品100個を売却するという先物契約を締結するならば，将来に受け取ることができる現金は32,000円で確定します。同じ物品を将来の同じ期日に売買をし，購入代金は30,000円で売却代金は32,000円であることが確定することになります。このように，締結している先物契約の内容とは反対の先物契約を締結することで，損益をいつでも確定することができます。さらに先物取引の場合は，反対の契約が締結されて差額が確定したときに，その差額を受け取ることができます。これが差金決済です。すなわち，いつでも反対の契約を締結することができるにもかかわらず，それをしないのは，そうしないことが有利であると判断していることであり，あたかも売買目的有価証券の場合と同様に考えることができます。そのため，未履行契約の状態であるにもかかわらず，デリバティブ取引により生じた正味の債権・債務の差額が生じたときはその差額を，またその後にその差額に変動が生じたときはその変動額を，それぞれの期の損益に計上することになります。

［設例９．３］デリバティブ取引により生じる債権・債務（先物為替予約）

次の条件に基づいて，先物為替予約により生じる債権または債務の会計処理を行います。なお，**直物レート**とはその時に通貨を直ちに交換した場合の交換レートであり，**予約レート**とはその時に将来の一定の期日で通貨を交換する約束をした場合の交換レート（先物為替予約の約定レート）です。この例での予約レートは，Ｘ１年５月31日に円とドルを交換する約束をする場合のレートということです。

（条件）

・X１年１/31　X１年５月31日に1,000ドルを買うという為替予約を行った。

直物レート：＄１＝¥110

予約レート：＄１＝¥120

・X１年３/31　決算日

直物レート：＄１＝¥115

予約レート：＄１＝¥123

・X１年５/10　1,000ドルの売りの為替予約（反対予約）を行った。

直物レート：＄１＝¥121

予約レート：＄１＝¥125

【為替先物取引から生じる正味の債権・債務】

・X１年１/31　正味の債権も，正味の債務も生じていない。

・X１年３/31　正味の債権3,000円が生じている。

3,000円の先物利益が計上される。

3,000円＝３/31の予約レート123円×1,000ドル

－１/31の予約レート120円×1,000ドル

・X１年５/10　正味の債権5,000円が確定。

5,000円＝５/10の予約レート125円×1,000ドル

－１/31の予約レート120円×1,000ドル

正味の債権の変動額2,000円の先物利益が計上される。

2,000円＝5,000円－前期に計上済の先物利益3,000円

【コラム：ヘッジ取引とその会計】

現在すでに所有している資産や負債の時価変動等のリスクを回避するために，デリバティブ取引を利用することがあります。たとえば，アメリカから商品を輸入した場合で，その代金をドルで支払うことになっているとき，将来の支払日に円をドルに交換するときのレートは不明です。しかし支払うドルの額について，ドル買いの先物為替予約を締結すれば，支払う円の額を確定することができます。このように，資産や負債が有しているリスクを回避する取引を**ヘッジ取引**と呼んでいます。すなわち，リスクを有している資産または負債（**ヘッジ対象**）とは反対のリスクを有しているデリバティブ（**ヘッジ手段**）を使えば，両者のリスクが相殺されることになります。

このヘッジ取引については，ヘッジ対象に係る損益とヘッジ手段に係る損益を同一の会計期間に認識することで，ヘッジの効果を財務諸表上に反映させるように処理をします。この会計処理は，**ヘッジ会計**と呼ばれています。そしてヘッジ会計は，原則としてヘッジ手段たるデリバティブにより生じる正味の債権・債務の変動額について，その変動のときではなく，ヘッジ対象に係る損益が認識されるまで，繰り延べることで，ヘッジの効果を財務諸表に反映させます。

10 棚卸資産に関わる取引

《本章のポイントと学習の目標》 棚卸資産とは，商品や製品のほか，製品を製造するために使用される原材料，製造中の仕掛品などを指します。棚卸資産については，「棚卸資産の評価に関する会計基準」（以下，棚卸資産会計基準）により会計処理が規定されています。

商品や製品のように販売目的で保有される棚卸資産は，収益との直接的対応により，その取得に要した支出額が費用化されていきます。商品等について，個々にその取得原価とその販売を把握していれば，売却された商品等そのものの取得原価が費用化されますが，同種の商品等を多数取り扱っている場合には，個々にその取得原価と販売を把握することはかえって煩雑となり，事業の展開にとって好ましくありません。こうした場合に，売却された商品等の取得原価をいかに把握するのかが課題となります。その把握の方法には，先入先出法や平均法等があります。

また費用とならなかった支出額が棚卸資産として貸借対照表に計上されることになります。ただし実際に棚卸資産を調査してみると，あるはずの量がないこともありえます。さらに見込まれる売却時価が大きく下落し，取得原価を下回ることもありえます。これらに係る費用を認識・測定する手続きも必要になります。

本章では，第8章での計算基準を踏まえながら，棚卸資産の費用化の手続きと，期末の評価方法を理解しましょう。

《キーワード》 棚卸資産，実地棚卸し，売上原価，付随費用，継続記録法，定期棚卸法，商品有高帳，払出単価，個別法，先入先出法，総平均法，移動平均法，売価還元法，最終仕入原価法，再調達原価，棚卸減耗，棚卸減耗費，低価法，正味売却価額，商品評価損

1．棚卸資産の意義と範囲

棚卸資産とは，元来，**実地棚卸し**の対象となる資産のことを言います。実地棚卸しとは，所有している物財について，その種類や数量を実地に調査することを言います。この実地棚卸しにより，会計帳簿上の残高の基礎となる数量が，実際にあるのか否かが確認されます。

棚卸資産には，売却を予定している商品や製品，製造中の仕掛品（しかかりひん），製品の製造に使用される原材料等が含まれますが，それら以外にも販売活動で使われる包装用紙やリボン等のように短期間で消費されるものも含まれます。その種類ごとにまとめるならば，次のとおりです。

（イ）通常の営業過程において販売目的で保有する財貨または用役
　（例）商品，製品
（ロ）販売目的で現に製造中の財貨または用役
　（例）仕掛品，半製品
（ハ）販売目的の財貨または用役を生産するために短期間に消費されるべき財貨
　（例）原材料，工場消耗品
（ニ）販売活動および一般管理活動において短期間に消費される財貨
　（例）荷造用品，事務用消耗品

上記の（イ）と（ロ）において，財貨または用役とされているのは，原材料の物財や加工等の作業を行う工場従業員の労働サービスを消費して製品等が製造されているためです。商品についても，購入先（仕入先（しいれさき）と言います。）から運送される場合には運送サービスを消費して，商品が取得されていることになります。このように商品や製品等には，物財と用役（サービス）が含まれていると考えられます。

棚卸資産の種類は，それぞれの企業がどのような目的で所有しているのかによって異なります。たとえば，ネジを製造して販売している企業にとってはそのネジは製品ですが，そのネジを機械の製造に使用している企業にとっては，工場消耗品となります。

また，全く同じ種類や形状の物品であっても，その保有目的の相違により，ある企業では棚卸資産となり，他の企業では棚卸資産とはならないことがあります。たとえば，自動車を販売している企業にとって，その自動車は棚卸資産に該当しますが，同じ種類の自動車を営業の担当者が運転して得意先を回っている場合には，棚卸資産とはならず，後の章で説明される固定資産として処理されます。土地や建物等の不動産についても，それらを販売目的で有している不動産会社にとっては棚卸資産ですが，本社ビルとして管理目的で不動産を所有している企業にとっては固定資産となります。

2．棚卸資産の費用化

（1）費用化の概要

棚卸資産は，その取得時にはその取得に要した支出額，すなわち取得原価で評価されます。そしてその棚卸資産の取得原価は，その商品や製品等の販売に係る収益に対応して費用として認識され，測定されます。原材料や仕掛品等についても，最終的に製品になって，その製品の販売に係る収益が認識されるときまで，費用化はされません。商品等の販売に係る収益，すなわち売上（損益計算書上は，売上高という名称を用います。）に対応する費用は，**売上原価**として処理されます。このように売上原価として計上されることを，**棚卸資産の費用化**と呼んでいます。また棚卸資産の費用化は，その取得に要した支出額を費用として配分することをも意味しますので，費用配分の手続きであるとも言えます。

通常の市場販売を前提とすると，販売された商品等の取得原価相当額が損益計算上の売上原価になり，未だ販売されることなく手許に残っている棚卸資産の取得原価相当額が貸借対照表上，資産計上されることになります。商品等の棚卸資産が販売されて，手許から出ていくことを，**払出し**（はらいだし）と呼んでいます。また会計期間末に存在している棚卸資産の有高は，**期末棚卸高**と呼ばれています。

図表10－1　取得原価の配分

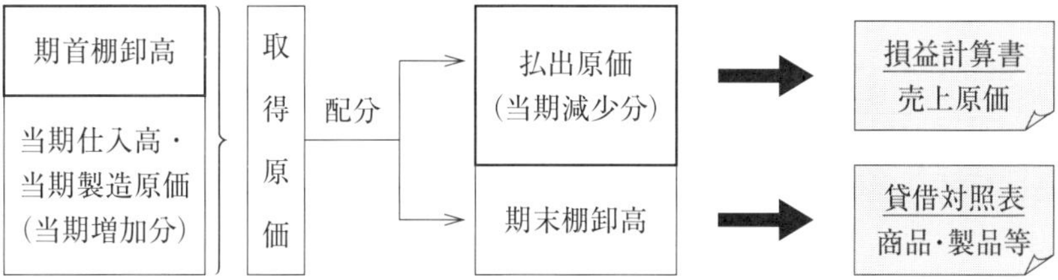

（2）取得原価

棚卸資産の取得原価は，その取得し，販売できる状態になるまでに直接に要した支出額です。その取得原価の具体的な決定方法について，その取得のパターンごとにみていくことにします。

棚卸資産を購入した場合，その取得原価は「購入代価＋付随（ふずい）費用」となります。購入代価とは，仕入先にその棚卸資産の代金として実際に支払う金額であり，もともとの請求額から値引（ねびき）額や割戻（わりもどし）額を控除した金額となります。割戻額とはリベートとも言われるものですが，一定期間内に一定量以上の購入を行った場合に代価を差し引くことを言います。そして**付随費用**には，引取運賃や購入手数料，関税等といった外部副費と，保管費等の内部副費が含まれます。引取運賃は，棚卸資産を運搬してもらうための支払いを販売者ではなく購入者が負担する場合に支払う運送代であり，購入手数料とは棚卸資産の仕入に際して他者に仲介をしてもらった場合にその仲介者に支払うその仲介の手数料などであり，関税は海外から棚卸資産を輸入する際に支払う税金です。保管費にはその商品等を販売するまでのあいだ倉庫を借りて保管する場合のその倉庫の賃借料が該当します。このように，購入の場合の棚卸資産の取得原価には，購入代価のみならず，販売できる状態になるまでに直接必要な支出も含まれます。

棚卸資産を製造して取得した場合，その取得原価は，適正な**原価計算基準**に従って製造に要した製造原価を算定することで計算されます。すなわち，「製造原価＋付随費用」です。製造原価の構成要素としては，原材料費と労務費，そして水道光熱費を始め様々な経費の３つが考えられます。それらの製造原価の構成要素が，特定の製品に関わる場合にはその製品の製造原価に，特定できない場合には関連する製品の製造原価に配賦されて，製品製造原価が計算されます。なお製品製造原価の計算には，個別原価計算や総合原価計算などの原価計算方法があります。

（3）売上原価の計算

売上原価は，売上高との対応関係を踏まえて，払い出された棚卸資産の取得原価（**払出原価**と言います。）により決定されます。そして払出原価を計算するためには，図表10－１からも理解できるとおり，直接に払出原価を把握する方法と，期末棚卸高をまず直接に把握してから，「期首棚卸高＋当期仕入高（または当期製造原価）」からそれを差し引く間接的な方法が考えられます。

払出原価を直接把握するためには，払い出された棚卸資産の取得原価は「払出数量×払出単価」により計算されることから，払出数量と払出単価が把握される必要があります。**払出単価**とは，払い出された棚卸資産の１数量単位ごとの取得原価です。たとえば，単価10,000円で取得したＡ商品を３個，払い出した場合，払出単価は10,000円であり，払出原価は30,000円（＝10,000円×３個）となります。

払出原価＝払出数量×払出単価

また払出原価を期末棚卸高から間接的に把握するためには，期首棚卸高と当期仕入高（当期製品製造原価）をメモでもよいのですが，記録しておくことと，期末棚卸高を直接に把握する必要があります。期末棚卸高を直接把握するには，期末数量を実地棚卸しにより把握するとともに，その原価ベースでの単価を推定等することになります。

払出原価＝(期首棚卸高＋当期仕入高(当期製品製造原価))－期末棚卸高

①　払出数量の決定方法

棚卸資産の数量を計算する方法には，継続記録法と棚卸計算法があります。

継続記録法は，会計帳簿を設けて，商品の入庫（受入れ）や出庫（払出し）のつどそれを記録し，帳簿上，常に残高を示しておく方法です。具体的な会計帳簿は，商品の種類等ごとにその記録を行う**商品有高帳**と呼ばれる帳簿です。会計帳簿に継続して記録して，常に受入数量，払出数量，在庫数量を把握できることから，帳簿棚卸法と呼ばれることもあります。この方法によれば，販売による棚卸資産の減少を記録することになるため，他の原因による減少を区別することができます。そのため棚卸資産の管理という観点からは，優れていると言えます。この方法を適用しなければ，直接に払出原価を把握することはできません。

棚卸計算法は，期首の在庫数量と期中の入庫数量だけを記録しておき，期末（または月末等）にその在庫数量を実地調査して，期首在庫数量と期中入庫数量の合計から期末在庫数量を控除した数量を払出数量とする方法です。その期間の払出数量を，実地棚卸しによって一括して逆算を行うため，**定期棚卸法**と呼ばれることもあります。この方法によれば，実際の期末数量を把握できますが，販売による棚卸資産の減少と他の原因による減少とを区別することはできなくなります。また期中において，その在庫数量を把握することができません。払出しに関する記録を省略できる点で簡便な方法と言えます。この方法を適用することで，間接的に払出原価を計算することができます。ただし，棚卸資産の管理という観点からは，望ましい方法とは言えません。

② 払出単価の決定～払出原価を直接把握する場合～

棚卸資産の１数量単位ごとの取得原価（単価）が常に同じであるならば，払出単価も単一となり，問題は生じません。異なる単価で購入する棚卸資産について，どのように払出単価を決定するかは，継続記録法を前提とすると，次のようにいくつかの方法があります。

（イ）個別法

個別法は，入庫品１つ１つの単価（取得原価）を札に記して付けておくなどして個別的に把握しておき，実際に出庫された商品の単価をもって払出単価とする方法です。この方法は，一般に代替品のない貴金属や不動産に適した方法であるとの説明がなされていますが，それらは個別法しか適用できないものです。むろん同種多数を取り扱う棚卸資産に適用できますが，極めて煩雑な方法となり，実務上，適用することが困難な場合が多いように思われます。

（ロ）先入先出法（first-in first-out method : FIFO）

先入先出法は，実際の物流にかかわらず，先に入庫したものが先に出庫していくという仮定に基づいて払出単価を決定する方法です。この方法は，最も古く取得されたものから順次払出しが行われるとみなすので，売上原価を単価の古い順で計算することになります。反対に，期末棚卸高は最も新しく取得されたものから順次構成されると仮定して把握することになります。

なお先入先出法は，英語表記のfirst-in first-out methodの頭文字をとって**FIFO**（ファイフォー）と呼ぶこともあります。

（ハ）後入先出法（last-in first-out method : LIFO）

後入先出法は，実際の物流にかかわらず，後に入庫したものが先に出庫していくという仮定に基づいて払出単価を決定する方法です。この方法には，**期別後入先出法**と**そのつど後入先出法**があります。期別後入先出法は，一定期間を区切って，実際の物流にかかわらず，その期間内で最近入庫したものから順次払い出されたと仮定して，払出単価を決定する方法です。そのつど後入先出法は，実際の物流にかかわらず，払出しが行われるたびごとに，その時点で最近入庫したものから順次払い出されていくと仮定して，払出単価を決定する方法です。

なお後入先出法は，英語表記のlast-in first-out methodの頭文字をとって**LIFO**（ライフォー）と呼ぶこともあります。

後入先出法は，棚卸商品会計基準では，会計基準の国際的なコンバージェンス（収斂）のため，認められていません。IASBは，後入先出法は実際の物流にあわないとの説明をしていますが，元来，先入先出法も後入先出法も，実際の物流を無視して払出単価を決定する方法ですから，後入先出法を禁止する理論上の理由はないと言わざるを得ません。

（ニ）平均原価法

平均原価法は，期首在庫分と入庫の原価を平均し，平均単価として払出単価を決定する方法です。平均単価とは，単価に数量を掛けた金額の総計を総数量で除して求めたものです。この方法には，**総平均法**と**移動平均法**の２つがあります。

総平均法は，期首在庫および入庫分の合計金額を，その数量合計で除して求めた平均単価を，払出単価とする方法です。つまり総平均法は，一定期間（たとえば１ヶ月）経過後にその一定期間内に入庫したものの取得原価合計を入庫総数で除した平均単価をその一定期間内の払出単価とする方法です。

移動平均法は，新たな入庫が行われるたびごとに加重平均単価を計算して，その加重平均単価を払出単価とする方法です。つまり移動平均法は，商品の入庫があるたびに直前の残高と新たに入庫したものの取得原価との合計を入庫後の残高数量で除して求めた加重平均原価を，その後の払出単価とする方法です。

様々な払出単価の決定法について具体的数値例［設例10．1］で確認することにします。この設例は物価が上昇している（インフレーションの）場合です。物価が上昇している場合には，先入先出法のほうが後入先出法よりも，払出原価合計は小さい金額となり，月末棚卸高は大きい金額となります。２つの平均法における払出原価合計および月末棚卸高は，それぞれ先入先出法と後入先出法の間の金額となることを確認してください。

［設例10．1］払出単価の決定方法

６月における A 商品の受入れと払出しの状況は次の条件のとおりで

あるとします。この条件に基づいて，①先入先出法と，②そのつど後入先出法，③総平均法，④移動平均法による払出単価および払出原価合計と月末棚卸高を求めてみましょう。

（条件）

日付	摘要	数量	単価（原価）	残高数量
6月1日	前月繰越	20個	1,000円	20個
6月5日	仕入	80個	1,100円	100個
6月10日	売上	60個	払出単価①	40個
6月15日	仕入	50個	1,200円	90個
6月20日	売上	60個	払出単価②	30個

【払出単価と払出原価，月末棚卸高】

①先入先出法

6月10日　払出単価①　払出単価1,000円のものが20個
払出単価1,100円のものが40個
払出原価合計64,000円＝20個×1,000円＋40個×1,100円

6月20日　払出単価②　払出単価1,100円のものが40個
払出単価1,200円のものが20個
払出原価合計68,000円＝40個×1,100円＋20個×1,200円

月末棚卸高　36,000円＝30個×1,200円

②そのつど後入先出法

6月10日　払出単価①　払出単価1,100円のものが60個
払出原価合計66,000円＝60個×1,100円

6月20日　払出単価②　払出単価1,200円のものが50個
払出単価1,100円のものが10個
払出原価合計71,000円＝50個×1,200円＋10個×1,100円

月末棚卸高　31,000円＝10個×1,100円＋20個×1,000円

③総平均法

6月10日　　払出単価①　1,120円＝(20個×1,000円＋80個×1,100円＋50個×1,200円)÷(20個＋80個＋50個)

払出原価合計67,200円＝60個×1,120円

6月20日　　払出単価②　1,120円

払出原価合計67,200円＝60個×1,120円

月末棚卸高　33,600円＝30個×1,120円

④移動平均法

6月10日　　払出単価①　1,080円＝(20個×1,000円＋80個×1,100円)÷(20個＋80個)

払出原価合計64,800円＝60個×1,080円

6月20日　　払出単価②　1,147円≒(40個×1,080円＋50個×1,200円)÷(40個＋50個)

※小数点以下，四捨五入とする。

払出原価合計68,820円＝60個×1,147円

月末棚卸高　34,380円＝(40個×1,080円＋50個×1,200円)－68,820円

設例10. 1における先入先出法とそのつど後入先出法，総平均法，移動平均法のそれぞれの売上原価と月末棚卸高を一覧にするならば，次のとおりです。

	6月中の売上原価	月末棚卸高
先入先出法	132,000円	36,000円
そのつど後入先出法	137,000円	31,000円
総平均法	134,400円	33,600円
移動平均法	133,620円	34,380円

③　期末棚卸高の決定～払出原価を間接的に把握する場合～

払出原価を，期末棚卸高から逆算する場合，定期棚卸法が適用されることを前提として，次のような方法があります。

(イ) 売価還元法（小売棚卸法）

売価還元法とは，値入率等の類似性に基づく棚卸資産のグループごとの期末の売価合計額に，原価率（売価に対する原価の割合）を掛けた金額を期末棚卸資産の価額とする方法です。要するに，手許にある商品等の種類ごとに「手許数量×売価」に原価率を掛けることで期末棚卸高を推定しようとする方法です。売価還元法は，取扱商品の種類が多いスーパーマーケットやコンビニエンスストアのような小売業等の業種で適用されていたことから，**小売棚卸法**とも呼ばれます。

期末棚卸高＝同種商品等の売価合計×原価率

そして原価率は，「原価率＝原価／売価」で求められます。厳密には，当初に付した利益の額（原始値入額）および期中の値上げ・値下げやそれらの取り消しを考慮すると，次の算式により求められることになります。

$$原価率=\frac{期首商品原価+当期仕入高}{期首商品売価+仕入高+原始値入額\pm値上・値引\pm値上・値引の取消し}$$

[設例10. 2］売価還元法の適用

次の条件に基づいて，売価還元法を適用して①期末棚卸高と②払出原価を計算してみましょう。

（条件）

・当期からＢ商品の売買事業を開始した。

・当期中の仕入高：2,100,000円

・期末に実地調査による商品有高（売価）：200,000円＝1,000円（売価単価）×200個

・原価率：70％

【期末棚卸高と払出原価】

①期末棚卸高　140,000円＝200,000円×原価率70％

②払出原価　1,960,000円＝当期仕入高2,100,000円－期末棚卸高140,000円

（ロ）最終仕入原価法

最終仕入原価法とは，最後に仕入れた商品の原価をもって，同種のすべての期末棚卸資産の原価（単価）として，期末棚卸高を計算する方法です。この方法は，簡便な方法であり，払出を把握することがその企業規模からしても困難な場合に適用され，理論的には合理性はないと説明されています。ただし結果的に期末棚卸高の単価が，期末でもう一度購入したとした場合の原価（**再調達原価**と言います。）に接近することになります。

④　売上原価の決定

売上原価は，売上との直接的対応により，決定されます。通常，払出された棚卸資産の原価が売上原価になります。ただし払い出された棚卸資産の原価であっても売上原価とならない場合があります。

たとえば，試用販売が行われている場合に，いまだ顧客から買取りの意思表示はなく，試用期間も終了していないときが該当します。棚卸資

産は顧客に引き渡されて，手許にはありません。しかし顧客から買い取りの意思表示がなされるまで，あるいは試用期間が終了するまで，払出原価は売上原価とはなりません。委託販売にあっても，委託先が販売するまで，手許から払い出された棚卸資産の原価は売上原価にはなりません。

3．棚卸資産の期末評価

棚卸資産の期末評価については，実際の数量自体が減少している場合（**棚卸減耗**（たなおろしげんもう）の場合）と，期末の時価の変動を評価に影響させる場合の2つが課題となります。

まず棚卸減耗についてですが，期中に盗難やガソリンのような揮発性の商品についての蒸発，商品等の移動中の紛失などにより，あるはずの数量がなくなっている場合があります。既述のとおり，あるはずの数量がなくなっていることを把握するためには，継続記録法が採用されていることが前提となります。あるはずの数量は帳簿上の有高として示され，数量不足は実地棚卸しを行うことで把握されます。そして棚卸減耗となった原価は，**棚卸減耗費**という費用として処理します。

次に時価変動を期末の評価に影響させる場合ですが，棚卸資産については，時価が取得原価を下回った場合には，時価により評価する方法（**低価法**）が適用されます。時価が取得原価を下回る原因については，陳腐化（流行遅れ）や見本等に利用したことによる品質低下に加えて，需要と供給のバランスの変化が考えられます。いずれの原因によるかを問わず，低価法が適用されます。

低価法で適用される時価には，売ったらいくらで売れるのかを示す**正味実現可能価額**（売却時価）と購入したらいくら払うことになるのかを示す**再調達原価**（購入時価）が考えられます。棚卸資産会計基準では，**正味売却価額**（売価から追加販売売費用等を控除した金額），すなわち正味実現可能価額が採用されています。このことは，棚卸資産の回収可能見込額が取得原価を下回る場合に，その回収可能見込額で評価するという考え方に基づくことになります。この場合，下落した時価が回復しない限り，次期以降にその棚卸資産を売却しても利益は生じないことになります。

そして帳簿価額と正味売却価額との差額は，**商品評価損**という費用として処理されます。

なお，棚卸減耗費と商品評価損の関係を図表10－２において示しておきます。商品評価損は，実際に存在している商品だけを対象としていることに留意してください。

図表10－２　棚卸資産の期末評価

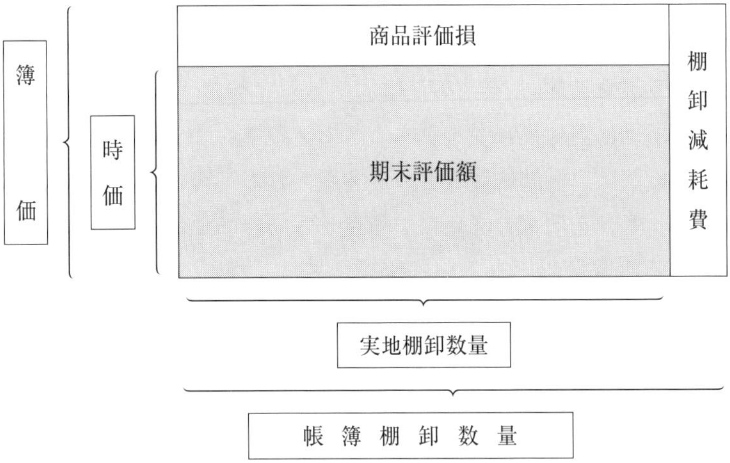

11　固定資産に関わる取引

《本章のポイントと学習の目標》　企業は，利益を獲得するために，短期で保有する金融商品や棚卸資産のほかに長期的に使用する資産を所有しています。本社ビルや工場の敷地や建物等の不動産を始め，事務を行うための机や椅子，書類の整理のための棚，営業用の応接セット等も長期に使用する目的で所有しています。こうした長期使用目的で保有している有形の資産を，有形固定資産と呼んでいます。さらに，事業で用いる特許権や実用新案権，商標権等，無形の法的権利も必要に応じて所有しています。そうした無形の資産を，無形固定資産と呼んでいます。これら長期使用目的の資産については，金融商品や棚卸資産とは異なる会計処理が求められます。特に，その資産の取得原価をその使用期間である複数の会計期間にわたって費用化する手続きが求められます。この費用化の手続きを減価償却ないしは単に償却と呼んでいます。固定資産の内容と特質を把握するとともに，その会計処理の内容と意味を理解しましょう。

《キーワード》　固定資産，有形固定資産，取得原価，資本的支出，収益的支出，減価償却，減価償却費，耐用年数，残存価額，定額法，定率法，生産高比例法，自己金融効果，リース取引，資産除去債務，無形固定資産，法律上の権利，特許権，償却，のれん，買入のれん，自己創設のれん

1．有形固定資産

（1）有形固定資産の意義

企業が複数の会計期間にわたって保有し，使用する資産のことを**固定資産**と呼びます。固定資産のなかで，形があり目に見える資産，すなわ

ち有形の資産のことを，**有形固定資産**と呼びます。

有形固定資産の具体例としては，土地や建物，機械装置，航空機，車両運搬具，工具器具，備品などがあります。その用途に分けてみるならば，製品製造のための工業用地や工場建物，機械装置などがあり，商品や製品を販売するための店舗としての建物や陳列棚等の備品，商品等を顧客に届けるための車両運搬具，広告宣伝用の構築物などがあり，企業の管理を担うための本社ビルや書類の整理棚などがあります。

こうした有形固定資産は，売却により利益を得ようとするのではなく，それらを使用することで利益を得るために所有されるものです。そして有形固定資産に投下された貨幣資本は，その使用を通して長期的に回収されることが目指されます。たとえば自動車を製造する企業は，自動車を製造するための機械装置を購入した場合，その機械装置により製造される自動車が販売されて貨幣性資産が取得されることにより，長期的にその機械装置に投下した貨幣額を回収することになります。

そしてどれほどの，またどのような有形固定資産を有しているのかは，その企業の事業内容により異なります。たとえば，ダムや大規模な発電所を所有している電力会社や陸上運輸業を担う鉄道会社は，有形固定資産に投下する貨幣資本の額は巨額になる傾向があります。反対に，主として物資の売買や流通の仲介を行っているような商社には，製造業を営む企業と比べて有形固定資産の比重が低い傾向がみられます。

(2) 有形固定資産の取得原価

企業が有形固定資産を取得するパターンは，いくつか存在します。最も一般的な取得手段は「購入」ですが，それ以外に「自家建設」,「現物出資」,「交換」,「贈与」が考えられます。そして有形固定資産の評価額は，原則として，その資産の**取得原価**を基礎とします。その取得原価は,取得し,使用できる状態になるまでに直接に要した支出額として計算されますが,その取得のパターンに応じてそれぞれ次のようになります。

（イ）購入の場合

購入によって取得する場合，その取得原価は，購入代価に付随費用を加算して決定します。付随費用とは，取引に関連して付随的に発生した費用を言い，具体的には，引取運賃，買入手数料，関税，据付費（すえつけ），試運転費などが該当します。据付費とは機械装置等を工場で使用できるようにするために，設置するための支出額を言い，試運転費とは機械装置等が実際に機能するかどうかを確認するために試しで動かすために必要となる支出額を言います。なお付随費用については，他の取得のパターンであっても考慮されます。

（ロ）自家建設の場合

自家建設により取得する場合，その取得原価は，適正な原価計算の基準に従って計算された製造原価に基づいて決定します。なお，建設にかかる借入金の利息で稼働前の期間に属するものは，取得原価に算入することができます。稼働前までの期間に限定して借入金利息の取得原価算入を容認しているのは，取得原価を基礎とした費用配分の手続きが始まる前に取得原価を確定する必要があるためです。稼働後に支払われる借入金利息は，変動利率の場合はもちろんのこと，固定利率であっても早期の返済の可能性を否定できないため，将来に支払われる利息の総額は不確定と考えられています。

（ハ）現物出資の場合

現物出資によって取得し，それに対して株式を発行した場合には，株式の発行価額をもって取得原価とします。株式は，通常，その発行時において資本市場で流通している価格で発行（**時価発行**）します。その企業にとって必要と考えられるからこそ現物出資を受けると考えられるため，もしその有形固定資産を購入したならば必要となった支出額に応じて，株式の発行数が決定されることになります。株式の発行価額をもって取得原価とするということの意味は，購入したならば支払ったであろう金額で取得原価を決定することにほかなりません。

（二）交換の場合

保有する資産との交換によって，有形固定資産を取得する場合もあります。

様々な資産との交換が考えられますが，現金との交換は購入となりますので，除いて考えてみます。取得原価とは，その有形固定資産の取得および使用開始のために直接要した支出額ですから，企業から出て行ったものの大きさで金額を決めていることになります。したがって，現金以外のものが出て行ったときに，そのときの譲渡資産の評価額が問題となります。そのため，債権や売買目的有価証券のような金融資産と交換した場合，その交換時に債権や売買目的有価証券を現金に変換したならば得られるであろう金額を，有形固定資産の取得のために支払ったと考えることが合理的です。また棚卸資産と交換した場合についても同様に考えて，棚卸資産の正味売却価額により受け入れた有形固定資産の取得原価を決定することになります。さらに用途や種類が異なる有形固定資産と交換した場合，その有形固定資産は売却目的で保有していたわけではありませんが，手放してもよいと判断したからこそ交換していると考えられます。そのため，他の場合と同様に，その正味売却価額をもって新たな有形固定資産を取得したと考えて取得原価を決定することが合理的です。ただし企業の意思ではなく，土地が収用[1)]されて代替地を取得した場合は，どのように考えることができるでしょうか。この場合は，継続的な使用を目的として取得（用途を同じくする土地同士を交換）した場合であり，投資がそのまま継続していると考えられるため，譲渡資

1）収用とは，国や地方公共団体が，公共の目的のために，土地等の所有権等をその所有者等の損失を補償することを条件に，強制的に取得することです。たとえば，ダムの建設や道路拡張のために，行われることがあります。

図表11－1　交換による有形固定資産の取得

譲渡する資産	譲り受け有形固定資産の取得原価
債　権	譲渡資産の交換時の正味売却価額
売買目的有価証券	譲渡資産の交換時の正味売却価額
商　品	譲渡資産の交換時の正味売却価額
有形固定資産（企業の意思による場合）	譲渡資産の交換時の正味売却価額
有形固定資産（収用の場合）	譲渡資産の交換時の簿価

産の適正な簿価を引き継いで取得原価とすることが合理的と考えられます。

(ホ) 贈与の場合

贈与によって有形固定資産を取得する場合（無償取得の場合）には，公正な評価額をもって取得原価とします。ここに言う公正な評価額は，贈与を受けたときの時価と考えられています。より厳密には，贈与を受けたときに，その有形固定資産を購入するとしたならば支出することになる金額（購入時価／**再調達原価**）です。取得原価とは本質的にはその対象物の取得に直接に要した支出額であり，要するに出て行ったものの金額に依存しています。贈与の場合に取得（受贈）資産の公正な評価額をもって取得原価とすることは，入ってきたものの金額に依存することとなり，他の場合とは異なる取扱いをしていることになります。いわば，取得原価を決定する際の例外的な取扱いです。もし本来の取得原価の意味に従うならば，贈与により取得した有形固定資産の取得原価は，ゼロとなります。制度会計上，例外的取扱いが行われるのは，有形の価値ある資産を取得したのに，貸借対照表に記載されないことに対する違和感に起因するものと思われます。

なお，贈与の場合の取得原価を，受贈資産の公正な評価額とするのか，ゼロとするのかは，贈与による収益をいつ認識するかという問題でもあります。たとえば10年間利用できる備品を贈与された場合，公正な評価額により取得原価とするのは，贈与時点で一括して収益認識を行う考え方です。反対に，ゼロとするのは，贈与時点から廃棄時点までのその利用期間に相当する10年間にわたって収益認識を行う考え方です。

(3) 改良や修繕に係る支出の取得原価への算入

保有する有形固定資産について，改良や修繕が行われることがあります。改良の場合や，修繕の場合であってもその有形固定資産の価値を高めていると考えられるときは，その改良や修繕のための支出額は，その有形固定資産の取得原価に含められ，後述する費用化の過程を経ることになります。このように有形固定資産の取得原価に含められる改良や修繕のための支出を，**資本的支出**と呼びます。

資本的支出となるのは，一般的には，増築や拡張等の物理的付加があった場合や，耐震補強を行うこと等により質的な改善が行われた場合，用途変更のための仕様変更や取替えが行われた場合が該当します。

こうした資本的支出に対し，性能等を維持するための一般的な修繕を行った場合は，その修繕に係る支出は修繕費としてその発生した期間の費用として処理されます。この場合の支出を**収益的支出**と呼んでいます。

【コラム① 資産除去債務】

たとえば，一定の期間にわたって土地を賃借して，工場を建て製品を製造して販売する事業を行っている企業が，その土地を明け渡す際に，原状回復することが法令や契約で要求されている場合があります。このように，有形固定資産の取得や建設または通常の使用によって生じ，その有形固定資産の除去に関して法令または契約で要求される法律上の義務およびそれに準じるものを，**資産除去債務**と言います。

この資産除去債務を合理的に見積もることができる場合には，その金額（割引現在価値）を負債として計上するとともに，同額をその有形固定資産の取得原価に加えます。この処理方法は，資産と負債の両方が計上されることから，**両建処理**と呼ばれています。原子力発電所の場合には，資産除去債務は大きな問題となります。

（4）有形固定資産の費用化～減価償却～

①　減価償却の意義

複数の会計期間にわたって使用される有形固定資産の費用化については，価値の減少を直接に把握できない，あるいは把握することが合理的ではないことが通常です。そこで，有形固定資産が提供するサービスは，時の経過または利用を通じて消費されていくという仮定に基づいて，その有形固定資産に投下された正味の貨幣額を，その利用期間（**耐用年数**と呼びます。）にわたって費用として規則的に配分していく手続きにより，費用化していきます。この規則的な費用化の手続きを**減価償却**と呼びます。ここにいう投下された正味の貨幣額とは，取得原価から将来その処分により得られる収入見込額（**残存価額**と呼びます。）を控除した額を指します。そして減価償却によって，各会計期間に費用として配分される支出を**減価償却費**と言います。

費用化される金額（＝要償却額）＝取得原価－残存価額

耐用年数は，物財として利用可能な見込期間を意味しているわけではなく，あくまで使用予定期間です。耐用年数は，有形固定資産が費用化される期間であるとも言えます。また残存価額は，将来の処分時においてその有形固定資産（またはその廃材等）を売却処分した場合に得られると見積もられる金額です。ともに予測や見積りに基づいています。そして，それらの予測や見積りを行う際には，その**有形固定資産の減価原因**が考慮されます。減価原因としては，時の経過や利用による資産自体の摩滅損耗を原因とする**物質的減価**と，物質的にはまだ利用可能であるが，外的要因により資産が陳腐化し，あるいは不適応となったことを原因とする**機能的減価**があります。耐用年数と残存価額については，これら物質的減価と機能的減価を考慮して，予測や見積りが行われることになります。

② 減価償却の方法

減価償却の方法には，大きく，時の経過を配分規準とする方法と，利用度合を配分規準とする方法があります。前者の時の経過を配分規準とする方法には，**定額法**や**定率法**があります。また利用度合を配分規準とする方法には，**生産高比例法**があります。

（イ）定額法

定額法は，その経過に応じて，均等額を減価償却費として配分する方法です。したがって会計期間を１年間とし，耐用年数を５年と仮定すると，その１年間の減価償却費は，その有形固定資産の取得原価から残存価額を控除した金額（要償却額）を耐用年数の５年で除した金額となります。

定額法による毎期（１年間）の減価償却費

減価償却費＝(取得原価－残存価額)÷耐用年数

（ロ）定率法

定率法は，その有形固定資産の期首の帳簿価額（取得原価－減価償却累計額）に一定率を乗じた額を，その会計期間の減価償却費として配分する方法です。したがって，有形固定資産を使用し始めた会計期間には多くの減価償却費が計上され，その後の会計期間に配分される減価償却費としての金額は，逓減していくことになります。

> **定率法による毎期（1年間）の減価償却費**
> 減価償却費＝(取得原価－減価償却累計額)×一定率

なお一定率は次の式で計算します。この算式から明らかなように，残存価額がゼロの場合には，償却率を求めることができません。

$$一定率 = 1 - \sqrt[n]{\frac{残存価額}{取得原価}}$$

n＝耐用年数

（ハ）生産高比例法

生産高比例法は，その有形固定資産の利用あるいは生産の度合に応じた金額を，その会計期間の減価償却費として配分する方法です。より具体的には，資産の総利用（生産）可能量を見積もった上で，それに対する各会計期間の実際利用（生産）量の割合を乗じて計算します。この方法は，総利用可能量が物理的に確定でき，かつ，減価が固定資産の利用や生産に比例して発生する資産（たとえば，航空機や自動車等）にとって，合理的な方法です。

> **生産高比例法による毎期（1年間）の減価償却費**
> 減価償却費＝(取得原価－残存価額)×(各期実際利用量÷総利用可能量)

［設例11．1］減価償却費の計算（定額法と定率法）

次の条件に基づき，①定額法および②定率法により減価償却費を計算してみましょう。会計期間は，4月1日から翌年3月31日とします。

(条件)

・t_1期期首に機械装置を2,000,000円で取得した。この機械装置は5年間使用する予定である。また5年後に廃棄したときに，200,000円で売却されると見積もられる。

・なお定率法を適用する際の耐用年数5年の場合の一定率は，0.369。

【減価償却費】

① 定額法

t_1期　360,000円＝(2,000,000円－200,000円)÷5年

t_2期～t_5期　各会計期間，360,000円

② 定率法（1円未満四捨五入）

t_1期　738,000円＝2,000,000円×0.369

t_2期　465,678円＝(2,000,000円－738,000円)×0.369

t_3期　293,843円＝{2,000,000円－(738,000円＋465,678円)}×0.369

t_4期　185,415円＝{2,000,000円－(738,000円＋465,678円＋293,843円)}×0.369

t_5期　117,064円＝(2,000,000円－200,000円)－(738,000円＋465,678円＋293,843円＋185,415円)

図表11－2　定額法と定率法の比較　(単位：円)

	定額法		定率法	
	減価償却費	期末簿価	減価償却費	期末簿価
t_1期	360,000	1,640,000	738,000	1,262,000
t_2期	360,000	1,280,000	465,678	796,322
t_3期	360,000	920,000	293,843	502,479
t_4期	360,000	560,000	185,415	317,064
t_5期	360,000	200,000	117,064	200,000

注）t_5期末に使用を停止しただけで，機械装置をまだ所有していることを前提。

［設例11．2］減価償却費の計算（生産高比例法）

次の条件に基づき，生産高比例法によりt_1期の減価償却費を計算してみましょう。会計期間は，４月１日から翌年３月31日とします。

（条件）

・t_1期期首に車両（営業用の自動車）を1,000,000円で取得した。この車両は総走行可能距離を走行した後に廃棄したときに，100,000円で売却されると見積もられる。

・この車両の総走行可能距離は100,000kmと見積もられる。

・t_1期実際走行距離は，25,000km。

【減価償却費】

・生産高比例法

t_1期　225,000円＝(1,000,000円－100,000円)
×(25,000km／100,000km)

③　減価償却の対象外とされる有形固定資産

有形固定資産であっても，減価償却の対象とされないと一般に説明されているものがあります。使用開始前の固定資産や，土地です。

使用開始前の固定資産は，いまだ使用されていないため，収益獲得に貢献しておらず，収益との対応関係はないと判断されます。そのため，費用化は使用開始以後の期間に行われることになります。たとえば，据付前や試運転前の機械や設備，**建設仮勘定**（けんせつかり）（建設中の建物や設備等のために支出した金額で記録されます。）などが該当します。

そして土地について減価償却費が計上されない理由は，２つ考えられます。１つには，減価償却費がゼロと計算されることです。土地を事業が続く限り使用する予定である場合，その事業の終了が予定されていない限り，その耐用年数は無限大（∞）と考えられるため，要償却額を∞

で除した金額，すなわちゼロが減価償却費の金額となると解されます。今１つには，要償却額がゼロとなることです。土地の利用が期間限定であるとしても，残存価額が取得原価以上の金額となると見積もられることで，要償却額はゼロとなり，減価償却の対象となる金額がないと解されています。

このことは，たとえ土地であっても，限定された利用期間を有し，なおかつ取得原価を下回る残存価額が見積もられる場合には，減価償却の対象となることを意味します。

④　減価償却の自己金融効果

減価償却費は，その計上時には現金支出を伴わない費用です。したがって，十分な収益があるとすれば，たとえ利益全額を配当として社外に流出させたとしても，減価償却費に相当する現金が，企業内に留保されます。貨幣性資産が社内に留保されることから，これを減価償却の**自己金融効果**と呼びます。

この金融効果を，算式により示してみましょう。この算式では，収益はすべて現金収入を伴っており，減価償却費以外の費用はすべて現金支出を伴っていると仮定しています。

【算式】
収益－(他の費用－減価償却費)＝現金余剰＝利益＋減価償却費

この算式から，利益相当額の現金余剰が社外流出したとしても，減価償却費相当額の現金余剰が社内に残ることが分かります。

【コラム②　リース取引】

有形固定資産を独占的に使用する手段として，その有形固定資産を所有すること以外に，リース取引があります。**リース取引**とは，特定の物件（リース物件）の所有者である貸手が，物件の借手に対して，合意された期間（リース期間）にわたりこれを使用収益する権利を与え，借手は合意された使用料（リース料）を貸手に支払う取引を言います。リース取引には，多額の資金を用意して有形固定資産の取得をしなくとも，リース料を支払うことで一定期間にわたり使用できる利点があります。

リースした有形固定資産については，リース料の合計額やリース契約の解約不能，リース期間といった観点から，実質的にその資産を購入し，その代金を分割で後払いしている場合と同じであると考えられるならば，リース料総額（利息分を除く）をリース資産として資産計上し，その後，減価償却による費用化を行う処理が求められます。なおリース取引をその有形固定資産を使用する権利（無形固定資産）を取得する取引と考えて，解約不能な期間のリース料総額（利息分を除く）を使用権として資産計上する方法も，国際財務報告基準では採用されています。この方法は，使用権モデルと呼ばれています。

2．無形固定資産

（1）無形固定資産の意義

固定資産のうち，具体的な物財の形態を取らないものを，**無形固定資産**と呼びます。無形固定資産には，**法律上の権利およびそれに準じるもの**と，法律上の権利ではないものの**経済的効果等の価値を有するもの**が含まれています。

法律上の権利等には，特許権，実用新案権，商標権，意匠権，著作権，借地権，地上権，鉱業権，漁業権などがあります。また経済的効果等の価値を有するものには，**のれん**や**ソフトウェア**があります。図表11

－３は，それらを一覧表にしたものです。

図表11－３　無形固定資産の種類と例

法律上の権利等の例
・特許権（新規の発明を独占的，排他的に利用できる権利） ・実用新案権（物品の形状等の産業上の新規の考案を独占的，排他的に利用できる権利） ・商標権（商品やサービスについて使用する文字や図形，記号等の標識〔トレードマーク〕を独占的に使用できる権利） ・意匠権（物品の形状等の新規のデザインを独占的，排他的に使用できる権利） ・著作権（言語・音楽等の表現形式による著作物をその著作者が独占的に支配して利益を受ける権利） ・借地権（建物所有を目的として土地を優先的に賃借できる権利） ・鉱業権（一定地域で鉱物を採掘・取得する権利） ・漁業権（特定の区域で一定の漁業を独占的，排他的に行う権利）
経済的効果等の価値を有するものの例
・のれん（他社等を買収した場合の支出額のうち，買収した他社等の個々の資産や負債の取得原価に割り振られなかった残額） ・ソフトウェア（ソフトウェア制作費のうち，自社利用目的で収益獲得・費用削減が確実なもの等として資産計上される金額）

（２）法律上の権利等に係る会計処理

①　法律上の権利等の取得原価

特許権や実用新案権等の法律上の権利については，原則として取得に直接に要した支出額が取得原価となります。購入して無形固定資産を取得する場合には，購入代価に付随費用を加算した額を取得原価とします。付随費用の例としては，たとえば，特許権を購入するときに生じる申請・登録等のための支払額が含まれます。他の取得手段の場合についても，有形固定資産と同様です。

②　法律上の権利等の費用化～償却～

法律上の権利等の無形固定資産については，無形固定資産が提供するサービスは時の経過や生産の度合を通じて消費されていくという仮定に基づいて，その無形固定資産に投下された正味の貨幣額を，その利用期間にわたって費用として規則的に配分していく手続きにより，費用化していきます。この手続きを**償却**と呼んでいます。複数の会計期間にわたって，固定資産に投下された貨幣額を漸次（ぜんじ）規則的に費用化していくという点において，また固定資産の帳簿価額が規則的に逓減していく点において，有形固定資産の場合の減価償却と同様です。

法律上の権利等については，特許権では20年，実用新案権では10年などのように法律上の有効期間が定められているものもあり，また借地権に一定の期限を設けるといった契約（この契約によるものを**定期借地権**と呼びます。）により期間が定められるものもあります。償却を行う際に用いる耐用年数は，そうした法律上の有効期間や各企業の計画等を考慮して，定めることになります[2)]。また残存価額についても，使用期間終了時に他社に売却等することで得られる収入額を見積もることになります。ただし一般的には，法律上等の有効期間終了まで利用することが多く，その場合残存価額はゼロと見積もられます。

償却方法については，多くの法的権利等については，時の経過に基づいてそのサービスが消費されると考えることが合理的な場合が多いため，定額法が適用されることが通常です。しかし鉱業権のように，対象となっている鉱脈の総採掘量が合理的に見積もられる場合，その会計期間の実際採掘量に相応する金額を償却費とする方法，すなわち生産高比例法が適用されることが合理的なものもあります。

2）実務上は，法律上の権利等については，税法の規定に定められている耐用年数を利用することが多いようです。

(3) のれん

① のれんの意義

会計における**のれん**という用語は，屋号や店名等を記して蕎麦屋さんや寿司屋さん，和菓子屋さん等の軒先にかけてある暖簾に由来します。暖簾がかけてあれば営業中であることが分かるようになっていますが，商家における暖簾は，旧来，その店の主人しか扱うことができず，暖簾をかけるのも主人の役割でした。そのため，その商家そのものを示すかのごとくに大切に扱われてきたものであり，その商家の製品やサービスの品質や商売上の信用等を代弁するものともみなされてきました。「暖簾分け」という用語や，百貨店での老舗の「のれん街」という名称は，正にそうした暖簾が包含する意味を示しているものです。

会計において，のれんは典型的には他の企業を買収したときに記録されます。他の企業の所有者に支払う代金のうち，買収により取得した諸資産や諸負債の取得原価として割り振られなかった残りの金額が，のれんとして処理されます。たとえば，諸資産や諸負債を個別に購入した場合に支払われる正味の金額（資産に対して支払われる金額から負債について受け取る金額を控除した差額）よりも多くの金額を支払って他の企業を買収することがあります。どうして余分な金額を支払ったのかというと，諸資産や諸負債を個別に取得してこれから事業を新たに起こすよりも，まとめて事業を買い取ったほうが，その被買収会社の信用等によって，今後より多くの利益が獲得できると判断されたからにほかなりません。このように，被買収会社の超過収益力等を考慮して余分に支払われる金額であることから，会計上はのれんという用語を用いています。

そこで，**のれん**とは，買収等による対価のうち，取得した諸資産と諸負債の取得原価に割り振られなかった残額であると定義づけられます。

そしてのれんが生じる要因として，被買収会社や被買収事業に係る製品等の品質や信用，その事業に対する将来性，加えて買収会社の事業との相乗効果等が考えられます。

なお，上述で説明したのれんは，対価を支払って取得したものですので，**買入のれん**と呼ばれています。それに対して，これまでの事業活動等を通して企業が獲得してきた信用等に基づいて，他企業に比してより高い収益力を有している場合，自らが創り出してきたのれんがあると解することがあります。それを，**自己創設のれん**あるいはブランドなどと称することがあります。この自己創設のれんの計上は，将来事象に依存した利益を資産として計上することとなり，制度会計上認められていません。理由は，会計情報の利用者である投資家が自己の責任において予想すべき内容を，会計情報の作成者に委ねることとなるため，経営者による株価誘導の危険も生じて，資本市場の機能障害をもたらすと考えられるためです。

②　のれんの取得原価

のれんの取得原価は，買収等により支払った現金あるいは交付した株式の価額から，受け入れた純資産額（諸資産と諸負債の取得原価に割り振られた金額）を差し引いた金額により決定されます。

のれんの取得原価について，数値例を用いて確認することにします。

［設例11．3］のれん

次の条件に基づき，のれんの取得原価を計算することにします。

(条件)

・次の諸資産と諸負債を有している企業を，現金7,000千円を支払って買収した。それぞれの金額は，諸資産および諸負債を個々に取得したならば，それぞれの取得原価となるであろう金額を示している。

諸資産：　売掛金　　500千円，　　商品　　　700千円，
　　　　　建物　　2,000千円，　　土地　　5,000千円
諸負債：　買掛金　　300千円，　　借入金　1,500千円

【のれんの取得原価】

のれんの取得原価　600千円＝買収対価7,000千円
－{諸資産(500千円＋700千円＋2,000千円
＋5,000千円)－諸負債(300千円＋1,500千円)}

③　のれんの費用化

のれんの取得原価は，企業結合に関する会計基準によれば，20年以内のその効果が及ぶ期間にわたって，定額法その他の合理的な方法により規則的に償却することになります。のれんの効果がどれほどの期間に及ぶのかについては，合理的に見積もることは通常困難です。したがって，20年以内という期間に理論的根拠はありませんが，20年以内には効果がなくなるものとして処理すべきであるとの，社会的合意があると解することになります。

またここではのれんは，買収の対価が，諸資産と諸負債の取得原価に割り振られた金額よりも大きい場合，すなわち**正ののれん**の場合を取り上げて説明しました。しかし反対に**負ののれん**が生じる場合もあります。負ののれんの場合も，理論上は，正ののれんの場合と同様に，償却によって漸次（ぜんじ）収益（利益）計上すべきと考えられます。ただし，国際対応のために，「企業結合に関する会計基準」の平成20年改正では，買収等した時点で，負ののれんは全額収益（利益）として処理することとされています。

12 引当金・純資産に関わる取引

《本章のポイントと学習の目標》 本章では，まず負債のうち，これまでの章で取り上げていない引当金を説明します。引当金は，将来に支出がなされる事象を予測して，その将来の支出の原因となった事象が発生した会計期間に費用を認識する際の貸方勘定（項目）です。いわば引当金とは未だその金額が確定していない将来の支出を見越して費用を認識する際に計上される負債です。どのような種類の引当金があるのか，そしてそれらはどのように処理されるのかを把握するとともに，見積りが行われる引当金の特異性を理解しましょう。

次に，純資産に関わる取引を取り上げます。純資産の内訳は，大きくは，会計主体の持分を示す資本（株式会社の場合は，株主資本）と，その他の内訳項目に分けられます。（株主）資本の内容は，第4章で説明したとおり，払込資本と留保利益に分けられます。その他の内訳項目には，評価・換算差額等や新株予約権等が含まれます。株主資本に関わる諸取引の会計処理を把握し，損益計算に関わらない取引について理解を深めてください。そしてその他の内訳項目についても，その内容を概括的に把握しておきましょう。

《キーワード》 確定債務，負債性引当金，条件付債務，退職給付引当金，退職給付見込額，退職給付債務，年金資産，勤務費用，利息費用，退職給付に係る負債，純資産，株主資本，資本金，資本剰余金，資本準備金，その他資本剰余金，利益剰余金，利益準備金，その他利益剰余金，分配可能限度額，自己株式，評価・換算差額等，新株予約権，ストック・オプション，非支配株主持分

1．引当金

（1）引当金の意義

引当金とは，広義には，将来に貨幣による支出（または収入のマイナス）もしくは貨幣以外の経済的資源の消費がなされる事象を予測して，その将来の支出等の原因となった事象が発生した会計期間に費用を認識する際の貸方勘定（項目）です。企業会計原則の注解（注18）では，「将来の特定の費用又は損失であって，その発生が当期以前の事象に起因し，発生の可能性が高く，かつ，その金額を合理的に見積もることができる場合には，当期の負担に属する金額を当期の費用又は損失として引当金に繰入れ」ると，説明されています。企業会計原則に言うところの「将来の費用又は損失」とは，将来の期間に現金等の支出がなされること，あるいは受け取れるはずの現金等が受け取れないこと（収入のマイナス），もしくはいずれかの資産が消費される事象を指しています。

そうした引当金のうち，貨幣以外の経済的資源で現在所有している特定の資産を減少させる性格のものは，**評価性引当金**と呼ばれています。評価性引当金の例としては，第9章で説明をした貸倒引当金があります。貸倒引当金は，貸倒れが見積もられた債権の評価額を控除する性質を有しています。それに対して，評価性引当金には該当しない引当金があります。それは，将来の貨幣の減少を伴う場合と，将来に減少する経済的資源を特定できない場合に計上される引当金です。こうした引当金を，評価性引当金と区別して，**負債性引当金**と呼びます。

以下，これまでの章では説明がなされていない負債性引当金を取り上げて説明をします。負債性引当金は，債務性のある引当金と，債務性のない引当金とに分けられます。債務とは，特定の者に対して，特定の行為を行う義務を指します。債務は，その金額，相手先，支払期日・期限といった義務の履行に必要な条件が明確であるときに，確定することになり，**確定債務**と呼ばれます。支払手形や買掛金，借入金，社債等の金融負債は，確定債務に該当します。それらに対して負債性引当金は，そうした条件がすべて確定しているわけではありません。たとえば，従業員に支払う賞与（ボーナス）の計算対象期間の途中で決算日を迎えた場合，対象期間のうち経過期間に相応する賞与の金額は，その決算日の属する会計期間の費用とすべきでしょう。そこで賞与引当金が計上されるのですが，その金額を支払日前にその従業員が急に自己都合により退職してしまった場合など，賞与が支払われないことがあります。賞与は，従業員が翌期も継続して勤務し，支払期日に在籍していることで，前期に働いた期間も含めた賞与の計算対象となる全期間に相応する金額が支払われることになります。このように，引当金のうち一定の条件を満たせば確定債務となるものは，**条件付債務**と呼ばれ，債務性のある引当金に該当します。

一方で，負債性引当金のうち，法的な債務ではなくとも，企業が将来支出あるいは経済的資源の消費が，当期以前の事象に起因して生じることを合理的に見積もることができる場合に計上されるものもあります。この引当金は，債務性のない引当金と言えます。たとえば，修繕引当金等がこれに該当します。

負債のなかにおける引当金の位置づけを示したものが，図表12－１です。

図表12－1　負債のなかの負債性引当金の位置づけ

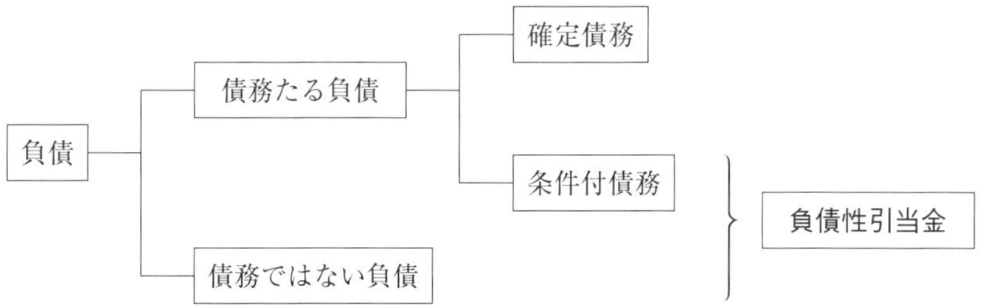

（2）様々な負債性引当金

負債性引当金は，将来において支出あるいは経済的資源の流出が発生することを見越して貸借対照表の負債の部に計上するものです。以下では，代表的な負債性引当金を説明します。

① 賞与引当金

従業員等に対して，賞与支給規程等に従って支払われる賞与のうち，いまだ支払期日が到来してはいないが，その計算対象期間のうち経過期間に相応する見積額について，当期の費用として見越計上するとともに，計上される引当金です。賞与引当金は，賞与（いわゆるボーナス等）が次期以降に支払われることが見積もられている場合に設定されます。また役員に対して支払われる賞与を，株主総会に先立って見積計上する際には，役員賞与引当金が計上されます。

② 退職給付引当金（退職給付に係る負債）[1)]

従業員等に対して，退職給与支給規定や労働協約等に従って支払われると見込まれる**退職給付**（退職一時金と年金）総額のうち，従業員等からすでに提供された労働用役の対価に相応する見積額（**退職給付債務**）から外部に積立てた**年金資産**の額を控除した金額を計上する引当金です。支払われると見込まれる退職給付総額を退職時の現在価値で表したものを**退職給付見込額**といいます。退職給付債務は，退職給付見込額のうち，その時点ですでに消費した労働用役の対価に相応する額として，割引現在価値で評価された金額となります。また年金資産は時価で評価されます。なお，年金資産が退職給付債務を超過する場合は，引当金ではなく，**前払年金費用**（資産の項目）が計上されます。各会計期間に計

1）退職年金制度として，確定給付型が採用されている場合に計上される。
　確定給付型とは，従業員等が退職後に受け取ることができる年金額が定められており，年金資産の運用益が期待されたほど得られなかった場合には，企業は定められた年金額を支払うために資産を追加拠出する義務を負う制度である。それに対して，企業は定められた拠出額を支払う義務があるだけで，従業員等が退職後に受け取ることができる年金額は拠出資産の運用成績に依存する確定拠出型がある。

上される退職給付に係る費用（**退職給付費用**）は，その会計期間の従業員等の労働対価相当分（**勤務費用**）と過年度に計上した退職給付債務から生じる**利息費用**，および年金資産の運用収益等から構成されます。

なお，連結財務諸表上は，退職給付引当金は「**退職給付に係る負債**」として，前払年金費用は「**退職給付に係る資産**」として表示されます。

退職給付引当金に関わる計算の手順について，設例を用いて確認することにします。

【退職給付引当金に関する基本的算式】

退職給付引当金＝退職給付債務（割引現在価値）－年金資産（時価） 退職給付費用　＝勤務費用＋利息費用－年金資産運用収益

［設例12.１］退職給付引当金の計算

次の条件に基づいて，当期末の退職給付引当金残高の金額を計算してみましょう。

（前提条件）

・従業員Ａ氏は，入社して退職まで30年の勤務期間である。
・Ａ氏の退職時の退職給付見込額は15,000,000円である。
・退職給付債務を計算する上で適用する割引率は，３％とする。
・当期末の年金資産の時価は2,000,000円である。
・当期（20X1年４月１日～20X2年３月31年）末で，Ａ氏は入社してから20年が経過した。
・小数点以下は，四捨五入する。

【退職給付引当金残高の計算】

退職給付債務　7,440,939（小数点以下，四捨五入）

$$= \text{退職給付見込額}\quad ¥15,000,000 \times \frac{20\text{年}}{30\text{年}} \times \frac{1}{(1+0.03)^{10}}$$

退職給付引当金　5,440,939

＝退職給付債務　¥7,440,939－年金資産　¥2,000,000

［設例12.２］退職給付費用の計算

［設例12.１］の条件に次の条件を加えた場合の翌会計期間（20X2年４月１日～20X３年３月31日）における退職給付費用を計算してみましょう。

（追加条件）

・年金資産の期待運用収益率は，４％とする。当期中の年金資産への拠出はなかった。

【退職給付費用の計算】

勤務費用　¥383,208

$$= \text{退職給付見込額}\quad ¥15,000,000 \times \frac{1\text{年}}{30\text{年}} \times \frac{1}{(1+0.03)^{9}}$$

利息費用　¥223,228

＝前年度末の退職給付債務　¥7,440,939×0.03

年金資産の運用収益　¥80,000

＝前年度末の年金資産　¥2,000,000×0.04

退職給付費用　¥526,436

＝勤務費用　¥383,208＋利息費用　¥223,228－年金資産運用益　¥80,000

③　修繕引当金・特別修繕引当金

企業の所有する設備や機械装置等について，毎年行われる通常の修繕がなんらかの原因で行われなかったような場合に，その修繕に備えて設けられるのが，修繕引当金です。修繕については，外部に依頼する場合もあれば，自らが行う場合もあります。外部に依頼する場合でも誰に依頼するのかが確定しているとは限りません。また自らが行う場合には，所有する工場消耗品等の資産が使われるかも知れません。このように修繕のためにいかなる行為が行われるのかが不確定であり，また支出が生じるとしてもその支払先も確定していません。そのため，修繕引当金は，債務としての性質を持っていない引当金になります。

また法令等により数年ごとに定期的に行われる船舶や溶鉱炉，溶解炉，石油槽等の大修繕に備えて設けられる場合には，特別修繕引当金と呼ばれます。

④　工事損失引当金

請負工事や受注制作ソフトウェアについて，その工事等の原価総額（販売直接経費を含む。）が工事等の収益総額を超過する可能性が高い場合で，その超過すると見込まれる金額を合理的に見積もることができるときは，その超過見込額（工事損失）を，その工事損失が見込まれた会計期間の損失として処理するとともに，計上されるのが工事損失引当金です。なお，一定期間にわたり履行義務が充足するにつれて，その進捗度に応じた収益と費用が認識・測定されている場合には，その工事損失の金額は，既に認識・測定された損益を控除した額となります。

長期請負工事に係る工事損失引当金は，将来支出に備えるという意味での引当金ではなく，収益の控除としての性質を有しています。そこで，簡単な設例を用いて具体的に説明します。

［設例12．3］工事損失引当金

次の前提条件のもと，X_2年度において計上される工事損失引当金の金額を計算します。

（前提条件）

・請負工事（工事期間2年6ヶ月）の契約を締結した。
　工事収益総額6,600百万円であり，変更はなされない。

・一定期間にわたり履行義務が充足するにつれて，収益とそれに対応する費用を認識・測定する。進捗度は，原価比例法による。

・見積工事原価総額：X_1年度末　6,400百万円
　　　　　　　　　　X_2年度末　7,000百万円
　　　　　　　　　　　　　　（見積額が600百万円増加）

・実際工事原価　　　X_1年度末　1,600百万円
　　　　　　　　　　X_2年度末　3,300百万円
　　　　　　　　　　　　　　（当初，見積額より600百万円増加）
　　　　　　　　　　X_3年度末　2,100百万円

・進捗度　　　　　　X_1年度末　25％（＝1,600百万円÷6,400百万円）
　　　　　　　　　　X_2年度末　70％
　　　　　　　　（＝（1,600百万円＋3,300百万円）÷7,000百万円）
　　　　　　　　　　X_3年度末　100％

・X_1年度の損益（利益）
　50百万円＝収益1,650百万円（＝6,600百万円×25％）－工事原価1,600百万円

・X_2年度の損益（損失）
　330百万円＝収益2,970百万円（＝6,600百万円×（70％－25％））－工事原価3,300百万円

（X_2年度末に計上される工事損失引当金の金額）

工事損失△400百万円＝工事収益総額6,600百万円－見積工事原価総額7,000百万円

工事損失引当金の金額　△400百万円－（50百万円－330百万円）
＝△120百万円

そこで，120百万円の工事損失引当金が計上されることになります。

【コラム：引当金と収益認識】

従来，引当金として計上されてきたもののうち，第８章で説明された収益認識に係る会計基準（以下，収益認識会計基準）との関係で，引当金として計上されなくなったものがあります。たとえば，製品保証引当金や売上割戻引当金，返品調整引当金などです。

製品保証引当金とは，販売後一定期間内であれば無料で修理を行うことを保証して製品等を販売した場合に，将来生じる修理に係る支出等に備えて計上される引当金です。しかし収益認識会計基準では，修理保証サービスが別個の履行義務として把握されるならば，製品の引渡しとは別に収益認識すべきことを要求しています。

売上割戻引当金は，当期の売上に関連して将来生じる割戻し（一定期間に多額または多量の取引を行うことで，その得意先に対する売上代金を減額すること）に備えて計上される引当金です。また返品調整引当金は，販売した商品等について，販売価額によって引き取る特約を取引先と結んでいる場合に，将来返品が予想される商品等の売上利益に相当する額を，当期の売上総利益から控除する目的で計上される引当金です。しかし収益認識会計基準では，変動対価の要素として処理することで，売上の金額の修正として処理することを要求しています。売上割戻しは販売価格（契約上の売上対価）の修正ですが，返品は販売価格の修正ではなく，取引そのものの取消しですから，返品を変動対価の要素として取り扱うことには理論上の課題が残るところです。

2. 純資産

(1) 純資産の内訳（構成要素）

純資産は，資産と負債の差額です。純資産は，**株主資本**と株主資本以外の各項目から構成されます。

株主資本は，企業の所有者である株主に帰属する部分であり，**資本金**，**資本剰余金**および**利益剰余金**から構成されます。資本金と資本剰余金は，会社の設立や増資に際して株主が元手として払い込んだ額です。資本剰余金は，会社法の規定に従って計上された資本金を除く払込資本（資本金に組み入れられなかった払込資本）です。利益剰余金は，留保利益に相当します。また資本剰余金と利益剰余金のうち，会社法の規定に従って，それぞれ計上される**資本準備金**と**利益準備金**があります。会社法上は，両者を合わせて「**準備金**」と総称していますが，会社法に定められた準備金という意味で「**法定準備金**」とも呼ばれています。

株主資本以外の項目には，**評価・換算差額等**，**新株予約権**が含まれます。なお，連結財務諸表の場合は，株主資本以外の項目として**非支配株主持分**が計上されます。非支配株主持分は，子会社の株主資本のうち親会社株主に帰属しない部分を言います。

図表12－2　純資産の内訳

- 純資産
  - 株式資本
    - 資本金 ［払込資本］
    - 資本剰余金 ［払込資本］
      - 資本準備金
      - その他資本剰余金
    - 利益剰余金
      - 利益準備金 ［留保利益］
      - その他利益剰余金
        - 任意積立金 ［留保利益］
        - 繰越利益剰余金 ［留保利益］
  - 評価・換算差額等
  - 新株予約権

（2）株主資本

①　株主資本の理論上の分類

株主資本は，会計理論上，**払込資本**と**留保利益**に分類されます。払込資本は，出資者が企業に払い込んだ資本の額（拠出額）であり，既述のとおり，資本金，資本準備金，**その他資本剰余金**が含まれます。留保利益は，これまでの各会計期間の利益の合計額から，利益処分によって企業の外部に流出した金額を除いた金額であり，内部留保された金額です。そのなかには，図表12－2のとおり，利益準備金，任意積立金，繰越利益剰余金が含まれます。

②　払込資本

会社法では，株式を発行した場合，原則として，発行に際し株主となる者がその株式会社に対して，払込みまたは給付をした財産の額の全額を資本金とします。ただし，払込みまたは給付に係る額の2分の1を超えない額は，資本金としないことができます。そして，資本金として計上しなかった部分は，法定準備金である資本準備金としなければなりません。また払込資本のうち，資本金以外の部分は，資本剰余金と呼ばれます。資本剰余金のうち，資本準備金を超える部分がその他資本剰余金となります。

資本金は，会社の設立に際して，金銭の出資または現物の出資があった（**有償増資**）ときに計上されますが，設立後に追加出資されたときにも増加します。そのとき，資本金に組み入れない金額があれば，その金額は資本準備金に計上されることになります。また資本金は，資本剰余金や利益剰余金の減少によっても増加（**無償増資**）する場合があります。そして資本金の減少は，株主総会の決議により行うことができますが，通常，配当財源を増加させるためや，利益剰余金のマイナス（欠損金）を補うなどのために行われます。なお減少した資本金の額は，資本準備金またはその他資本剰余金に振り替えます。また欠損金がある場合は，減少した資本金の額を，ひとたびその他資本剰余金に振り替えた上で，欠損金を補塡します。

資本金と資本準備金が増加するときの会計処理を設例で確認しておきましょう。

［設例12.４］払込資本に係る会計処理

次の条件に基づいて，増加する資本金の額と資本準備金の額を計算してみましょう。

（条件）

・会社の設立にあたり，株式を１株当たり1,000円で，10,000株発行し，その全額の払込みを受けた。

・資本金の額は，会社法上の最低限度額とする。

【払込資本の増加額】

資本金　¥5,000,000＝（¥1,000×10,000株）×１／２

資本準備金　¥5,000,000＝（¥1,000×10,000株）－資本金の額

¥5,000,000

なお会社計算規則の規定により，会社は，資本準備金と利益準備金を併せて，資本金の４分の１に達するまで積立てることが求められています。その積立ては，配当を行った場合に，その配当の額の10分の１を，資本準備金（その他資本剰余金を財源とした場合）または利益準備金（その他利益剰余金を財源とした場合）として積立てることになります。

その他資本剰余金は，具体的には，資本金および資本準備金の取崩しによって生じる剰余金（減資による差益）や自己株式処分差益が該当し

ます。その他資本剰余金は，上述から明らかなように，配当の財源とすることができます。

③　留保利益

留保利益は，会社法上は，利益剰余金と呼ばれ，利益準備金と**その他利益剰余金**から構成されます。利益準備金は，会社法の定めにより強制的に積立てられるものです。剰余金の配当の際は，既述のとおり，積立てが求められています。

その他利益剰余金のうち，任意積立金は，定款の規定や株主総会の決議または契約の定めによって設けられる積立金です。すなわち，任意積立金は，会社の意思によって積立てられます。任意積立金には，たとえば，配当資金を確保するために設定された配当積立金や事業拡張に備えるための事業拡張積立金のように目的を定めた積立金と，目的を定めない別途積立金があります。

その他利益剰余金のうち，任意積立金以外の金額が，繰越利益剰余金となります。繰越利益剰余金を財源として配当を行った場合，既述のとおり，利益準備金の積立てが求められます。

［設例12．5］準備金の積立て

次の条件に基づいて，積み立てなければならない準備金の額を計算してみましょう。

（条件）

・その他資本剰余金2,000万円と繰越利益剰余金3,000万円から，配当を行うことを株主総会で決議した。

・配当前の株主資本の各項目の金額は，次のとおりである。

資本金　10,000万円，資本準備金　500万円，その他資本剰余金

3,000万円
利益準備金　1,000万円，任意積立金　2,500万円，繰越利益剰余金　4,000万円

【準備金の増加額等】

資本準備金の増加額　200万円＝2,000万円×１／10
利益準備金の増加額　300万円＝3,000万円×１／10

注意：配当の額の10分の１は，合わせて500万円なので，全額積み立てても，準備金の額は資本金の額の１／４（2,500万円＝10,000万円×１／４）に満たないので，それぞれ10分の１を積み立てます。

配当後のその他資本剰余金の額　800万円＝3,000万円－（2,000万円＋200万円）
配当後の繰越利益剰余金の額　700万円＝4,000万円－（3,000万円＋300万円）

④　自己株式

会社が発行済みの自社の株式を取得し，保有している場合，その株式を**自己株式**と言います。自己株式を取得することは，会社の株主に対して会社財産の実質的な払戻しと考えられます。そこで，保有している自己株式は，株主資本のマイナス項目として取り扱われます。貸借対照表上は，株主資本の末尾に一括して控除する形式で表示されます。

自己株式を消却する場合は，消却される自己株式の帳簿価額をその他資本剰余金から減額する形で処理されます。また自己株式を売却処分した場合，株式に対する対価と自己株式の帳簿価額との差額は，自己株式処分差損益として処理されます。自己株式の売却処分は，実質的な新株発行と同様であると理解できますので，自己株式処分差益は，払込資本

の一部を構成するその他資本剰余金へ含められます。一方，自己株式処分差損は，その他資本剰余金から控除されます。なお，自己株式処分差損について，その他資本剰余金で補いきれない場合には，繰越利益剰余金（その他利益剰余金）で補われます。

⑤　剰余金の配当限度額

会社法では，株主総会での剰余金の処分決議により配当として処分できる金額の限度額（**分配可能限度額**）を定めています。ここにいう剰余金とは，次の算式で求められる金額です。

剰余金＝(資産額－負債額)－(資本金＋資本準備金＋利益準備金－自己株式)－(評価・換算差額等＋新株予約権)

そして剰余金のうち，分配可能な額は次の算式により求められます。

分配可能限度額＝剰余金－(自己株式＋一定の減額)

この算式での一定の減額には，「資本金＋準備金」を「のれんの額の１／２＋繰延資産[2)]の額」が超えた場合のその超過額や，その他有価証券評価差額金（評価減となる場合）等が含まれます。

(3) その他の純資産項目

①　評価・換算差額等

評価・換算差額等は，資産や負債を時価評価することにより生じる評価差額等が，純利益の計算に含められることなく，純資産に直接計上されるその他の純資産項目です。その性格は，未実現損益です。将来に売却等により実現するまでは株主への帰属は明確ではないと考えられてお

2）**繰延資産**とは，財貨や用役をすでに消費し，かつその対価をすでに支払ったが，その支出の効果の発現が将来に及ぶと認められる場合に，その支出を費用とせずに資産として計上した場合のその資産を指します。開業のための支出（開業費）や新技術の採用・資源の開発・市場の開拓等のための支出（開発費）等が，対象となりえます。

り，株主資本とは区別されています。

評価・換算差額等に含まれる項目としては，その他有価証券を時価評価した結果生じる「**その他有価証券評価差額金**」や，ヘッジ会計の適用によりヘッジ手段であるデリバティブの時価評価差額を繰り延べたものである「**繰延ヘッジ損益**」等があります。

連結財務諸表には，連結固有の項目として，在外子会社の資産・負債を決算時の為替レートで換算して計算した差額（純資産額）と取得時または発生時の為替レートで換算した資本項目の額（純資産額）との差額として生じる「**為替換算調整勘定**」も含められます。そのため，名称として「評価・換算差額等」が用いられています。なお，包括利益の導入に伴い，連結貸借対照表および連結株主資本等変動計算書において「評価・換算差額等」は「その他の包括利益累計額」と読み替えられます。

② 新株予約権

新株予約権とは，それを発行した株式会社に対して，その権利を行使することにより，その株式会社の株式の交付を受けることができる権利です。発行者の立場からは，新株予約権とは，その取得者（新株予約権者）に対して，その権利行使に際して，新株を発行し，またはこれに代えて会社の有する自己株式を移転する義務に他なりません。新株予約権が純資産に含まれるのは，発行者の場合です。新株予約権を有している場合には，その新株予約権は有価証券（資産）として処理されます。

新株予約権が行使されたときは，その金額は，払い込まれた金額とともに，払込資本に振り替えられます。これは，権利行使によりその株式会社の株式を保有することになるため，株式に対して払い込まれた金額の一部であると理解されるからです。反対に，権利が行使されることなく失効したときは，その金額は利益として処理されます。新株予約権を市場で販売した場合を考えるならば，これは，既存の株主からすれば，何も引き渡すことなく金銭等を受け取ったことを意味し，会計主体である株主の立場からは，単に自らの正味の財産が増えたと考えられるためです。

【コラム：ストック・オプション】

ストック・オプションとは，新株予約権の発行形態の１つであり，主として役員・従業員等に対して，その労働にインセンティブを与える手段として利用されます。会社の役員等に対して，一定期間内にその会社の株式を予め定められた価格（権利行使価格）で取得することができる権利（新株予約権）を付与することにより，将来，権利行使価格を上回る株価となった場合には，相対的に安い価格で会社の株式を取得することができることになり，役員等の労働意欲の促進につながると考えられています。したがって，ストック・オプションは，役員等の労働に対する対価としての性格があるものとして処理されます。

ストック・オプションについては，その権利が確定日以前においては，その付与に対する役員等の労働サービスの消費に応じて費用として計上し，権利の行使または執行が確定するまで，費用計上された金額相当額を純資産の新株予約権として計上しておきます。各会計期間に計上される費用の額は，ストック・オプションの公正な評価額のうち，対象となる勤務期間を基礎とする方法等により計算されます。そして権利確定日後は，権利が行使された場合および権利が失効した場合は，他の新株予約権の場合と同様の処理をします。

13 政府会計制度

《本章のポイントと学習の目標》 日本の政府会計制度を取り上げて説明します。政府会計とは，国や地方公共団体等，パブリック・セクターの経済活動を記録対象として会計情報を作成し，伝達するプロセスを指します。そして政府会計制度とは，財政法や地方財政法およびそれらの関連諸法規の枠内で行われる会計一般を指します。政府会計制度には，予算制度（予算執行を含む。），決算制度が含まれています。政府会計制度における予算制度は，企業会計における予算とは意味が異なり，国会・議会での議決を必要としており，特に歳出予算については法的拘束があるものと解されています。作成される予算には，財政法等に基づいて世代間の負担の公平化が要請されています。建設国債と特例国債の相違を踏まえた上で,政府会計制度における予算の重要性と特性を理解しましょう。

また政府会計に対する監査についても取り上げます。国の会計監査は，会計検査院が担当しております。会計検査院は，三権分立の外に位置づけられる機関です。会計検査院が行う監査（検査と呼ばれています。）について，様々な観点があることをよく理解してください。加えて，地方公共団体の監査制度の概略についても説明します。

《キーワード》 政府会計，財政，財政法，予算，決算，歳入，歳出，行政財産，普通財産，会計年度，会計年度独立の原則，会計区分，一般会計，特別会計，政府関係機関，総計予算主義の原則，世代間の負担の公平化，建設国債，特例国債，単年度主義，出納整理期間，予算総則，歳入歳出予算，継続費，繰越明許費，国庫債務負担行為，内閣の予算提案権，会計検査院，決算の確認，検査報告，3E検査，VFM，普通会計，地方公営事業，地方公営企業，議会の認定，監査委員，識見監査委員，形式的独立性，実質的独立性

1．政府会計制度の概要

国や地方政府ないしは地方公共団体（以下，政府）が行う経済的活動を記録対象とする会計の領域を，**政府会計**と言います。企業の経済活動が貨幣資本の増殖（営利）を目的としているのに対して，政府の経済活動は営利を目的としておらず，租税や料金の徴収，公債（国債および地方債）の発行等により調達した経済資源を，政策等に従って国民ないしは住民の安全や福祉，生活の向上等，公共の目的のために使用するという活動を行っています。そこで政府会計は，そうした経済活動について，一定の期間を人為的に区切って，その活動の計画を確定するための情報を提供するとともに，その期間に実際に執行した活動の顛末や状況に係る情報を提供するプロセスであると言えます。政府会計は，基本的に政府が行う経済活動を対象としていますが，国や地方公共団体のほかに，政府の行政機関が行う行政の一部を負担している独立した法人等（公社や公団・公庫，独立行政法人等）の経済活動をも含めて対象とされます。そのため政府会計には，様々な内容が含まれますが，本章では政府会計の中核をなす国や地方公共団体の財政を対象とした会計を中心に説明します。

政府が行う一連の経済活動のことを，**財政**と呼びます。より具体的には，財政とは，政府がその存在目的を達成するために，必要な財貨を租税徴収等により取得し，かつこれを管理し，利用等を行う一連の経済活動の総称にほかなりません。そして政府が財政を行うのは，個々の国民や住民の自由意思に基づいた活動に委ねるならば，かえって非効率な経済資源の配分が行われる場合に対応するためです。たとえば，一人一人が自由に道を設けようとするよりも，政府が誰でも自由に通行できる道を設置したほうが，社会全体でみたときにより低いコストで生活を向上させることができます。このような場合に政府は財政を行うことになります。

日本において制度上，財政は，憲法や財政法，会計法等により規制されており，これら諸法規の枠内で行われる財政を**財政制度**と呼んでいます。財政制度は，租税の調達に関わる**租税制度**と，収支の計画の立案およびその執行に関わる**予算制度**，そして予算の執行の顚末を示す**決算制度**を含んでいます。政府会計に関連するのは，そうした財政制度のなかの予算制度と決算制度です。このように法律の枠内で行われる政府会計一般のことを，**政府会計制度**と呼んでいます。憲法では第七章として「財政」の章が設けられ，第83条で「国の財政を処理する権限は，国会の議決に基いて，これを行使しなければならない。」と規定されています。そして憲法上の規定を受けて，財政法ではその第１条で「国の予算その他財政の基本に関しては，この法律の定めるところによる。」と規定され，第三章として「予算」，第四章として「決算」の諸規定が設けられています。そして財政法に関連して，予算制度および決算制度に関する手続きを定めた法として，会計法が制定されています。さらに，会計法の施行令（制定当時は，勅令）としての性格を有する予算決算及び会計令や，国の会計帳簿及び書類の様式等に関する省令，などが制定されています。

また国の財産の管理等に関して，国有財産法・同施行令や，国の債権の管理等に関する法律・同施行令等が，制定されています。国有財産法では，国有財産を**行政財産**（国の事務や事業等の用に供している公用財産や直接公共の用に供している**公共用財産**，皇室の用に供している**皇室用財産**）と行政財産以外の**普通財産**に分類して，それぞれの管理や処分について規定を設けています。

一方，地方公共団体の場合は，地方自治法や地方財政法，地方公営企業法等によって，規定されています。さらにそれぞれの地方公共団体において，会計規則や特別会計規則等が条例として定められています。

政府会計制度の規制する重要な諸法令を一覧にしたものが，図表13－1です。なお法令の名称のあとに示されている年月は，その法令が発布された年月を示しています。

図表13－1　財政制度や政府会計に関連する諸法規

＝国の財政や会計に関連する諸法規＝

「憲法」（第七章　財政）（昭和21年１月）
「財政法」（昭和22年３月）
「会計法」（昭和22年３月）
　　「予算決算及び会計令」（昭和22年４月，勅令165）
　　「国の会計帳簿及び書類の様式等に関する省令」（大正11年３月）
「国有財産法」（昭和23年６月）・同施行令（昭和23年８月）
「物品管理法」（昭和31年５月）・同施行令（昭和31年11月）
「国の債権の管理等に関する法律」（昭和31年５月）・同施行令（昭和31年11月）
「独立行政法人通則法」（平成11年７月）
「特別会計に関する法律」（平成19年３月）・同施行令（平成19年３月），等

＝地方公共団体の財政や会計に関連する諸法規＝

「憲法」（第八章　地方自治）（昭和21年１月）
「地方自治法」（昭和22年４月）・同施行令（昭和22年５月）
「地方財政法」（昭和23年７月）・同施行令（昭和23年８月）
「地方公営企業法」（昭和27年８月）・同施行令（昭和27年９月）
「地方独立行政法人法」（平成15年７月）・同施行令（平成15年12月），等

2．政府会計制度の仕組み

まずは，国に関わる政府会計制度をみてみましょう。

（1）政府会計制度の一連の流れ

国の政府会計制度は，おおよそ次のような一連の過程を経ます。

i）内閣による予算の作成
ii）国会における予算の議決承認・国民への報告
iii）予算の執行
iv）財務大臣による歳入歳出決算の作成
v）会計検査院による歳入歳出決算等の検査
vi）国会への歳入歳出決算等の提出・国民への報告

政府会計制度のなかで特に重要かつ中核的な役割を果たしているのが予算制度です。政府会計における**予算**とは，所与の期間について企画された支出の見積りとその支出に係る資金を調達するために企画された方法を具体化している財政行為の計画です。すなわち，政府がいかなる政策を立案し，そのためにどれほどの支出が行われるのかを見積り，かつその支出を賄うためにいかなる手段ないしは方法を用いて資金調達を行うのか，そしてそれぞれの調達手段・方法によりどれほどの資金が調達されるのかという収入を見積り，それら収入と支出を所与の期間に関わる歳入と歳出として示される計画が，予算にほかなりません。

財政法第2条の定義によれば，**収入**とは，国の様々な需要を充たすための支払いの財源となるべき現金の収納をいい，それには他の財産の処分または新たな債務の負担により生じるものを含むとされます。また**支出**とは，国の様々な需要を充たすための現金の支払いをいい，他の財産の取得または債務の減少を生じるものを含むとされます。そして，**歳入**とは，一会計年度における一切の収入を指し，**歳出**とは一会計年度における一切の支出を指します。政府会計における**会計年度**とは，会計期間を意味します。

日本では，内閣が毎会計年度の予算を作成し，国会に提出して，その審議を受け，議決を経なければならないとされています（憲法第86条）。このことは，所定の会計年度における政策とともにそれらに必要となる支出について，またその支出（歳出）の財源をいかに確保するかについて，国民を代表する国会が承認を与えて初めて，その予算の内容を実行に移すことができることを意味しています。

そして予算執行の顛末（結果）が**決算**として作成され，国会に提出されます。日本では，国の収入支出の決算は，すべて毎年会計検査院が検査し，内閣は，次の年度に，その検査報告とともに，決算を国会に提出しなければならないとされています（憲法第90条第１項）。したがって，国会において，毎会計年度について予算に従った執行がなされたことを確認することになります。

（２）政府会計の基礎的諸概念

①　会計年度

既述のとおり，政府会計においては，会計期間のことを会計年度と呼んでいます。日本では，財政法第11条において，「国の会計年度は，毎年四月一日に始まり，翌年三月三十一日に終わるものとする。」と定められています。

さらに，財政法第12条において，「各会計年度における経費は，その年度の歳入を以て，これを支弁しなければならない。」ことが要請されています。この要請のことを，**会計年度独立の原則**と呼びます。この会計年度独立の原則は，特定の会計年度の経費は，その会計年度の歳入をもって財源とすることを要求するものであり，他の会計年度の歳入を財源とすることを，原則として禁止することを要請しています。すなわち，ある会計年度で消費する物品や用役等の代金を未払いにして，翌会計年度の歳入を財源としてその未払金の支払いに充てることが，原則として許されないことになります。そのため，会計年度独立の原則の趣旨は，**世代間の負担の公平化**を図ることにあると解せます。なぜならば，会計年度独立の原則の要請を充たすならば，会計年度ごとに収支均衡が達成され，受益者たる世代がその経費を負担することが達成されるからです。

この世代間の負担の公平化の考え方を推し進めるならば，複数の会計年度にわたって利用される社会的インフラのための財源については，その受益者となる世代にわたって負担することが容認されることになります。財政法第４条第１項では，「国の歳出は，公債又は借入金以外の歳入を以て，その財源としなければならない。但し，公共事業費，出資金及び貸付金の財源については，国会の議決を経た金額の範囲内で，公債を発行し又は借入金をなすことができる。」と規定されています。そのため，将来の世代が受益者となる公共事業費等については，国債を発行して財源を確保し，その返済はその社会的インフラの受益者となる世代がそれぞれ行うことが認められます。いわゆる**建設国債**は，世代間の負担の公平化を図り，受益世代負担を達成する目的に照らして，会計年度独立の原則の趣旨に適合するものと考えられます。

一方，ある会計年度でしか受益者が存在しない行政サービスの提供のために，国債を発行してその返済を将来に負わせることは，会計年度独立の原則に反するものであり，財政法の枠内では認められるものではありません。しかし現在，日本では将来に受益者のいない行政サービス提供のための財源として国債を発行しています。財政法上認められないために，別途の法律により特例として発行しています。そうした国債は，**特例国債**と呼ばれますが，ある会計年度の歳入不足（赤字）を補うためだけの国債という意味で**赤字国債**とも通称されています。当然，特例国債は，世代間の負担の公平性を破壊するものであり，健全な財政行為ではありません。もし特例国債を発行しても世代間の負担の公平化を図るためには，特例国債の償還をすべて相続税によりその財源を賄う等の処置が必要となります。

なお，政府会計制度では，1会計年度のみの予算を作成しています。これは，**単年度主義**あるいは**単年度予算主義**と呼ばれており，国会における予算審議権の確保を趣旨としています。単年度主義は，各省庁等による概算要求に含まれる予測等の不確実性を軽減することになりますが，複数の会計年度で考えると，より経済性の高い予算執行ができるにもかかわらず，硬直的で非効率な予算執行を導く可能性があるという課題も存在します。

②　会計区分

政府会計制度にあっては，会計単位のことを**会計区分**と呼んでいます。財政法第13条では，国の会計区分として**一般会計**と**特別会計**が設けられることが規定されています。特別会計は，財政法第13条第2項によれば，「国が特定の事業を行う場合，特定の資金を保有してその運用を行う場合その他特定の歳入を以て特定の歳出に充て一般の歳入歳出と区分して経理する必要がある場合に限り，法律を以て」設置されるものです。いわば，特別会計は例外的に設けられる会計区分ということになります。特別会計を設けるのは，受益と負担の関係や事務ごとの収支を明確化したり，適正な受益者負担や事業収入の確保，歳出削減努力を促進するためであったり，弾力的かつ効率的な運営を可能にするためといった目的が考えられます。平成31年度（令和元年度）予算をみると，13の特別会計が設けられています。具体的な特別会計の例としては，国が特定の事業を行う場合として，年金特別会計や地震再保険特別会計，特定の資金を保有してその運用を行う場合として，財政投融資特別会計や外国為替資金特別会計，その他特定の歳入をもって特定の歳出に充て一般の歳入歳出と区分して経理する必要がある場合として，交付税及び譲与税配付金特別会計やエネルギー対策特別会計があります。東日本大震災復興特別会計も含まれています。

特別会計は法律を以て設定されることになりますが，従来，特別会計ごとに個々の法律が制定されていました。しかし，特別会計に関する法律（2007〔平成19〕年３月）により，すべての特別会計の根拠法が一本化されました。

なお，財政法には規定されていませんが，沖縄振興開発金融公庫と株式会社日本政策金融公庫，株式会社国際協力銀行，独立行政法人国際協力機構有償資金協力部門の４つが，それぞれの根拠法に基づいて，その予算について国会での審議が要求されています。これらは，**政府関係機関**と総称されています。これらもまた，実質的に国の会計区分を構成していることになります。

そのため，国の会計区分としては，一般会計と特別会計そして政府関係機関の３種類があることになります。

③　総計予算主義の原則

財政法第14条では，「歳入歳出は，すべて，これを予算に編入しなければならない。」ことを要求しています。これは，**総計予算主義の原則**と呼ばれています。この原則は，歳入と歳出を混交することなく，また歳入と歳出を相殺することなく，歳入と歳出たるすべての収入と支出を網羅して予算に含めることを求めるものです。たとえば，保有している施設を売却して得た金銭により他の施設を取得するような活動が予定されている場合，歳入予算にその施設売却収入が含められるとともに，歳出予算に新たな施設の取得支出が含められることになります。売却収入と取得のための支出を相殺することは認められません。

この原則の趣旨は，すべての予算執行の内容が明示されることで，国会による財政の民主的統制を確保することにあります。したがって総計予算主義は，企業会計上，事業規模の明瞭な表示等のために求められる総額主義とは異なる概念であることに留意してください。

④　出納整理期間

政府会計制度では，歳入と歳出に関しては，その会計年度の収入と支出であることが求められます。しかしながら，実際には出納事務が未済の歳入や歳出についてその会計年度終了後においても取り扱うことが容認されています。予算決算及び会計令では，そうした処理を認める出納期限を定めています。会計年度終了後から出納期限までの期間を**出納整理期間**と呼んでいます。

予算決算及び会計令の第３条では，歳入金の収納期限として「出納官吏又は出納員において毎会計年度所属の歳入金を収納するのは，翌年度の四月三十日限りとする。」とされています。また第４条では，歳出金の支出期限として「支出官において毎会計年度に属する経費を精算して支出するのは，翌年度の四月三十日限りとする。ただし，国庫内における移換のためにする支出又は会計法第二十条第一項の規定により歳出金に繰り替え使用した現金の補てんのためにする支出については，翌年度の五月三十一日まで，小切手を振り出し又は国庫金振替書若しくは支払指図書を発することができる。」と規定され，第５条では歳出金の支払期限として「出納官吏又は出納員において毎会計年度所属の歳出金を支払うのは，翌年度の四月三十日限りとする。」と定めています。

このように，歳入金の収納と歳出金の支払いは翌会計年度の４月30日までですが，現金の支払いを伴わない国庫内の移換については，翌会計年度の５月31日まで，その取扱いが容認されています。

3．予算制度と決算制度の内容

（1）予算の内容

予算は，予算総則，歳入歳出予算，継続費，繰越明許費および国庫債務負担行為が，その内容です（財政法第16条）。**予算総則**とは，毎会計年度の予算に必要な基礎的事項等です。具体的には，歳入歳出予算，継続費，繰越明許費および国庫債務負担行為に関する総括的規定を設けるほか，公債または借入金の限度額，公共事業費の範囲，日本銀行の公債の引受けおよび借入金の借入限度額等に関する規定を設けることとされています（財政法第22条）。**歳入歳出予算**は，歳入予算と歳出予算を指します。**歳入予算**は，その会計年度の収入の見積りであり，国会や裁判所，内閣，財務省などといった部局等ごとに区分され，それぞれの部局等のなかでその収入の性格ごとに，部に，さらに款，項と下位の区分が設けられています。歳入予算については，歳出予算とは異なり，法的拘束力を伴わないものと解されています。**歳出予算**は，その会計年度の支出の計画・予定であり，歳入予算と同様に，部局等ごとに区分され，その支出の目的ごとに，組織，項と下位の区分が設けられています。またそれらに関する総括的規定は，歳入歳出予算の総額はいくらといった予算全般の目次あるいは説明の規定であって，必ずしも実質的に内容のある規律ではないと理解されています。**継続費**とは，工事等の事業でその完成に数年度を要するもので特に必要がある場合に，経費の総額および年割額を定めて，予め国会の議決を経て，数年度にわたって行われる支出です（財政法第14条の２）。**繰越明許費**とは，歳出予算の経費のうち，その性質上または予算成立後の事由に基づき，その年度内にその支出が終わらない見込みのあるものについて，予め国会の議決を経て，翌年度に繰り越して使用することができるものです（財政法第14条の３）。**国**

庫債務負担行為とは，国の債務負担行為の１つであり，国会の議決を経なければならないものです。なお国が債務を負担する行為に因り支出すべき年限は，財政法上，その会計年度以降５ヶ年以内と定められています（財政法第15条）。

（２）予算の成立（財政法第17条～第30条）

予算の成立に至るまでの具体的な手続きの流れは，次のとおりです。

ｉ）衆議院議長，参議院議長，最高裁判所長官および会計検査院長が，毎会計年度，その所掌に係る歳入，歳出，継続費，繰越明許費および国庫債務負担行為の見積りに関する書類を作製し，内閣における予算の統合調整のために，内閣に送付しなければなりません。

ⅱ）そして内閣総理大臣および各省大臣は，毎会計年度，その所掌に係る歳入，歳出，継続費，繰越明許費および国庫債務負担行為の見積りに関する書類を作製し，財務大臣に送付しなければなりません。

ⅲ）それを受けて，財務大臣は，そうした見積りを検討して必要な調整を行い，歳入，歳出，継続費，繰越明許費および国庫債務負担行為の概算を作製し，閣議の決定を経ることになります。

ⅳ）そして財務大臣は，上記の閣議決定に基づいて，歳入予算明細書を作製しなければなりません。

ｖ）また，衆議院議長，参議院議長，最高裁判所長官，会計検査院長ならびに内閣総理大臣及び各省大臣は，閣議決定のあった概算の範囲内で予定経費要求書，継続費要求書，繰越明許費要求書および国庫債務負担行為要求書（以下，予定経費要求書等）を作製し，財務大臣に送付します。

vi）財務大臣は，歳入予算明細書と各省庁等から送付されてきた予定経費要求書等に基づいて，予算を作成し，閣議の決定を経ることになります。

vii）閣議決定を経た予算は，内閣により，前年度の一月中に，国会に提出することを常例とすると定められています。これを**内閣の予算提案権**と呼びます。

viii）内閣から提出された予算について，国会にて審議し，決議され，承認されると，予算は成立します。

（３）予算の執行（財政法第31条～第34条）

国会で決議を経て成立した予算に従って，予算執行が行われるまでの具体的な流れは，次のとおりです。

i）予算が国会の議決承認を経て成立したならば，内閣は，国会の議決した内容に従って，各省庁等の長に対して，それぞれ，その責任のある歳入歳出予算，継続費および国庫債務負担行為を配賦します。

ii）そして各省庁等の長は，配賦された予算に基づいて，支出担当事務職員ごとに支出の所要額を定め，支払いの計画に関する書類を作製して，財務大臣に送付し，その承認を受けなければなりません。

iii）送付された支払いの計画に対して，財務大臣は，国庫金や歳入，金融の状況ならびに経費の支出状況等を勘案して，適時に，その承認に関する方針を作成し，閣議の決定を経ることとなります。

iv）そして財務大臣は，支払いの計画について承認をしたときは，各省庁等の長および日本銀行に通知しなければなりません。

v）このようにして承認された支払いの計画，ならびに法令等の定めるところにより，各省庁等において予算が具体的に執行されます。

（４）決算（財政法第37条～第40条）

決算の作製は，おおむね次の順序により行われます。

i）各省庁等の所掌に係る歳入と歳出の決算報告書ならびに国の債務に関する計画書が，省庁等ごとに作製され，財務大臣に送付されます。

ii）財務大臣により，各省庁等の歳入決算報告書に基づいて，歳入予算明細書と同一の区分により，歳入決算明細書が作製されます。さらに歳入決算明細書および歳出決算報告書に基づいて，歳入歳出決算が作製されます。歳入歳出決算は，歳入歳出予算と同一の区分により作製されます。

iii）内閣は，歳入歳出決算に，歳入決算明細書，各省庁等の歳出決算報告書および継続費決算報告書ならびに国の債務に関する計算書を添付して，翌年度の11月30日までに会計検査院に送付しなければなりません。

iv）そして内閣は，会計検査院の検査を経た歳入歳出決算を，通常，翌年度開会の常会において国会に提出しなければなりません。なお，国会には，歳入歳出決算に会計検査院の検査報告，歳入決算明細書，各省庁等の歳出決算報告書および継続費決算報告書ならびに国の債務に関する計算書が添付されて，提出されることになります。

予算の作製から決算の作製・国会提出までの一連の流れを図示したものが，図表13－２です。

図表13－2　予算編成・予算執行・決算の流れ

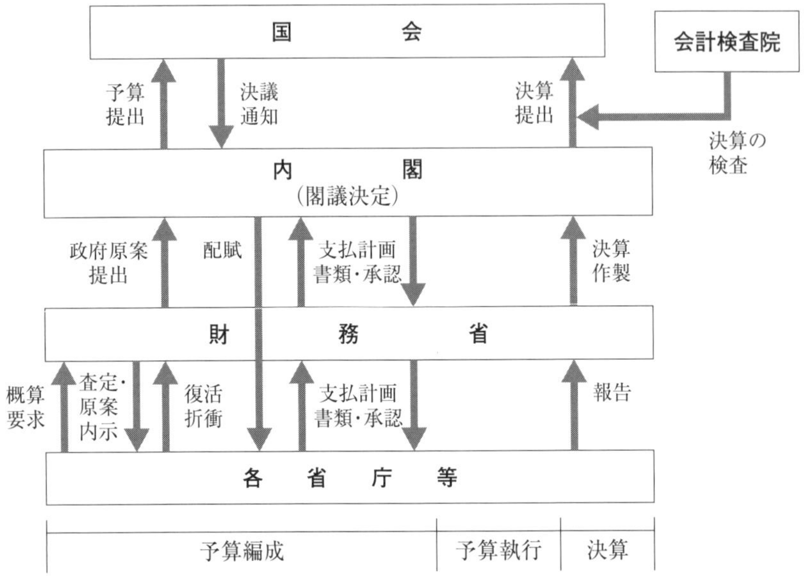

4. 会計検査院による検査

(1) 会計検査院の位置づけ

憲法第90条には，「国の収入支出の決算は，すべて毎年会計検査院がこれを検査し，内閣は，次の年度に，その検査報告とともに，これを国会に提出しなければならない。会計検査院の組織及び権限は，法律でこれを定める。」と規定されています。また会計検査院法第１条では「会計検査院は，内閣に対し独立の地位を有する。」とされています。**会計検査院**は，国会（立法）にも裁判所（司法）にも属さず，内閣（行政）からも独立した，純然たる外部監査機関としての地位が与えられています。「会計検査院は憲法に帰属する」という表現は，いわゆる三権分立の外の存在としての性格を表現したものでもあります。

(2) 会計検査院の職務と組織

会計検査院の職務は，国や公団・事業団等の決算，国の補助金等の検査を行うことです。すなわち，既述の国の決算を検査することに加えて，国有財産や国の債権・債務，国が出資している法人や国が補助金等の財政援助を与えている地方公共団体や各種団体等の会計を検査することが，その職務に含まれることになります。

そして会計検査院は，こうした職務を果たすために，意思決定機関である**検査官会議**と，検査実施機関である**事務総局**から組織が構成されています。このように2つに分けている理由は，意思決定を慎重に行い，判断に公正を期するためです。検査官会議は，3人の検査官により構成され，検査官3人の合議によって会計検査院としての意思決定が行われるとともに，事務総局の検査業務等の指揮監督を行っています。合議制が採用されているのは，批判官庁である会計検査院としての判断の公正性および妥当性を確保する必要があるためです。なお，検査官は，国会の両院の同意を経て，内閣が任命し，天皇が認証することになっています。その任期は7年であり，検査の独立性を確保するために，在任中その身分が保障されています。会計検査院の院長は，3人の検査官のうちから互選され，会計検査院を代表し，また検査官会議の議長となります。

一方，事務総局には，事務総長官房と5つの局が置かれています。局ごとに，検査を担当する省庁等が決められています。

(3) 検査の対象

検査の対象は，大きく必要的検査対象と選択的検査対象に区分されます。両者の区分は，国の資金との結びつきの濃淡によります。

必要的検査対象は，会計検査院が必ず検査しなければならないものです。具体的には，国の毎月の収入支出，国の所有する現金および物品ならびに国有財産の受払，国の債権の得喪，国債その他の債務の増減，日本銀行が国のために取り扱う現金・貴金属・有価証券の受払い，国が資本金の２分の１以上を出資している法人の会計（該当法人は，政府関係機関や独立行政法人，国立大学法人等であり，平成31年１月現在で212法人），さらに法律により特に会計検査院の検査に付するものと定められた会計（日本放送協会）です。

選択的検査対象は，会計検査院が必要と認めるときに検査することのできるものです。具体的には，国の所有または保管する有価証券，国の保管する現金および物品，国以外のものが国のために取り扱う現金・物品・有価証券の受払い，国が直接または間接に補助金等を交付し，または貸付金等の財政援助を与えているものの会計（平成31年１月現在で，都道府県や国家公務員共済組合連合会等の継続指定60団体，市町村や農業協同組合等の各種法人等の年度限定指定4,580団体〔平成30年次実績〕），国が資本金の一部（２分の１未満）を出資しているものの会計（平成31年１月現在で，首都高速道路株式会社や日本電信電話株式会社などの継続指定８法人），国が資本金を出資したものがさらに出資しているものの会計（平成31年１月現在で，北海道旅客鉄道株式会社や東京湾横断道路株式会社，関西国際空港土地保有株式会社，日本郵便株式会社等の継続指定14法人），そして国が借入金の元金や利子の支払いを保証しているものの会計（平成31年１月現在で，一般財団法人民間都市開発推進機構や地方公共団体金融機構等の継続指定３法人），国等の工事その他の役務の請負人もしくは業務等の受託者または国等に対する物品の納入者のその契約に関する会計（89団体〔平成30年次実績〕）です。

なかには，独立行政法人農業者年金基金が「国が直接または間接に補助金等を交付し，または貸付金等の財政援助を与えているもの」にも該当し，「国が借入金の元金や利子の支払いを保証しているもの」にも該当するように，重複している法人等があります。

（4）会計検査の目的

会計検査院による検査の目的は，大きく分けると二種類存在しています。その１つは，常時，会計経理を監督することによって，適正な会計経理が行われるようにすることです。会計検査を行うことで，不適切な経理を発見した場合には，単にこれを指摘するに留まらず，その原因を究明し，その是正を促す積極的な機能を果たすことになります。そのため，会計検査院には，不適正な会計経理について是正，改善の処置を要求する権限や，法令・制度・行政に関して意見を表示し，または改善の措置を要求する権限が付与されています。この目的は，外部監査としての性格を有する会計検査院検査ではあるものの，会計情報の適正性をチェックする企業会計における外部監査とは根本的に異なるところです。

もう１つは，検査の結果によって，国の収入支出の決算を確認することです。内閣は，会計検査院の検査がなされた決算を国会に提出することになりますが，これは会計検査院が決算の確認という公的な意思表明を行うことによって，内閣が決算を国会に提出することができることを意味しています。ここにいう**決算の確認**とは，決算の計数の正確性と，決算の内容を構成する会計経理の妥当性を検査判定して，検査を了したことを表明することです。

（5）検査報告とフォローアップ

会計検査院は，年間に実施した検査の成果を明らかにするための報告書として，**検査報告**を作成します。この検査報告には，次の事項について検査の所見が記載されます。

すなわち不当事項（法令，予算に違反しまたは不当と認めた事項），意見表示・処置要求事項（意見を表示し，または処置を要求した事項），処置済事項（会計検査院の指摘に基づき当局において改善の処置を講じた事項），特記事項（特に掲記を要すると認めた事項）等です。

そして会計検査院は，検査報告において記載された意見表示または処置要求事項等について，国や団体等の損失は回復されたのか，また再発防止のためにどのような改善の処置がとられたかについて，処理完結に至るまで毎年報告を徴するなどして，フォローを続けることになります。特に，意見を表示しまたは処置を要求した事項については，その改善状況を検査報告に掲記しなければならないことになっており，通常，翌年度の検査報告に，事後処置状況が掲記されることになります。

（6）検査の観点の拡がり

会計検査院は，様々な観点から検査を行っています。たとえば，決算が予算執行の状況を正確に写像した情報となっているのか（**正確性**）や，政府会計の処理の方法や手続きが法令等に準拠して適正に行われているのか（**合規性**）の観点です。

しかしながら，そうした観点のみにならず，近年は，行政改革などによる効率的な行財政の執行が強く求められていることから，**経済性**（**Economy**），**効率性**（**Efficiency**）さらには**有効性**（**Effectiveness**）の観点からの業績評価型の検査の充実拡大の重要性が高まっています。経済性の観点では，事務や事業の遂行および予算執行がより少ない支出により行われているか否かを問題としています。効率性の観点では，事務や事業の遂行および予算執行による支出とそれらにより得られる成果との関係に着目し，最少の支出により，最大の成果が得られるようになっているか否かを問題とします。より具体的には，同じ支出でよりよい成果が得られているのか否か，同じ成果であればより少ない支出となっているのか否か，といった観点です。そして有効性の観点では，事務や事業の遂行および予算執行の結果が，所期の目的を達成しているのか否か，効果が上がっているのか否かが問題となります。

こうした経済性，効率性，有効性の観点からの検査は，それぞれの英語の頭文字の「E」をとって，**3E検査**と呼ばれています。イギリスやカナダにおいて行われている**VFM（バリュー・フォー・マネー；Value for Money）**[1)]監査もまた，本質的に同じものです。

経済性と効率性，有効性の関係を図示したものが，図表13－3です。たとえば，図書館が書籍を購入する場合を例にとるならば，書籍を購入するために支払われる代金が**インプット**であり，取得された書籍が**アウトプット**です。アウトプットが同じであるならば，より少ない金額で購入できるならば，経済性がより高いと評価できます。そしてアウトプットである書籍が，どれだけ多くの人に読まれ，利用されたのか，そして知的欲求がどれだけ充足されたのか，文化的生活への満足度がどれだけ

図表13－3　経済性と効率性，有効性の関係

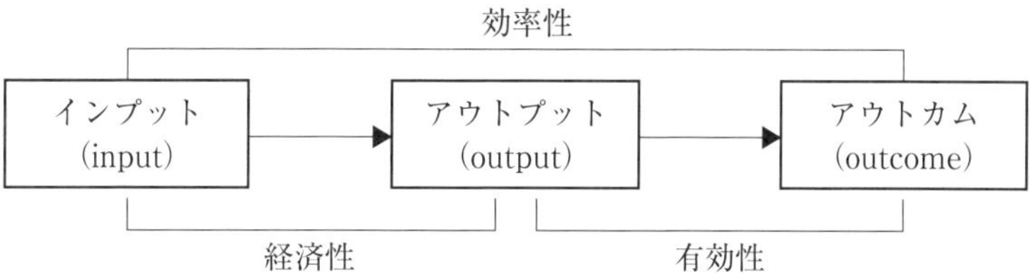

1）Value for Moneyとは，語義としては「支払いに見合う価値」です。

向上したのか等が，その書籍の購入による成果であり，**アウトカム**と呼ばれます。より高いアウトカムが得られるならば，有効性がより高いと評価できます。そして，インプットとアウトカムの関係が，効率性です。同じアウトカムであるならば，インプットがより少ないほうが，効率性がより高いと評価できます。

5．地方公共団体の会計制度と監査制度の概要

(1) 地方公共団体の意義と会計区分

都道府県や市町村，東京の23区等は，地方公共団体と呼ばれています。国の領土の一定の地域を基礎としてその住民を構成員として，国から行政を行う自治権を付与された団体を**地方自治体**と呼びます。そして日本では，こうした国から地方自治権を付与された団体を，法律上の用語として**地方公共団体**と呼んでいます。

地方公共団体の会計制度については，地方自治法や地方財政法等の法令により規制されています。地方公共団体の会計制度は，国の会計制度と同様に，会計年度や会計年度独立の原則が存在します。会計区分についても，一般会計と特別会計が存在します。特別会計には，様々な**地方公営事業**が含まれています。たとえば，水道事業，工業用水道事業，軌道事業，自動車運送事業，鉄道事業，電気事業，ガス事業（これら7事業は**地方公営企業**と呼ばれています〔地方公営企業法第2条〕。）や，国民健康保険法による国民健康保険事業，老人保険医療事業，競輪・競馬・宝くじ等の収益事業，農業共済事業，交通災害共済事業，公立大学附属病院事業があります。

なお地方公共団体の会計制度では，一般会計と地方公営事業会計に属さない特別会計をあわせて，**普通会計**と総称しています。

（2）地方公共団体の会計制度の一連の流れ

地方公共団体の会計制度にあっても，国の場合と同様に，予算の調製，予算執行そして決算の調製という流れになります[2)]。

予算の調製については，国の場合と同様に，総計予算主義の原則があります。そして毎会計年度の予算は，地方公共団体の長が調製し，年度開始前（都道府県や指定都市の場合は30日前まで，その他の市町村の場合は20日前まで）に，議会の議決を経なければなりません。予算の内容についても，国の場合と同様に，歳入歳出予算のほか，継続費，繰越明許費，債務負担行為が含まれています。そして地方公共団体の場合は，地方債や一時借入金，歳出予算の各項の経費の金額の流用についても予算に含められます。なお，予算を議会に提出するときは，**予算に関する説明書**をあわせて提出しなければなりません。

そして地方公共団体の議会の議長は，予算を定める議決があったときは，その日から3日以内にその地方公共団体の長に送付しなければなりません。この予算の送付を受けた場合，地方公共団体の長は，再議その他の措置を講じる必要がないと認めるときは，直ちに都道府県にあっては総務大臣，市町村にあっては都道府県知事に報告し，その要領を住民に公表することになります。

地方公共団体の長は，政令で定める基準に従って，予算の執行に関する手続きを定め，これに従って予算を執行しなければなりません。

会計年度終了後，毎会計年度，歳入歳出予算について，出納長または収入役は，決算を調製しなければなりません。この決算は，歳入歳出についての決算であり，継続費や債務負担行為等についての決算は要求されていません。出納長等は，決算を，出納の閉鎖後3ヶ月以内に，証書類および歳入歳出決算事項別明細書，実質収支に関する調書，財産に関する調書とあわせて，地方公共団体の長に提出しなければなりません。

2）予算の調製および決算の調製という用語は，地方自治法に従っています。

そして地方公共団体の長は，監査委員の審査に付した決算を，監査委員の意見を付けて，次の通常予算を議する会議までに**議会の認定**に付さなければなりません。なお議会は，決算を認定しないことができますが，決算の効力に影響はないものとされています。ただし，地方公共団体の長や職員の道義的，政治的責任は免れないでしょう。

決算については，地方公共団体の長は，その認定に関する議会の議決および監査委員の意見をあわせて，都道府県にあっては総務大臣，市町村にあっては都道府県知事に報告し，かつその要領を住民に公表しなければなりません。

図表13－4　地方公共団体の会計制度の一連の流れ

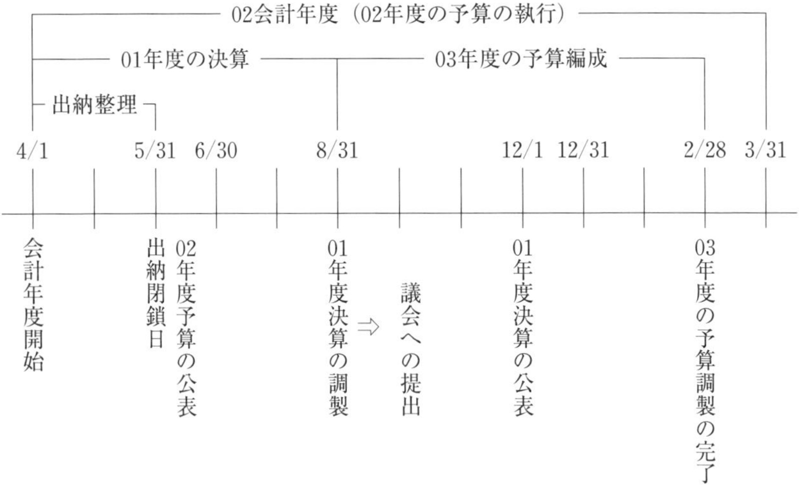

以上の一連の流れを図示したものが図表13－4です。予算調製の完了の期限については，都道府県や指定都市の場合で示しています。

（3）地方公共団体の監査制度

地方公共団体には，**監査委員**による監査と，外部監査人による監査が存在します。

①　監査委員監査

地方公共団体には，都道府県や人口25万人以上の市については4人，その他の市については3人または2人，町村については2人の監査委員が設けられています。監査委員は，地方公共団体の長が，議会の同意を得て，人格が高潔で，地方公共団体の財務管理，事業の経営管理その他行政運営に関し優れた識見を有する者（**識見を有する者**）および議員のうちから選任されることになっています。議員のうちから選任される監査委員の数は，監査委員の定数が4人のときは2人または1人，その定数が3人以内のときは1人です。そして識見を有する者のうちから選任される監査委員（**識見監査委員**）を常勤とすることができるとされています。ただし，都道府県および政令で定める市は，少なくとも1人以上は，常勤としなければなりません。監査委員の任期は，識見監査委員の場合は4年，議員のうちから選任される場合はその議員の任期までです。

監査委員には，その地方公共団体の元職員の選任の制限や，兼業の禁止，その地方公共団体の長や副知事や助役と親子や夫婦，兄弟姉妹の関係にある者の選任禁止といった，監査委員の**形式的独立性**を保つための措置がとられています。また監査委員は，その職務を遂行するに当たっては，常に公正不偏の態度を保持して，監査しなければならないことが要求されています。このことは**実質的独立性**を求めているものと解されます。

監査委員の職務としては，本来の職務として一般監査と特別監査があり，一般監査には**財務監査**と**行政監査**が含まれます。財務監査とは，財務に関する事務の執行の監査（予算の執行，収入，支出，現金および有価証券の出納保管，財産の管理等に関する事務の執行の監査）であり，行政監査とは，経営に係る事業の管理の監査（財務に関する事項のみならず，当該事業が合理的かつ能率的に運営されているか否かに関する監査を含む。）です。そして特別監査とは，住民の直接請求や議会の要求，首長の要求による監査等です。

監査委員による監査結果は，地方公共団体の議会および長ならびに関係のある教育委員会，選挙管理委員会，人事委員会もしくは公平委員会，公安委員会，労働委員会，農業委員会その他の委員会または委員に提出され，かつ公表されることになります。なお，監査結果の報告の決定は，監査委員の合議によります。

② 外部監査人監査

外部監査人の監査を受け，監査の結果に関する報告の提出を受けることは，1999年 4 月より導入されました。こうした外部監査の目的は，地方公共団体の監査機能の独立性と専門性を強化し，かつ監査機能に対する住民の信頼を高めるためです。外部監査人による監査は，主として財務監査であるため，外部監査制度の監査人となれるのは，弁護士，公認会計士，税理士，監査等事務経験のある国・地方職員 OB で監査に関する実務に精通している者であり，専門的な能力が求められています。

外部監査人による監査の結果は，首長，議会および監査委員に報告し，監査委員が公表することになっています。

14 政府会計の新たな動向

《本章のポイントと学習の目標》 財政法等の諸法規により規制される政府会計制度では，単年度主義により，複数の会計単位を設けて予算が編成されるため，国全体の財政状態等が不明であり，行政サービスにどれだけの原価（コスト）が必要となっているのかが，不明となっています。そのため，近年，「国の財務書類」として，企業会計的手法，具体的には複式簿記や発生主義の考え方を導入ないしは援用した会計情報が作成され，公表されています。具体的には，国の貸借対照表や業務費用計算書，資産・負債差額増減計算書，区分別収支計算書です。さらにそれらの財務書類は，一般会計とすべての特別会計を合わせた会計単位で作成されるだけではなく，省庁別や会計別にも作成されています。さらには関連する独立行政法人等をも含んだ会計単位に基づいて，連結財務書類も作成されています。そうした財務書類の内容やその作成の意義ならびに導入ないしは援用されている企業会計的手法の意味を理解することが本章の目標です。

《キーワード》 公的アカウンタビリティ，知る権利，国の財務書類，国の貸借対照表，業務費用計算書，資産・負債差額増減計算書，区分別収支計算書，省庁別財務書類，会計別財務書類，連結財務書類，企業会計的手法，発生主義，減価償却

1. 新しい会計情報の必要性

（1）政府会計制度の問題点

日本における現行の政府会計制度は，前章で説明したとおり，基本的には，会計年度独立の原則を有し，その年度に費消する行政サービス等

のために必要な支出は，その年度の租税等の返済不要の資金源泉により調達されることを要請する会計思考に基づいて構築されています。これは，世代間の負担の公平化を図る上で，必要な措置と考えられています。

しかしながら，現実には，特例国債（いわゆる赤字国債）が巨額に発行されており，世代間の負担の公平化は阻害されています。図表14－1は，公債残高がいかに増加してきたのかを示しています。将来の世代への負担を強いる額が加速度的に増大していることが分かります。また，社会的インフラは巨額な支出を伴い，長期に利用されています。しかしながら，予算は，収入・支出ベースで，単年度ごとに作成されています。さらに，一般会計のほかに，複数の特別会計や政府関係機関が存在し，そのために，１つの国の財政の状況等が複数の会計単位（会計区分）に分割されて，その会計単位ごとの会計情報となっています。

そして世代間の負担の公平化が確保できていないという日本における財政の現状と，単年度主義による収支ベースの予算や複数の会計単位への分割という特質を持つ政府会計制度に基づく会計情報だけでは不十分であるとの問題提起がされています。

たとえば，政府会計制度が，単年度での収入と支出をベースにした予算を作成していることから，国債の償還期限が属する会計年度に，国債を償還することが，その会計年度の経費の支出に支障をきたすことがあるのかないのか，そして支障をきたすと予測される場合にどれだけの租税等の負担が，どの世代に課されるのかが，現行の政府会計制度における会計情報だけでは把握することは困難である点が指摘されています。また事前に承認された予算に基づいて予算執行が行われますが，承認後に生じる環境変化等に対応して，効率的な予算の執行がなされたのかが不明である点も指摘されています。さらに複数の会計単位ごとに予算と決算が作成されるため，国全体としての状況が分からないとの指摘もな

図表14－1　公債残高の累増

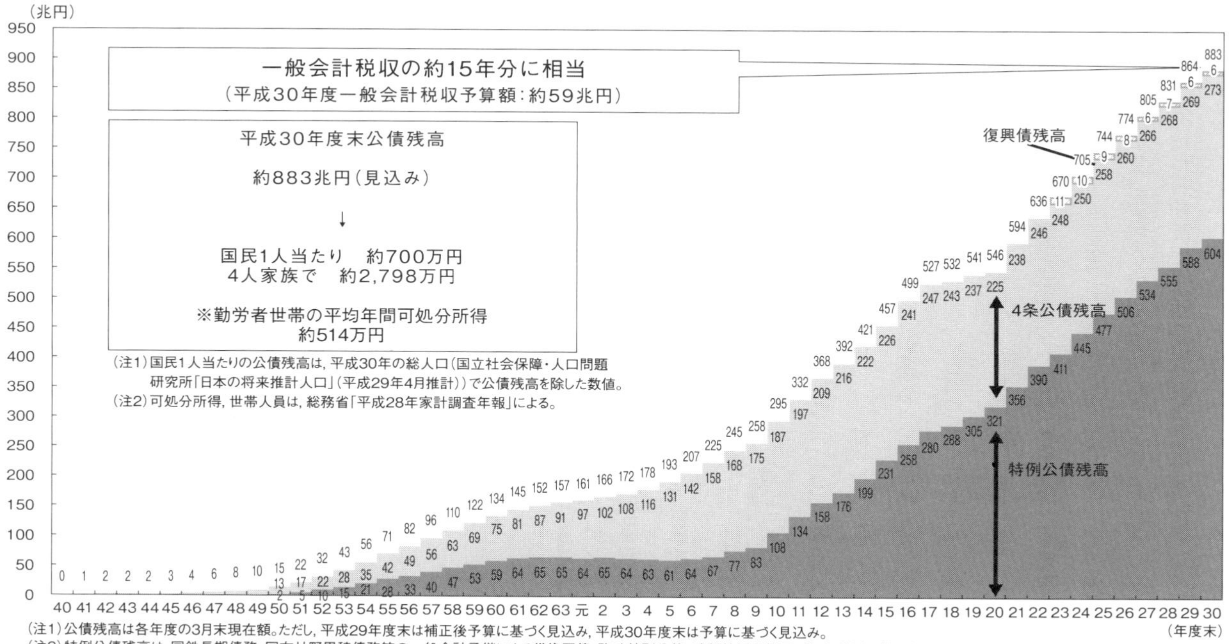

（注1）公債残高は各年度の3月末現在額。ただし，平成29年度末は補正後予算に基づく見込み，平成30年度末は予算に基づく見込み。
（注2）特例公債残高は，国鉄長期債務，国有林野累積債務等の一般会計承継による借換国債，臨時特別公債，減税特例公債及び年金特例公債を含む。
（注3）東日本大震災からの復興のために実施する施策に必要な財源として発行される復興債（平成23年度は一般会計において，平成24年度以降は東日本大震災復興特別会計において負担）を公債残高に含めている（平成23年度末：10.7兆円，平成24年度末：10.3兆円，平成25年度末：9.0兆円，平成26年度末：8.3兆円，平成27年度末：5.9兆円，平成28年度末：6.7兆円，平成29年度末：6.4兆円，平成30年度末：5.8兆円）。
（注4）平成30年度末の翌年度借換のための前倒債限度額を除いた見込額は828兆円程度。

（出所：財務省ホームページより https://www.mof.go.jp/tax_policy/summary/condition/004.pdf ）

されています。

それらの指摘は，現行の政府会計制度で作成される予算と決算という会計情報では，国民が委託した財産が適切に管理され，経済的かつ有効に，効率よく運用されているのか否かが把握できないことを含意しています。

そのため，国全体の状況等を総括する会計情報，すなわち国を１つの会計単位とした会計情報や，効率的な予算執行が行われたのか否かを知るために，単年度の支出ベースではなく，行政サービスの提供に必要となったすべての支出を考慮した金額を示す情報，すなわち原価（コスト）情報などが，必要であると考えられるようになりました。

また国の利害関係者は，納税者や国民としての立場に基づく場合のみならず，様々な立場で国との利害関係を有することが考えられるため，幅広い情報ニーズがあるとの指摘もされています。

もちろんそうした会計情報は，財政法やそれに関連する諸法規により要請されるものではありません。そこでそうした新たな会計情報を政府は作成し，公表すべきであるとの考え方は，法規制というよりは，政府の説明責任に基づくものであると考えられています。この政府の説明責任のことを，公的（パブリック）アカウンタビリティと呼んでいます。こうした公的アカウンタビリティは，国のみならず，地方公共団体についても当てはまることです。

（２）公的アカウンタビリティ

公的アカウンタビリティとは，基本的には，政府が国民ないしは住民に対して，その「**知る権利**」に基づいて説明すべき義務を指します。最高会計検査機関アジア地域機構（ASOSAI）の「公的アカウンタビリティのガイドラインに関する東京宣言」(1989年）によれば，「公的アカウンタビリティとは，公的資源を付託された個人又は機関が，当該資源の管理について報告し，並びに財務上，管理上及び事業上の与えられた責任についての結果を説明する義務を意味する。」と説明されています。そして政府が公的アカウンタビリティを遂行することは，民主主義という政治形態を維持する上で不可欠な要素であると考えられています。すなわち，必要な情報を，政府が国民に説明する義務を果たして初めて，国民の政治参加が可能となるとの考え方です。

さらには国民のみならず，多様な利害関係者が必要とする情報についても説明することにまで，公的アカウンタビリティを拡大する考え方もあります。そこで様々な利害関係者の立場から，どのような情報ニーズがあるのかを考えてみましょう。

まず，納税者としての国民は，税金の納付額の必要性やその使い方の妥当性，効率性等について知るために，納付した税金がどのようにどれくらい使用されたかについての情報を，また行政サービスの消費者として利用料等の対価を支払う場合の個人や会社などの組織は，その対価の妥当性を判断するために，そのサービスの質のみならず，コストと価格の関係についての情報を欲するでしょう。また政府と取引を行っている事業者は，国の支払能力ないしは財務上の安定性に関する情報を，海外から投資として国債を購入する投資家は，その投資の危険性を評価するための情報を欲しがるでしょう。また将来の世代（たとえば，未だ選挙権を有していない年代）は世代間の負担の均衡ないしは不均衡に関する情報を，すなわち将来に便益を与える余剰や負担となる不足に関する情報，さらに現在の投資（たとえば社会的インフラ）に係る将来の便益とコストに関する情報を知りたいと願うでしょう。加えて，政治団体等にとっても，今後の政策を考える上で中長期の財政の状況を予測するための情報を必要としているでしょう。

このように公的アカウンタビリティに基づいて，予算や決算だけでは得られない様々な情報に対するニーズが存在していると考えられます。予算制度および決算制度においては，財産の管理使用に関する委託と受託の関係に基づいて，予算の議決をもって事前承認とし，その予算に従って執行された結果として決算が報告されることで，会計責任が解除されるというプロセスが存在しました。しかし公的アカウンタビリティでは，責任解除というプロセスは存在しないと考えられます。企業会計の領域において，投資意思決定に資するための会計情報の開示においては，会計責任の解除が問題とならなかったとの同様であると理解できます。

なお，「知る権利」があるから，国民が知りたいと思うことは，すべて説明されなければならないわけではないことに留意してください。言い換えるならば，情報ニーズがあることが直ちに情報価値があることを意味しないということです。入手することにより意思決定が改善されて初めて，それに情報価値があると言えます。したがって，入手してもしなくても意思決定に変化を生じさせない情報であれば，情報を伝達し，説明する意味はないのです。情報には作成コストがかかりますから，要らない情報の作成はまさに税金の無駄遣いになります。

2.「国の財務書類」の作成と公表

(1) 新しい会計情報の公表

先に示した政府会計制度である予算や決算による会計情報の問題点に対応するために，すなわち，政府会計制度を補うために，国全体の資産や負債等に関するストック情報と，費用やその財源等に関するフロー情報を一覧性のある形式で示した「国の財務書類」が作成されています。

「国の財務書類」は，一般会計と特別会計を合わせた国全体の財政状態等を示すものとして作成されます。いわば，一般会計とすべての特別会計を合わせて構成される会計単位に係る財務書類です。

具体的な財務書類としては，**貸借対照表**と**業務費用計算書**，**資産・負債差額増減計算書**，**区分別収支計算書**，そして**附属明細書**です。貸借対照表は，一定の時点（会計年度末）の資産および負債の状況を表示する財務書類です。業務費用計算書は，特定の会計年度中に業務実施に伴い発生した費用の状況を表示する財務書類です。資産・負債差額増減計算書は，前年度末の資産・負債差額と当年度末のそれとの増減を要因別に表示した財務書類です。区分別収支計算書とは，歳入歳出決算の財政資金の流れを区分別に表示した財務書類です。そしてこれら財務書類4表に関する事項についての明細を示したものとして，附属明細書が作成されます。

こうした新しい会計情報としては，平成11年3月31日（平成10年度分）の「国の貸借対照表（試案）」が，「財政事情の説明手法に関する勉強会」から公表されたのが最初でした。その後，平成14年度分まで「国の貸借対照表（試案）」が作成されました。その後，平成15年度分からは，財務省主計局から4つの財務書類が公表されています。

そしてそれらの財務書類では，企業会計の手法や考え方，具体的には複式簿記による記録を導入し，発生主義の考え方が援用されています。具体的な処理としては，減価償却や引当金の設定が取り入れられています。

（2）4つの財務書類

①　貸借対照表

貸借対照表には，資産と負債，そして資産・負債差額が収容されています。企業会計上の貸借対照表とほぼ同じですが，企業会計上の貸借対照表の純資産に代えて，資産・負債差額が示されています。両者とも「資産と負債の差額」という意味では同じですが，資産・負債差額という表記は残余財産の請求権者の不在を際立たせているように思われます。また流動と固定の区分が設けられていないことも企業会計の貸借対照表とは異なります。そうした区分が設けられていないのは，資産が現金として回収され，その回収された現金をもって負債が返済されるという流れが，国の場合は想定されておらず，負債の返済はそのほとんどが将来の税金等を財源とすることになるためと考えられます。ただし，収容されている項目は，流動性の高いものから順次並べられています。

図表14－2は，財務省主計局が公表している2013（平成25）年３月31日現在と2017（平成29）年３月31日現在の貸借対照表の要約です。資産・負債差額がマイナスであり，その額が増大していることが分かります。

またそれぞれの項目に関わる企業会計との相違としては，その会計年度に所属する収入や支出が出納整理期間[1]中に収受や支払いがされた場合には，それを反映させていることが挙げられます。そのため，現金預金の金額は，年度末時点の実際保有残高に出納整理期間における現金および預金の出納を加減した金額となっています。さらに国有財産（公共用財産を除く）が国有財産台帳価格により計上されていることなどを挙げることができます。国有財産台帳には，台帳登録価格として購入価格等の取得原価（原始取得財産等，取得原価がない場合には，時価評価額）が記載されており，その価格は５年毎に改定されています。

なお貸借対照表上の資産・負債差額については，すでに説明したように，現在の資産が生み出す現金により負債が返済されるわけではないため，資産と負債を相殺してその差額を求める意味はないように思われます。

1）出納整理期間とは，会計年度終了後から出納整理期限までの期間を指します。会計法第１条第１項では，「一会計年度に属する歳入歳出の出納に関する事務は，政令の定めるところにより，翌年度七月三十一日までに完結しなければならない。」と定められています。

図表14－2　国の貸借対照表

貸　借　対　照　表

（単位：十億円）

	2013年３月31日	2017年３月31日		2013年３月31日	2017年３月31日
〈資産の部〉			**〈負債の部〉**		
現金・預金	21,988	55,240	未払金等	11,332	11,884
有価証券	110,803	119,869	賞与引当金	254	317
未収金等	12,367	11,036	政府短期証券	101,697	84,661
前払費用	2,769	1,915	公債	827,237	943,279
貸付金	139,540	115,550	借入金	26,841	30,764
運用寄託金	106,742	109,112	預託金	7,255	6,546
貸倒引当金	▲ 2,580	▲ 1,764	責任準備金	9,227	9,699
有形固定資産			公的年金預り金	114,645	118,777
国有財産（※）	32,748	29,856	退職給付引当金	9,836	7,216
公共用財産	145,314	149,715	その他の負債	8,830	8,481
物品	2,247	1,964	負債合計	1,117,154	1,221,623
その他固定資産	36	26			
無形固定資産	236	265	**〈資産・負債差額の部〉**		
出資金	62,216	72,452	資産・負債差額	▲ 476,978	▲ 548,881
その他の資産	5,751	7,507			
資産合計	640,176	672,742	**負債及び資産・負債差額合計**	640,176	672,742

（※）公共用財産を除く。

（出所：財務省主計局「「国の財務書類」ガイドブック」平成26年３月及び平成30年１月）

② 業務費用計算書

業務費用計算書は，業務実施にあたってどれだけの支出が投入されたのか，すなわちどれだけのコストが掛かったのかを示すために，業務実施に係る費用の発生状況を明らかにしています。すなわち，業務の実施に伴う費用を，発生主義で捉えてコストとして，退職給付引当金等の繰入額，減価償却費，資産処分損益，出資金等の資産評価損などといった決算には含まれない項目が計上されます。こうしたコスト情報は，経済的な予算執行がなされたのか，ひいては行財政活動の効率性を理解する上で重要であると考えられています。

費用だけを収容する業務費用計算書を作成する意味は，次のように理解されています。すなわち，国は，直接的な反対給付を提供することなく，強制的に税金等を徴収し，財政活動を行っているため，利益獲得は予定されていません。そのため税金等の収入と費用との間には，企業会計における「収益と費用の対応」に相応するものは存在しないことになります。そこで費用の発生状況にのみ焦点をあてた業務費用計算書が作成されることになります。

なお，資産を処分したことに係る損益は処分損のみならず処分益も，業務費用計算書に含められています。同様に引当金の戻入益も，含められています。そうした処分益や戻入益は，過年度の業務費用の修正としての性格を有しています。一方，債務償還費（公債および借入金の元本部分の償還費）は計上されません。債務元本の償還は費用ではないためです。

図表14－３は，財務省主計局が公表している2012（平成24）年度と2016（平成28）年度の業務費用計算書の要約です。２つの年度を比較すると，基礎年金給付費や庁費等が大きく増加していることが分かります。

図表14－3　国の業務費用計算書

業務費用計算書

（単位：十億円）

	2012年4月1日～ 2013年3月31日	2016年4月1日～ 2017年3月31日
人件費	4,174	4,430
退職給付引当金等繰入額	553	675
基礎年金給付費	18,469	21,785
国民年金給付費	1,039	625
厚生年金給付費	23,749	23,389
国家公務員共済組合連合会等交付金	－	4,785
保険料等交付金	7,906	9,184
その他の社会保障費	2,783	2,547
補助金等	31,046	31,358
委託費等	2,778	2,681
地方交付税交付金等	20,689	19,703
運営費交付金	2,945	2,874
庁費等	1,875	3,508
公債事務取扱費	26	35
減価償却費	5,222	5,297
貸倒引当金繰入額	1,045	677
支払利息	9,397	8,141
資産処分損益	300	302
出資金等評価額	344	114
その他の業務費用	3,538	2,360
本年度業務費用合計	137,877	144,467

（出所：財務省主計局「『国の財務書類』ガイドブック」平成26年3月及び平成30年1月）

③　資産・負債差額増減計算書

資産・負債差額増減計算書は，貸借対照表の資産・負債差額が，いかなる原因（要因）により増減したのかを示した財務書類です。そして会計年度中の資産・負債の増減を，その要因ごとに「本年度業務費用合計」，「財源」，「資産評価差額」，「為替換算差額」，「公的年金預り金の変動に伴う増減」および「その他資産・負債差額の増減」に区分して表示しています。本年度業務費用合計には，業務費用計算書の本年度業務費用合計の金額が計上され，財源には，業務実施の財源が租税等財源とその他の財源に区分して計上されます。資産評価差額は，有価証券および出資金の評価差額（強制評価減に係るものを除く。）ならびに国有財産台帳の価格改定に伴う評価差額等が計上されます。為替換算差額は，国（外国為替資金特別会計）が保有する外貨建金銭債権債務等の評価替えに伴う為替換算差額が計上されます。公的年金預り金の変動に伴う増減は，公的年金預り金として負債計上しているものの変動額が計上されます。そしてその他資産・負債差額の変動は，法令等に基づいて行われる財産の無償所管換等による資産・負債差額の増減や，資金の増減のうち歳入歳出外で増減するもの等について計上されます。

会計年度中の資産・負債差額増減の中核的要因は，業務費用と財源です。業務費用と財源を差し引きすることの意味は，本年度の業務費用が税金等の財源で賄えているかどうか，どの程度賄われているのかを明らかにすることにあります。

図表14－4は，財務省主計局が公表している2012（平成24）年度と2016

図表14－4　国の資産・負債差額増減計算書

業務費用計算書

（単位：十億円）

資産・負債差額増減計算書	2012年4月1日～2013年3月31日	2016年4月1日～2017年3月31日
Ⅰ　前年度末資産・負債差額	▲ 459,311	▲ 520,804
Ⅱ　本年度業務費用	▲ 137,877	▲ 144,467
Ⅲ　財源	98,349	124,371
租税等財源	47,049	58,956
その他の財源	51,299	65,415
Ⅳ　資産評価差額	2,599	▲ 2,177
Ⅴ　為替換算差額	13,873	▲ 4,288
Ⅵ　公的年金預り金の変動に伴う増減	3,887	▲ 2,908
Ⅶ　その他資産・負債差額の変動	1,502	1,391
Ⅷ　本年度末資産・負債差額	▲ 476,978	▲ 548,881

（出所：財務省主計局「「国の財務書類」ガイドブック」平成26年３月及び平成30年１月）

(平成28) 年度の資産・負債差額増減計算書の要約です。本年度業務費用合計と財源を比較することで，2012年度も2016年度も，業務費用が税金等では賄いきれなかったことが分かります。そして2つの年度を比較することで，業務費用の増大を上回る租税等財源の増大が確認できます。このことは，大幅な増税が行われていることを示しています。

④　区分別収支計算書

区分別収支計算書は，財務資源（現金・預金）の増減を原因（要因）別に表示する財務書類として，歳入歳出決算書の計数を並び替えて作成されます。区分別収支計算書の区分は，大きく「業務収支」と「財務収支」に区分されます。財務収支は，将来の負担となる資金調達および返済に関する収支（利息の支払額や資金調達に関する事務取扱費を含む）です。資金調達に関わる収支と理解すればよいでしょう。業務収支は，財務収支以外の収支となります。

図表14－5は，財務省主計局が公表している2012(平成24)年度と2016(平成28) 年度の区分別収支計算書の要約です。2つの年度を比較すると,業務収支も財務収支もともに大きく悪化していることが分かります。

⑤　4つの財務書類上の金額の関係

図表14－6は，財務省主計局「『国の財務書類』ガイドブック」(平成30年1月）において，財務書類の体系として示されている図表です。貸借対照表上の現金預金の金額と区分別収支計算書の本年度末現金預金残高の金額は一致し，貸借対照表上の資産・負債差額の金額は，資産・負債差額増減計算書の本年度末資産・負債差額の金額と一致します。また業務費用計算書の本年度業務費用合計の金額と資産・負債差額増減計算書の本年度業務費用合計の金額は一致します。

図表14－5　国の区分別収支計算書

区分別収支計算書

（単位：十億円）

	2012年4月1日～ 2013年3月31日	2016年4月1日～ 2017年3月31日
Ⅰ 業務収支		
1 財源		
租税等収入	47,049	58,956
その他の収入	51,959	65,748
前年度剰余金受入	40,206	15,409
資金からの受入（予算上措置されたもの）	21,316	20,603
財源合計	160,531	160,717
2 業務支出		
（1）業務支出		
人件費	▲ 5,062	▲ 5,235
恩給費	▲ 542	▲ 318
年金給付費	▲ 43,102	▲ 45,687
国家公務員共済組合連合会等交付金	－	▲ 4,785
保険料等交付金	▲ 7,897	▲ 9,147
その他社会保障費	▲ 2,790	▲ 2,558
補助金等	▲ 36,674	▲ 36,799
地方交付税交付金等	▲ 20,689	▲ 19,703
貸付けによる支出	▲ 253	▲ 127
出資による支出	▲ 1,402	▲ 845
庁費等の支出	▲ 2,120	▲ 4,098
その他	▲ 2,677	▲ 1,269
資金への繰入（予算上措置されたもの）	▲ 14,220	▲ 19,653
業務支出（施設整備支出を除く）合計	▲ 137,428	▲ 150,223
（2）施設整備費		
施設整備支出合計	▲ 3,669	▲ 4,445
業務支出合計	▲ 141,097	▲ 154,668
業務収支	19,434	6,048
Ⅱ 財務収支		
公債/FBの発行による収入	180,560	169,192
公債/FBの償還による支出	▲ 145,166	▲ 145,391
借入による収入	26,102	29,913
借入金の返済による支出	▲ 23,794	▲ 29,031
リース・PFI債務の返済による支出	▲ 46	▲ 63
支払利息	▲ 9,676	▲ 9,331
その他財務収支	▲ 26	▲ 35
資金からの受入	11,884	10,794
資金への繰入	▲ 13,074	▲ 12,065
財務収支	26,763	13,985
本年度収支	46,197	20,033
資金からの受入（決算処理によるもの）	149	5
資金への繰入（決算処理によるもの）	▲ 4,035	▲ 4,489
翌年度歳入繰入	42,310	15,550
特別会計に関する法律第47条第1項の規定による借換国債収入額	－	45,105
翌年度歳入繰入の預託金への運用	▲ 6,544	▲ 816
翌年度歳入繰入の預託金以外への運用	▲ 22,051	▲ 305
収支に関する換算差額	148	▲ 581
資金等歳計外現金・預金本年度末残高	8,125	24,987
国庫余裕金の繰替差額	－	▲ 28,700
本年度末現金・預金残高	21,988	55,240

（出所：財務省主計局「「国の財務書類」ガイドブック」平成26年3月及び平成30年1月）

図表14－6　4つの財務書類上の金額の関係

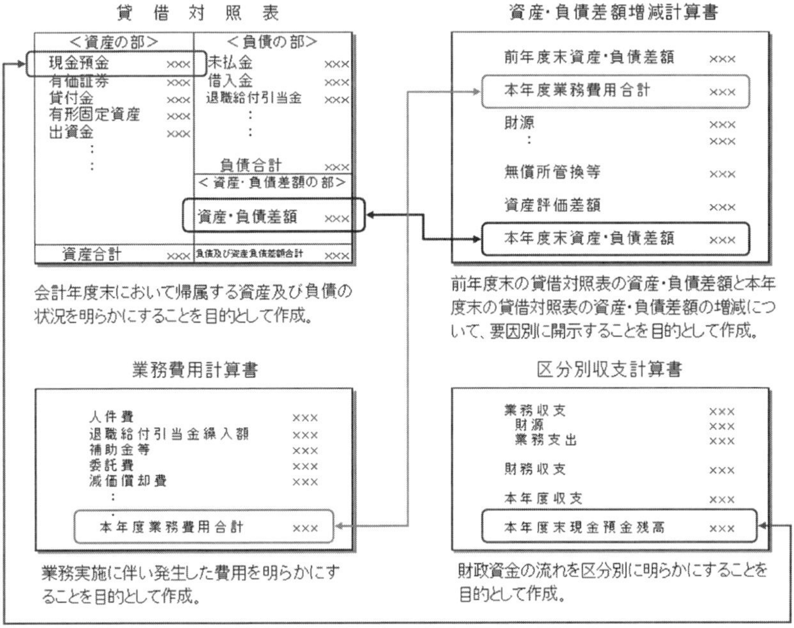

（出所：財務省主計局「『国の財務書類』ガイドブック」平成30年１月）

こうした一致は，たとえば，区分別収支計算書の結果を受けて貸借対照表上の現金預金の金額が決まるというわけではないことに留意してください。区分別収支計算書がなくとも，現金預金の金額は，現金勘定および預金勘定の期末残高を合計することで直接に導かれるものです。

3．様々な会計単位に基づく財務書類

「国の財務書類」は，既述のとおり，一般会計と特別会計を合わせた会計単位に基づいて作成されます。しかし，それ以外の会計単位に基づ

いて作成され公表される財務書類があります。具体的には，省庁別財務書類，会計別財務書類，連結財務書類です。

省庁別財務書類とは，予算執行の単位に合わせて，その基礎的な単位である所管を会計単位として作成される財務書類です。会計単位としては，一般会計歳出予算で示される所管ごととなります。行政府の説明責任の遂行という目的に照らして，行政機関以外の国会，裁判所，会計検査院においても省庁別財務書類が作成されます。

会計単位という観点から重要なことは，この省庁別財務書類が，一般会計のうち各省庁が所管する部分と，その省庁が所管する特別会計とを合算して作成される点です。すなわち，政府会計制度において一般会計の一部とその所管の特別会計が合算されるため，法律上の会計単位（会計区分）とは異なる，新たな会計単位の財務書類が作成されていることになります。このことは，**行政の責任の単位ごと**の財務書類の作成がなされていることを意味し，行政をモニタリングする観点からも重要な情報であると言えます。

ちなみに，「国の財務書類」（一般会計＋すべての特別会計）は，具体的には各省庁が作成した省庁別財務書類の計数を基礎とし，省庁間の債権債務等を相殺消去して作成されています。

会計別財務書類には，一般会計財務書類と特別会計財務書類が含まれます。一般会計財務書類は，一般会計を会計単位として作成される財務書類です。一般会計財務書類は，各省庁が作成する一般会計省庁別財務書類の計数を基礎とし，省庁間の債権債務等を相殺消去して作成されます。また特別会計財務書類は，個々の特別会計を会計単位とする財務書類です。

そして**連結財務書類**は，一般会計とすべての特別会計に，国の業務と関連する独立行政法人等を含めた会計単位に基づいて作成される財務書類です。具体的には，各省庁が作成する**省庁別連結財務書類**の計数を基礎とし，省庁間の債権債務等を相殺消去して作成されます。行政の一部を担っている独立行政法人等を会計単位に含めることで，国が実施している業務の全体像がより一層把握できると考えられています。

なお，省庁別連結財務書類は，省庁別財務書類の会計単位に，その省庁が所管している独立行政法人等を含めて作成される財務書類です。

こうした様々な会計単位の財務書類を総称して「国の財務書類」と呼ぶこともあります。図表14－７は，広義の「国の財務書類」の構成を図表で示したものです。

図表14－７　広義の『国財務書類』の構成

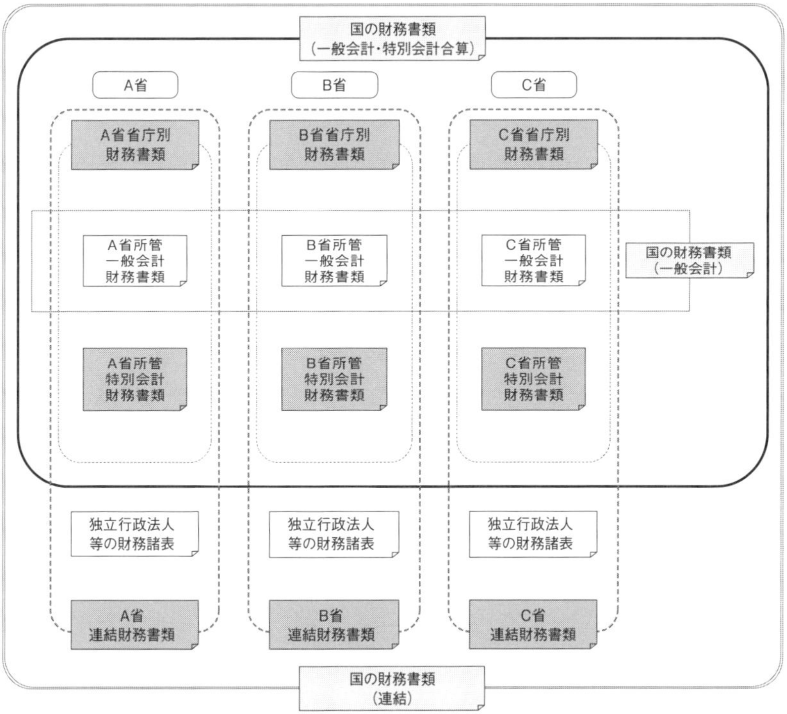

（出所：財務省主計局「『国の財務書類』ガイドブック」平成30年１月）

さらにこうした考え方を進めるならば，国のみならず，地方公共団体も含めた国全体を会計単位とする財務書類の作成の必要性も認められるところです。日本の地方公共団体は，独自に法律を制定することはできず，地方政府として機能しているわけではないため，地方公共団体を含めた会計単位に基づいて，財務書類が作成されて初めて，国全体の財政状況等が把握できるとの見解もあります。

4．新たな会計情報（国の財務書類）の課題と利活用

（1）国の財務書類の意義と課題

現在，日本においては，予算・決算という法律に定められたシステムを維持しながら，追加的ないしは補足的な財務情報として「国の財務書類」は位置づけられています。こうした方向性は，財政や政府会計の特質を考慮するならば妥当なものと考えられます。予算と決算の作成に依存した現行の政府会計制度において欠如していると考えられる政府全体を統括する財務表や行政執行にかかるコストの情報等が，財務書類という新たな会計情報として提供されているのです。このことは，行政サービスの効率性を高める，すなわち無駄な歳出を削減するためにも必要なことでしょう。

しかし国の財務書類について，いくつかの課題が残っています。たとえば，貸借対照表上の資産・負債差額のように，何を意味しているのか，それにより何を明らかにしようとしているのかが不明な内容を含んでいる点です。**発生主義**の考え方を導入することで資産として示される未償却残高は，政府会計でいかなる意味を持つのでしょうか。**企業会計的手法**を導入していくことの意味や理由，政府会計での必要性や必然性について，説明される必要があるように思われます。

また財務書類に含まれる情報が，いかに利用され，活用されて，どのようにして予算へフィードバックされるのかは不明なところです。これらは今後の大きな課題と言えるでしょう。

（2）企業会計的手法の導入・援用の意義と利活用

政府会計に企業会計的手法や発生主義の考え方を導入ないしは援用することの意義については，必ずしも明確になっていないように思われます。そこで以下では，貸借対照表と**減価償却**を取り上げて，検討することにします。

①　貸借対照表

政府会計における貸借対照表については，基本的には2つの考え方が対立しているように思われます。すなわち，純資産等式の考え方と貸借対照表等式の考え方です。

純資産等式　　　：資産－負債＝純資産
貸借対照表等式：資産＝負債＋純資産

純資産等式に基づく考え方によれば，貸借対照表において，プラスの財産である資産とマイナスの財産である負債が記載され，その差額としての純資産が示されると解されます。この考え方に立脚する場合，請求権を有する者のいない純資産が，なぜ計算されなければならないのかが説明されなければなりません。またすべての資産とすべての負債を記載し，その差額を示すとされる財産目録との相違を見いだすことは困難です。

それに対して貸借対照表等式に基づく考え方によれば，貸借対照表を，資金の運用形態ないしは具現形態を示す資産と，過去の負担の支払済部分（補償部分）と将来の負担の負債部分により構成される資金調達源泉の対照表示を行っていると解することになります。すなわち，貸借対照表は，所有されている資産とその資産の取得のための財源となっている負債と支払済部分の関係を示すと解することによって，行政サービスを提供するための社会的インフラ等の長期保有資産に関わる世代間負担の状況を示すことが可能となると考えられます。また世代間の負担の状況を明らかにすることは，財務的側面において，その行政サービスの提供の継続可能性を示すことにもなると考えられます。

そこで貸借対照表等式の考え方に基づいて，政府の貸借対照表を理解することがより合理的であると考えられます。この考え方を図示したものが，図表14－8です。この図表では，貸借対照表の内容を大きく3つに区分しています。現金・預金と未収金や未払金，赤字国債等の区分(図表では現金・預金と余剰だけを示しています)[2)]と，拘束されている資金とその金額を示す区分，そして社会的インフラに係る世代間の負担の状況を示す区分です。このように貸借対照表の借方項目と貸方項目をカップリングして3つに区分することにより，支払資金の不足や余剰の程度，将来予定されている支出への備えの程度，そして社会的インフラ

図表14－8　貸借対照表等式の考え方に基づく貸借対照表

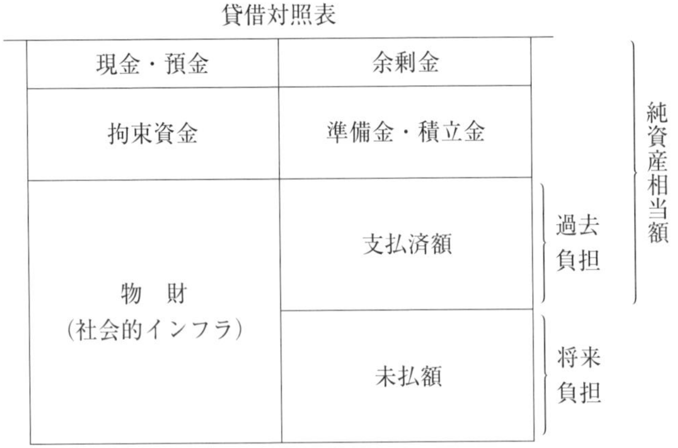
貸借対照表
現金・預金
余剰金
拘束資金
準備金・積立金
物　財
(社会的インフラ)
支払済額
未払額
純資産相当額
過去負担
将来負担

2）赤字国債が巨額に発行されている日本の現状では，余剰ではなく巨額の不足が示されることになります。

に係る世代間の負担の公平化の達成度合などを読み取ることができます。

② 減価償却

減価償却は，行政サービスのコストを測り，資源の有効利用を図るために必要であることは明らかです。しかしこのことは，基本的にはコスト計算の問題ないしは原価管理の問題であって，減価償却を，貸借対照表の資産評価や収支余剰計算にまで反映させることの説明にはなりません。政府にとっての成果ないしは業績は，住民（国民）の満足等のように貨幣額による測定が不可能なものであり，本質的に効率性を測定することは困難です。貨幣額による成果が示されないため，必然的に効率性は示されず，効率性の測定は減価償却の根拠とはなりえません。

また同様の社会的インフラを再取得するための資金留保という意味において必要との見解は，取替原価（再調達価額）に基づく減価償却が行われ，かつ減価償却累計額と同額の資金が拘束されていて，初めて意味があることになります。むしろ将来の再購入のための資金を準備する必要があるならば，減価償却を通して抽象的な金額として内部留保するのではなく，再購入目的の積立金を設定し，そのために定期預金等のように具体的資産を拘束することこそが重要であり，またそれで十分であると思われます。したがって，社会的インフラの再取得という目的であれば，減価償却は不要であり，積立金の設定でよいことになります。

さらに減価している資産を相応に評価するための見解もありますが，政府においては，その物財としての給付能力こそが問題であり，その資産に拘束されている貨幣資本の大きさが問題となるわけではありません。減価償却によりその固定資産の価値を表すという考え方に基づいては，規則的な償却手続を説明することはできません。

このように考えていくと，政府会計上の減価償却は，企業会計上と同一の概念として捉えることには意味がないように思われます。

では，政府会計上の減価償却の意義は何に求めればよいのでしょうか。

まず予算制度や決算制度上で減価償却を導入するとした場合には，次のように考えることができます。すなわち，予算は資金の配分手続きと考えられるため，減価償却を導入した場合，減価償却相当額が，その年度の歳出のうち，使用可能な支出から除かれることとなります。歳入が歳出を充足する限りにおいて，このことは必然的に減価償却相当額の資金留保を意味し，その使途が問題となります。世代間の負担の公平性等を考慮するならば，予算における減価償却費の計上は，（イ）もし当該対象となっている固定資産に関わる負債が存在する場合には，その返済に充てるべき金額の確定に結びつけ，（ロ）すでに代金等の支払いが完了しており，関連する負債が存在しない場合には，当該資産の代替となる新たな固定資産取得を目的とした積立金の設定をその本質とすべきと考えられます。いわば，減価償却を，特定の固定資産を取得し，使用するための資金をいつの歳入で補填するかといった問題として解することが合理的と思われます。ここで重要なことは，減価償却に相応する処理を行う場合，その前提として中長期の計画が立案されていなければならないことです。

以上，政府会計に企業会計的手法を導入する場合，企業会計の基礎的な諸概念等をそのまま利用することはできないとしても，政府会計独自の根拠に基づき独自の手法として援用することの可能性はあるものと思われます。

すなわち，減価償却に，必要とされる支出について，いつの収入により負担するのかを示すという意義を持たせて利用するならば，また詳しい説明は省略しますが，発生主義の援用の１つである引当金についても，将来の支出をその支出に係る受益世代が負担できているのかを示すという意義を持たせて利用するならば，政府会計において貸借対照表との連携も含めて，意味のある手続きになるものと考えられます。

15 非営利法人の会計

《本章のポイントと学習の目標》 日本には各種の法人形態を持つ非営利法人が存在しています。たとえば，一般社団法人や一般財団法人，社会福祉法人，学校法人，特定非営利活動法人，宗教法人，各種協同組合などです。それぞれの非営利法人は，その根拠法に基づいて設立されています。そこで非営利法人の持つ多様性を理解するとともに，非営利法人の活動や事業についてよく使われる「公益」概念についても理解してください。また非営利法人に係る会計基準等は，その法人形態ごとに異なっており，それには会計情報の利用者の目的が関係しています。ただし，非営利法人に共通の会計上の課題として，寄附の取扱いや返済義務のある非負債項目の取扱いがあります。加えて寄附については，使途が制限されたものと制限されていないものとで取扱いを区別する考え方もあります。こうした非営利法人の会計に特有の課題について，どのような取扱いが良いのかを考えてみてください。また具体的な会計基準として，「公益法人会計基準」を概説しています。そしてその会計基準により導かれる会計情報が公益認定に利用されていることについても言及します。非営利法人に係る会計について，その現状を把握するとともに，非営利会計特有の課題を検討することが，本章の目標です。

《キーワード》 政府の失敗，市場の失敗，非営利法人，ミッション，一般社団法人，一般財団法人，社会福祉法人，学校法人，特定非営利活動法人(NPO法人)，宗教法人，消費生活協同組合，準則主義，認可，認証，公益，共益，公益認定，公益法人会計基準，持分権者不在，寄附，ボランティア，指定正味財産，一般正味財産，財産目録，基金，基本財産，特定資産，収支相償，公益目的事業比率，遊休財産額の制限

1．各種の非営利法人

（1）非営利法人の定義と各種の法人形態

非営利組織（体）とは，営利を目的としない組織を指します。営利とは，貨幣資本の増大を目指すことを指しますので，非営利とは貨幣資本の増大を目的としないということを意味します。そこで，非営利組織（体）とは，貨幣資本の増大以外の特定の目的を有している組織（体）であると言えます。貨幣資本の増大以外の特定の目的は，一般に**ミッション**と呼ばれています。そうした非営利組織（体）のなかで，法人格を有しているものを**非営利法人**と呼んでいます。

こうした非営利法人が存在するのは，政府や営利法人である企業等によっては達成しえないことや，非営利組織（体）が担当することが社会全体からみてより効率的であること等に依存していると考えられます。

ある特定の社会的サービスの提供を，政府よりも非営利組織（体）が担ったほうが良いと考えられるのは，受益者が比較的限定されているために，公正や平等の観点から政府が均一的なサービス提供を行うことが困難ないしは好ましくないと考えられる場合です。いわゆる**政府の失敗**が存在する場合です。たとえば，障害者支援について，いかなる障害に支援を受ける優先権があるかを決定することは政府には困難です。政府には，平等に均一的な支援を行うことが求められ，結果的にいずれの支援も不十分となり，かえって非効率（無駄なサービス提供）となることもあるのです。

また企業よりも非営利組織(体)が担ったほうが良いと考えられるのは，市場における競争原理に委ねると，最も効率的な資源配分が達成されない場合，すなわち**市場の失敗**がもたらされる場合です。たとえば，人口の少ない地域に乗り合いバスを運行しても利益を獲得することができない場合，企業であればバスの運行は行わなくなるでしょう。しかしバスが運行されていれば，そこに住む人にとっての生活圏が拡がってその生活の質が向上し，さらには新たな商店等の開業も期待できるかも知れません。そのことで人が住むことができる地域が確保され，社会全体としてはバスが運行されたほうが良いと考えられる場合があります。すなわち，社会全体からみれば，企業に任せておくと，社会的サービスの過少供給となることがあります。

このように政府や企業が担うことが合理的ではない場合において，非営利法人の社会的存在価値が認められることになります。

日本では，非営利法人に該当する法人の代表的なものとして，「一般社団法人及び一般財団法人に関する法律」（以下，一般法人法）により設立される**一般社団法人**と**一般財団法人**があります。社団法人とは，一般に一定の目的のために結合した**人の集合体**です。それに対して，財団法人とは，一般に一定の目的のために結合された**財産の集合体**です。社団法人としては，たとえば，同じ業種の会社が集まって設立する，いわゆる業界団体の多くがこの形態を採っています。また財団法人としては，たとえば保有する財産の運用益で奨学金を給付することを目的としている奨学金財団が典型的です。一般社団法人や一般財団法人は，その根拠法で定められた要件を充たして設立・登記されたときは直ちに法人格が認められます。こうした法人格の付与のあり方を**準則主義**あるいは**登記主義**と呼んでいます。

なお一般社団法人や一般財団法人のうちで，その実施事業の公益性が認められ，公益認定された法人については，**公益社団法人**，**公益財団法人**と呼ばれています。一般社団法人および一般財団法人の公益認定については，後で詳しく説明します。

社会福祉法に基づき設立される**社会福祉法人**もまた非営利法人です。

社会福祉法人は，社会福祉事業を行うことを目的として設立される法人であり，都道府県知事や厚生労働大臣が必要な要件を充たしていると認めることで**認可**を受けて，登記をすることで設立されます。また私立学校法に基づいて設立される**学校法人**は，私立学校を運営することを目的として設立される法人であり，文部科学大臣や都道府県知事による認可を受けて，登記をすることで設立されます。

特定非営利活動促進法に基づき設立される**特定非営利活動法人**（通称，**NPO 法人**）は，その根拠法に定める特定の非営利活動（保健，社会教育，まちづくり，観光の振興などを図る活動等）を行うことを目的としています。特定非営利活動法人は，都道府県知事等の**認証**を受け，登記をすることで設立されます。なお特定非営利活動法人のうちで，公益性が認定された法人は，**認定特定非営利活動法人**（**認定 NPO 法人**）と呼ばれています。宗教法人法に基づき設立される**宗教法人**は，宗教団体の財産管理や運営等に資することを目的としています。宗教法人は，都道府県知事の認証を受け，登記をすることで設立されます。

消費生活協同組合法に基づき設立される**消費生活協同組合**（通称，**生協**）は，同じ地域に住む，もしくは同じ職場に勤務する人たちにとってその生活の安定と生活文化の向上を図ることを目的としています。消費生活協同組合は，都道府県知事または厚生労働大臣の**認可**を受け，登記することで設立されます。協同組合には，**事業協同組合**などもあります。

図表15－1　各種非営利法人の法人格取得に関わる行政行為

法人格取得に関わる行政行為	非営利法人の種類（例示）
準則主義	一般社団法人，一般財団法人
認　証	特定非営利活動法人，宗教法人
認　可	社会福祉法人，学校法人，各種協同組合

さらに，それら以外にも，非営利法人に該当する法人としては，労働組合法に基づき設立される**労働組合**や，信用金庫法に基づき設立される**信用金庫**などもあります。

（２）非営利法人にとっての「公益」～私益や共益との相違～

非営利法人には様々な法人形態があり，様々な目的があります。すなわち非営利法人の法人形態や目的については，多様性が認められます。そして非営利法人が行う事業については，その事業によるサービス提供により，誰がどのように受益するのかにより，公益の事業であるのか，共益の事業であるのか，あるいは私益の事業であるのかに分類することができます。

公益とは，一般に，「不特定多数の者にとっての利益」を指します。

「**多数の者**」を対象とするという要件については，受益者がその社会に帰属するすべての者でないとしても，明らかに多くの人が受益していることを指しています。「一個人の利益」である**私益**とは，この点で相違します。しかし現在の受益者の数が多数とは言えない，あるいは極端な例として１人しかいない場合には，いかに理解されるべきかについては検討の余地があるように思われます。たとえば，特殊な疾患を研究する組織の場合，現在の患者数が少数であるからといって，直ちにその公益性が否定されるものではないと思われます。現在の受益者の数のみならず，潜在的な受益者をも考慮することは重要です。

また「**不特定の者**」を対象とするという要件については，受益者が限定されることなく，誰でもが受益の機会を有していることを指しています。「共同の利益」である**共益**とは，この点で相違します。しかしその直接的な受益者が限定されているとしても，その直接的な受益者の活動を通して，利益が社会一般に帰着すると考えられる場合もあります。たとえば，小学校の教員のみが参加できる研修会で，有効な新しい教育法が講習される場合で，その研修会への参加者のそれぞれが教育現場においてそれを実践する状況にあるときは，直接的な受益者が小学校の教員に限定されるとしても，その利益はその教育を受ける不特定の者である児童達に移転すると考えられます。特定の技能を有する者を対象とした防災訓練や交通に係る安全訓練等についても同様の場合が考えられます。すなわち，直接的な受益者が特定されるからといって直ちに公益性が否定されるものではないように思われます。不特定の間接的受益者の存在を考慮することは重要です。

以上のように，公益を「不特定多数の者にとっての利益」と解する場合，その受益者が，現在，潜在の如何を問わず，また直接，間接の如何を問わず，多数にして不特定であれば，公益の要件は充たされるものと考えられます。

公益	…	不特定多数の者にとっての利益
私益	…	特定された個人にとっての利益
共益	…	特定された複数の者にとっての利益

ただしこのように公益を理解するならば，市場競争を経て存在している一般の企業であっても，市場を通して社会が必要としている物財・サービスを供給していると考えられるため，その事業が公益に資すると言えます。同じ物財やサービスを提供している企業を比較した場合，売上物量が多いほうが，言い換えますと利益が多いほど，公益性が高いという評価もあながち否定し難いように思われます。しかし企業の主目的は，貨幣資本の増大（簡単に表現するならば，お金儲け）であり，公益に資すること自体はその主目的ではありません。

そこで非営利法人にとっての公益は，非営利法人の存在意義を踏まえなければならないことになります。いわば政府の失敗と市場の失敗の交叉する場において，不特定多数の者の利益に資する事業や活動を行っていることにこそ，非営利法人の公益性が認められる意味があります。そして非営利法人の公益性が認められる場合には，市場原理が有効性を持たないことを考慮して，社会的システムのなかで様々な税制優遇等の措置が取られていると理解することができます。税制優遇は，公益性のある非営利法人に対する法人税や固定資産税などの優遇措置とともに，公益性のある非営利法人に対して寄附を行う者に対しても所得税法上の優遇措置が採られています。いわば，非営利法人の公益性は，社会システムの観点からは，税制優遇を受けるに相応しいか否かの判断と密接に結びついていると考えられます。

2．非営利法人の会計基準

（1）法人形態ごとに異なる会計基準

既述のとおり，日本には様々な法律に基づいて設立される非営利法人が存在します。そして非営利法人の会計は，それぞれの法人形態ごとに規制されているのが現状です。以下，具体的に見てみましょう。なお所轄については，会計基準の開発・設定が国レベルで行われているため，同様に国レベルの場合で示しています。

まず一般社団法人と一般財団法人についてですが，公益認定されている場合，内閣府公益認定等委員会より公表されている「公益法人会計基準」に基づいて会計が行われることが要求されています。一般社団法人と一般財団法人については，現在と異なり，その法人の設立と公益認定とが分離されていないときは，その実施する事業の内容により所管する官庁が**許可**を与えることで公益性のある法人として設立が認められていました。そのため，そうした許可により設立された法人は，**公益法人**と呼ばれていました。そして「公益法人会計基準」は，当初，昭和60年９月に公益法人に関係する省庁の官房長クラスによって構成される「公益法人指導監督連絡会議」から公表されました。その後，現在の制度が平成20年12月から実施されることに伴い，「公益法人会計基準」の改正は，内閣府の公益認定等委員会が担うこととなり，旧制度の公益法人すべてではなく，公益認定を受けた公益社団法人と公益財団法人がその適用対象となりました。

社会福祉法人については，厚生労働省（当初公表時の平成12年２月当時は，厚生省）より公表されている「社会福祉法人会計基準」により，その会計は規制されています。この会計基準が公表される前は，同じく厚生省から「社会福祉法人経理規程準則」（昭和51年１月）が公表されていました。社会福祉法人経理規程準則は，社会福祉法人の施設は政府が措置をする法人を対象としたものでした。そのため，施設の会計とそれ以外の会計という複数の会計単位を設けることを求めていました。現在の社会福祉法人会計基準では，会計単位を１つのものとして捉えることが求められています。

学校法人については，文部科学省（当初公表時の昭和46年４月当時は，文部省）より公表されている「学校法人会計基準」により，その会計は規制されています。**学校法人会計基準**は，私立学校振興助成法に基づいて，経常的経費に対して補助金を受ける学校法人に対して，その適用を求めています。したがって，経常的経費に対する補助金を受け取っていない場合には，この会計基準に従わなくともよいことになります。

特定非営利活動法人については，特定非営利活動促進法第27条において，正規の簿記の原則，真実性の原則，明瞭性の原則，継続性の原則が定められるとともに，計算書類（活動計算書と貸借対照表）および財産目録の作成が求められています。しかしその規定だけでは，会計を行うことが困難であると考えられ，当時（平成11年）の所轄庁である経済企画庁国民生活局から「特定非営利活動法人の会計の手引き」が公表されました。この手引きは，昭和60年改正の「公益法人会計基準」を大いに参考にしたことが知られています。現在，所轄は内閣府となっていますが，直接に会計基準を開発することはしていません。それは，国民生活審議会総合企画部報告書を受けて設立された民間組織であるNPO法人会計基準協議会に委ねているからです。NPO法人会計基準協議会からは，2010（平成22）年7月に「NPO法人会計基準」が公表されました（その後，2017（平成29）年12月に改正されています）。これらはいずれも適用が強制されるものではありませんが，特定非営利活動法人の会計実務にとって大きな支えになっています。

宗教法人については，宗教法人法第12条第1項第8号として，その設立に際して，基本財産や宝物等の設定，管理および処分，予算，決算および会計その他の財産に関する事項について規則を定めることを求めています。そしてその第25条において，財産目録と収支計算書を作成し，それらと貸借対照表（作成している場合）をその事務所に備えておくことを求めています。しかしそうした規定だけでは，適正な会計を行うことは困難であると思われます。日本公認会計士協会は，非営利法人委員会研究報告第6号として2001（平成13）年5月に「宗教法人会計の指針」を公表しています。また宗教法人側にあっても，自主的に会計基準を定めようとする動きも観られます。たとえば，日本キリスト教連合会の会計基準検討委員会は，2013（平成25）年4月に「キリスト教会会計基準」を公表しています。

消費生活協同組合については，消費生活協同組合法のなかで，特に剰余金の取扱い等についての規定が設けられていますが，その第51条の３において，「組合の会計は，一般に公正妥当と認められる会計の慣行に従うものとする。」と規定されています。そしてその会計は，消費生活協同組合法施行規則（制定時の昭和23年９月時点では，大蔵省・法務省・厚生省・農林省の省令）および厚生労働省の省令（当初公表時の昭和29年８月当時は，厚生省省令）としての「消費生活協同組合財務処理規則」により規制されています。

それぞれの非営利法人に適用ないしは参照される会計基準等を一覧にしたものが，図表15－２です。基準設定主体の欄でカッコ書となっているものは，法令の所管を示しています。またそれぞれの会計基準等は当初の公表後，必要に応じて改正されることが多いことにも留意してください。

図表15－２　各種非営利法人とその会計基準

各種非営利法人	基準設定主体	適用ないしは参照される会計基準等
公益社団・財団法人	内閣府	公益法人会計基準
社会福祉法人	厚生労働省	社会福祉法人会計基準
学校法人	文部科学省	学校法人会計基準
特定非営利活動法人	（内閣府）	特定非営利活動促進法 特定非営利活動法人の会計の手引き （NPO法人会計基準協議会「NPO法人会計基準」）
宗教法人	（文化庁）	宗教法人法 （日本公認会計士協会「宗教法人会計の指針」）
消費生活協同組合	（厚生労働省）	消費生活協同組合法 消費生活協同組合法施行規則 消費生活協同組合財務処理規則

（2）異なる会計基準設定の理由

このように非営利法人の法人形態ごとに，会計の規制が行われ，異なる会計基準等が設定されています。その理由は，図表15－2から観ると，一見，所轄官庁の相違に基づくものであるように思われます。しかし，所轄官庁の相違で説明できない場合があります。たとえば，学校法人は経常経費について政府から補助金を受け取っていなければ学校法人会計基準に従う必要はありません。むしろそれぞれの所轄官庁は，それぞれの目的に従って予算執行をしているため，民間の非営利法人に対して補助金等を渡す場合には，それぞれの官庁の目的に沿ってその補助金等が使用されたのか等を確認し，監督・指導する必要性があります。そのため，その監督等にとって便利な会計情報を求めることになっています。特に認定や認可に関わる場合，認定基準や認可基準に適合するか否かを判断できる会計情報を必要とします。すなわち異なる会計基準は，会計情報の利用者の立場からそれぞれの会計情報が規制されていることを示しています。

その一方，非営利法人は全般的に，その活動のための財源を，政府からの補助金等への依存から，広く社会一般からの寄附への依存にシフトしていかざるを得ない状況が認められるため，できる限り会計基準も統一化していくことを望む声も聞かれます。実際，公益法人会計基準や社会福祉法人会計基準，学校法人会計基準等には，その財務基盤の自立を求める傾向が強まるにしたがって，その事業の効率性が求められ，企業会計の手法や考え方が取り入れられてきています。その結果，それぞれの会計基準間の相違が，同様の企業会計的手法を導入した部分について，縮小してきています。

上述のとおり，非営利法人に適用される会計基準が統一されていない理由は，主として会計情報の利用者の観点が重視されているからであり，統一を望む理由もまた会計情報の利用者の観点のように思われます。したがって，会計情報の利用者の現状等を踏まえて，会計基準をそれぞれ独立して開発・設定し，改訂していくのか，統一の方向性を打ち出すのかが決定されるべきと思われます。非営利法人に係る会計基準だけを比較して，統一すべきか否かを論じることは，全くの無意味ということになります。

3．非営利法人の特性が及ぼす会計上の課題

（1）非営利法人の基本的特性

非営利法人に係る会計基準は既述のとおり複数存在しています。しかし，会計に影響を及ぼすと思われる非営利法人として共通の特性は存在します。以下，非営利法人の特性が及ぼす会計上の課題を明らかにしたいと思います。

まず，非営利法人の特性として，非営利目的であることが挙げられます。また非営利目的であることと深く関連していますが，非営利法人には，基本的に持分権者が存在しません[1)]。**持分権者不在**であるため，当初に投下した貨幣資本の拡大再生産を予定する（利益獲得を目的とする）必然性がなく，また剰余が生じた場合であっても，その配分先はありません。そのため，非営利法人の会計では，資本取引と損益取引を区別することの要請は存在しません。また余剰（当該期間中の貨幣資本の正味の増減額）を計算するために企業会計で作成される損益計算書に相当する財務表は，企業会計で意味する利益を計算することにはなりません。たとえば外部から受け取った寄附金や補助金の金額から各種の費用を差引計算したとしても，その差額は非営利法人の事業の成果とは言えません。なぜなら多くの寄附金を受け取って，事業を行わなければ余剰

1）例外的に、共益を目的としている場合に，残余財産への請求権を有する持分権者が存在する場合がありえます。

が計算されることとなり，そうした状況は非営利法人の存在意義自体に疑問がもたれることにつながるからです。したがって，損益計算書に似たかたちで，純資産（正味財産）の増減明細書に相当する財務表が作成されるとしても，正味財産増減計算書や活動計算書といった名称を用いて作成されています。

（2）寄附の取扱い

非営利法人は，無償で金銭やその他の財産の寄附を受けたり，無償でサービスの提供を受けたりすることがあります。ここで**寄附**とは，反対給付を伴わない財やサービスの移転を指します。そしてそのなかには無償の移転のみならず，低額譲渡に係る当該低額部分も含まれます。寄附は，その会計処理との関係から大きく「金銭あるいはその他の資産の寄附」と「金銭等や物品の無償の借用や無償の人的サービスの受入れ（**ボランティア**の受入れ）」に分けることができます。

寄附を受け入れた場合について，資産の計上や費用の認識の観点から考えてみましょう。

金銭や金銭と同等のものを受け入れた場合，その貨幣額で評価して資産が計上されることになります。また金銭等以外の資産を受け入れた場合，企業会計の実務に合わせるならば，「公正な評価額をもって取得原価とする」（企業会計原則，第三・五・F）ことになります。むろん無償取得による非貨幣性資産の取得原価の決定については，企業会計の領域でも議論のあるところです。

非営利法人の会計にとって特有な問題となるのは，金銭等や物品の無償借用や無償の人的サービスの受入れが行われたときです。こうした寄附については，大きく２つの会計処理の考え方があります。その１つの考え方は，無償なので記録の対象とはしないという考え方です。この考え方は，現金の支出といった事実が無いのであるから，その事実を忠実に表現するように会計処理すべきであるというものです。それに対して，もう１つの考え方は，無償でサービスを消費したときは，もし通常の取引であれば支払うことになったであろう公正な対価を費用として認識するとともに，同額を収益として認識すべきであるとの考え方です。この考え方は，非営利法人の活動の規模を財務諸表上に反映するためには，寄附されたと考えられる金額を，同額で費用と収益に計上すべきであり，そのことによりその非営利法人の実態が財務諸表上より忠実に表現されるとの理解に立脚しています。

金銭等や物品の無償借用やボランティアによるサービスの受入れについて，同額を費用と収益に計上する場合，具体的には次のような処理が考えられています。すなわち，たとえば土地を無償で借用し，それを活動に利用している場合，公正な賃借料の額を支払賃借料という費用として認識するとともに，その同額を受取寄附金という収益として認識することになります。またボランティアによるサービスを受け入れたときは，受け入れたサービスをその会計期間中に消費しているのであれば，消費したサービスのうち事業の遂行上必要と考えられる部分について公正な賃金等に相当する金額を支払賃金という費用と受取寄附金という収益に

図表15－３　受け入れた寄附の取扱い

寄附の種類	会計処理
金銭等の無償受入れ	受け入れた金銭等の額で記録
非貨幣性資産の無償受入れ	受け入れた資産の公正な評価額で記録
資産の無償借入れ	記録対象としない，または，公正な金額で費用と収益を記録
人的サービスの無償（ボランティア）受入れ	（同上）

計上することになります。事業遂行上必要な部分に限定しているのは，その活動の規模を示すという目的からすれば，必要以上のボランティアを受け入れたことは，そのボランティア一人一人の負担が減少することを意味しており，事業規模は変わらないと考えられるからです。また受け入れたサービスが非貨幣性資産を創出またはその価値を高める場合には，公正な賃金等に相当する金額をその非貨幣性資産の取得原価に含め，その後その非貨幣性資産の費用化のプロセスに従って費用計上されるとともに，同じ会計期間に同額の収益が計上されることになります。

現在，日本では無償の貸与や無償の人的サービスの提供を受け入れた場合に，会計上資産または費用，収益を認識することを要求する会計基準は存在しません。ただしNPO法人会計基準においては，客観的に把握できる場合には，活動計算書に計上することを容認しています。

(3) 使途制限のある寄附の取扱い

寄附に関しては，使途制限のある寄附と使途制限のない寄附の取扱いもまた問題となります。ここでの寄附は，金銭等や非貨幣性資産を無償で提供された場合を想定しています。その使用目的が限定された寄附と限定されていない寄附とでは，財務諸表上，区別して表示すべきであるとの考え方があります。この考え方は，寄附者の意図が反映された会計情報を作成することを目的としているとの説明もありますが，むしろ非営利法人の財産の管理上も区分することは望ましいと考えられます。その寄附者の意図に従って使用することを承諾して，使途が制限されている寄附を受け入れたと考えられますから，寄附者の意図に従って使用しなければなりません。そのため，使途制限付きで受け入れた資産ならびにその資産に相当する合計額がどれだけあるのかを示す区分を貸借対照表上に設けることには意味があるように思われます。

たとえば，公益法人会計基準では，使途制限のある寄附を受け入れた場合，受け入れた資産を計上するとともに，直ちに収益計上するのではなく，**指定正味財産**の増加を記録し，制限された使途どおりに資産が使用され消滅したときは，指定正味財産もまた同時に同額減少させ，収益として**一般正味財産**の増加を記録することが求められています。一方使途制限のない寄附の場合には直接に一般正味財産の増加を記録することが求められています。しかし実際に使途の制限を受けているのは寄附された資産であり，使途の制限による区分はあくまで使途制限されている金額を表しているに過ぎないため，寄附者からすれば，寄附した資産がどのように使用されているのかについては，貸借対照表からは分からないことになります。意図に従った使用がなされているか否かについては，資産側の情報があって初めて可能となるように思われます。公益法人会計基準では，それを**財産目録**で補おうとしています。

(4) 負債の性格を有する正味財産（純資産）項目の取扱い

非営利法人のなかには，返還義務を負っているが貸借対照表上負債として表示されない項目が存在する場合があります。具体的には，一般社団法人における「**基金**」や，協同組合における「**出資金**」です。

一般社団法人における基金とは，「拠出された金銭その他の財産であって，（中略）返還義務（金銭以外の財産については，拠出時の当該財産の価額に相当する金銭の返還義務）を負うもの」（一般法人法第131条）です。そしてその法人の財政基盤の充実に合わせて返還が可能となる（同法第141条）とともに，利息を付加することは禁止されています（同法第143条）。そして公益法人会計基準によれば，この基金の額は，貸借対照表上正味財産の部に指定正味財産および一般正味財産とは区別される内訳項目として示されることになります。なお返還された場合には，その返還相当額を一般正味財産のなかで「**代替基金**」として表示することが求められています。

一方，協同組合については，消費生活協同組合を例に採るならば，「出資金」は組合員から払い込まれたものであり，その払込みは組合員に課された義務（消費生活協同組合法第16条）とされています。そして組合員が脱退した場合には，その者に対して，定款の定めるところにより，その出資額の全額または一部を払い戻す義務を負うことになります（同法第21条）。組合からの脱退は自由（自由脱退：同法第19条）であり，いつでも可能です。そして出資金は，貸借対照表の純資産の部において組合員資本の内訳項目として記載されることが求められています（消費生活協同組合法施行規則第84条）。

こうした一般社団法人の基金や消費生活協同組合の出資金のように，将来返還されることが義務付けられている項目は，企業会計上の概念からすれば，負債に該当すると考えられます。しかしこの問題の解決には，非営利法人会計が特定の者の立場で利益計算を行うことを目的としていないという本質に立ち返って検討することが必要であると思われます。すなわち，非営利法人の会計にとって，負債と純資産ないしは資本を区別する必要があるのかが改めて検討されるべきと考えられます。第２章において説明をした会計主体論において，非営利法人の会計には，資本主理論の適用はできず，企業主体理論に準じた考え方に基づくことを示しました。いずれの利害関係者からも独立した非営利法人そのものを会計主体と考えるならば，事業に必要な資産の財源を，銀行等からの借入金に依存しているのか，それとも寄附や出捐（しゅつえん），過去の事業の剰余に依存しているのか，それとも上述の基金やいつでも返還に応じる出資金等に依存しているのかが示されれば十分であると言えます。このことは，一般社団法人の基金や消費生活協同組合の組合員からの出資金が負債か否かを論じること自体に，あまり意味がないという結論を導くものと思われます。

4.「公益法人会計基準」の概要と公益認定

(1)「公益法人会計基準」の概要と特徴

非営利法人に係る会計基準のなかから，それらの代表として「公益法人会計基準」(平成21年10月改正）を取り上げて概観することにします。特に企業会計との相違という観点から，その特徴を説明します。

公益法人会計基準は，公益法人会計に関する一般的，標準的な基準を示したものです。その構成は，図表15－４のとおりです。その構成から明らかなように，企業会計ではその作成が求められていない**財産目録**の作成が規定されています。財産目録は，その内容は資産と負債の明細になりますが，価値を表す金額が重要ではなく，物的情報が重要となります。たとえば土地であれば，どこにどれだけの広さの土地があり，何に

図表15－４　公益法人会計基準の構成

第１　総則	第４　キャッシュ・フロー計算書
１．目的及び適用範囲	１．キャッシュ・フロー計算書の内容
２．一般原則	２．キャッシュ・フロー計算書の区分
３．事業年度	３．キャッシュ・フロー計算書の資金の範囲
４．会計区分	第５　財務諸表の注記
第２　貸借対照表	第６　附属明細書
１．貸借対照表の内容	１．附属明細書の内容
２．貸借対照表の区分	２．附属明細書の構成
３．資産の貸借対照表価額	第７　財産目録
第３　正味財産増減計算書	１．財産目録の内容
１．正味財産増減計算書の内容	２．財産目録の区分
２．正味財産増減計算書の区分	３．財産目録の価額
３．正味財産増減計算書の構成	

使用しているのかが示されています。すなわち，財産目録では，非営利法人が，自らの特定のミッションを果たすために，どのような資産を物量としてどの程度，そしてどのように利用しているのかが，示されることになります。

その一般原則では，いわゆる真実性の原則，明りょう性の原則，正規の簿記の原則，継続性の原則，重要性の原則が示されています。企業会計との相違の点では，損益取引・資本取引区分の原則がないことです。

貸借対照表について特徴的なことは，上述していますが，貸借対照表上の正味財産の部が指定正味財産と一般正味財産に区分されていることです。正味財産とは，資産と負債の差額ですから，企業会計でいうところの純資産と同じです。そして，指定正味財産と一般正味財産については，その内訳として**基本財産**に充当した金額と**特定資産**に充当した金額を付記することが求められています。基本財産とは，その法人の主目的である事業を遂行するために不可欠な，あるいは基盤となる重要な資産です。特定資産とは，特定の目的のために使途等を制限した資産です。基本財産も特定資産も，貸借対照表上の資産の部に区分して表示されています。

公益法人会計基準のなかで，基本財産や特定資産といった資産と，指定正味財産や一般正味財産といった正味財産との関係が分かりにくいかと思います。指定正味財産については，使途制限がある寄附等の受入額を示していますので，それと同額の資産が特定されて存在していることが明らかであるとともに，その資産は必ず基本財産か特定資産のいずれかに該当します。しかし一般正味財産は指定正味財産に該当する基本財産または特定資産以外の他の資産と負債の差額でしかありません。そのなかには基本財産への充当額もあれば，特定資産への充当額もあり，またそれ以外の金額もあります。すなわち，具体的な基本財産と特定資産

図表15－５　貸借対照表の二重構造（借方と貸方の２つのカップリング）

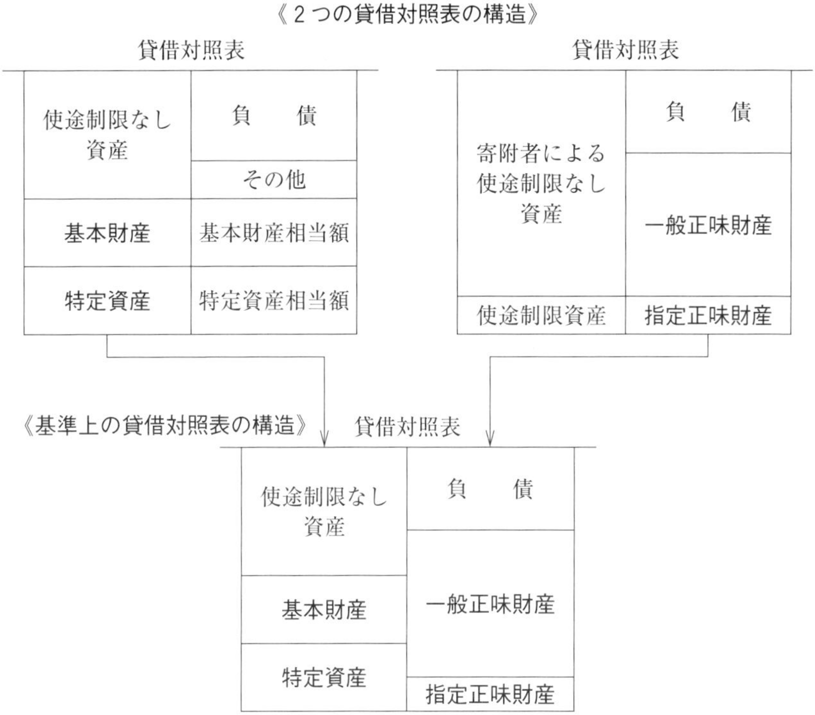

についてそれぞれ同額の正味財産の金額を，指定正味財産と一般正味財産の内訳として付記することで示しています。したがって，公益法人会計基準の貸借対照表は，２つの構造を合わせたものとなっているのです。このことを図示したものが，図表15－５です。図表15－５の上方の２つの貸借対照表のうち，借方側（左側）の資産の区分と貸方側（右側）の正味財産の区分を合わせたものが下方の貸借対照表であり，これが公益法人会計基準が求める貸借対照表の構造になっています。

また正味財産増減計算書にあっては，指定正味財産の増減と一般正味財産の増減は，それぞれ独立して設けられています。そして一般正味財産増減の部においては，収益と費用の概念が導入されています。寄附金や補助金もまた収益に含められます。

そして正味財産増減計算書が，指定正味財産増減の部と一般正味財産増減の部に区分されているために，使途が制限された寄附等を受け取ったときには，指定正味財産の増加が記録され，その制限された使途にしたがって使用されることで減少した場合には，指定正味財産の減少が記録されることになります。そしてその指定正味財産の減少相当額だけ，一般正味財産の増加（収益）として振替られることになります。このような処理は，企業会計では生じないため，公益法人会計基準の大きな特徴であると言えます。

（2）会計情報と公益認定

公益法人会計基準により作成される会計情報は，一般社団法人や一般財団法人についてその公益性を認定する際に利用されています。**公益認定**は，一般社団法人・一般財団法人のうち，公益性が認められた法人について行われます。その**公益認定基準**は，「公益社団法人及び公益財団法人の認定等に関する法律」（以下，公益認定法）の第５条に定められています。それを要約的に一覧にしたものが図表15－６です。

これらの公益認定基準のなかで，会計情報に大きく関わる基準としては，**収支相償**があります。これは，「公益法人は，その公益目的事業を行うにあたり，当該公益目的事業の実施に要する適正な費用を償う額を超える収入を得てはならない。」（公益認定法第14条）という規定に基づく基準です。具体的な基準の規定は，「その行う公益目的事業について，当該公益目的事業に係る収入がその実施に要する適正な費用を償う額を超えないと見込まれるものであること」（公益認定法第５条第６号）と

図表15－6　公益認定基準（公益認定法第５条）

①主たる目的が**公益目的事業**を行うこと
②経理的基礎および技術的能力があること
③社員・評議員・理事・監事等に対して特別な利益を与えないこと
④株式会社等への寄附等を行わないこと
⑤投機的な取引等を行わないこと 投資を禁止するものではない。また公序良俗に反する事業を行わないことを含む。
⑥公益目的事業に係る**収支相償**（収入がその適正な費用を償う額を超えないと見込まれること）
⑦収益事業等が公益目的事業の実施に支障を及ぼさないこと 赤字の収益事業や共益事業の存在がないことを含意している。
⑧**公益目的事業比率**が50％以上
⑨**遊休財産額**の保有制限
⑩理事と特別の関係がある者による理事会比率制限
⑪他の同一の団体の理事等による理事会比率制限
⑫会計監査人の設置（一定の規模以上の法人のみ）
⑬役員等の報酬等の不当とならない支給基準の定め
⑭（社団法人）社員の資格得喪に関する平等等
⑮他の団体の意思決定に関与することができる財産の保有禁止
⑯不可欠特定財産に係る定款での定め 不可欠特定財産とは，その法人の事業遂行に不可欠な財産。たとえば，美術館の美術品等。
⑰公益認定取消時の公益目的取得財産残高の贈与に係る定款での定め
⑱清算時の残余財産の贈与に係る定款での定め

なっています。

公益認定に際しては，法人が実施する公益目的事業に係る収入（収益）と費用についての会計情報を用いて判断します。判断は個々の公益目的事業の段階とすべての公益目的事業を合わせた段階の二段階で行われます。そして収支相償を判断する際に利用される会計情報は，正味財産増減計算書の一般正味財産増減の部における経常収益と経常費用[2)]です。

また**公益目的事業比率**の判断においても，会計情報が利用されています。公益目的事業比率は，次の算式により求められます。

公益目的事業比率

$$=\frac{\text{公益目的事業に係る事業費}}{\text{公益目的事業に係る事業費}+\text{収益事業等に係る事業費}+\text{管理費}}\geqq 50\%$$

ここで利用される事業費は，正味財産増減計算書における公益目的事業に係る事業費です。すなわち公益目的事業の規模を費用の面から把握しようとしている比率です。ただし，公益目的事業であれば，ボランティアによる無償の役務の提供や無利息による借入金等がありえます。また自らが土地を所有して公益目的事業を行っている場合と，土地を借りて収益事業を行っている場合では，会計上の費用の金額だけで比較すると，本当の事業の規模が分からないことになります。そこで公益目的事業比率を計算する上だけで，これら無償の役務提供等や自己所有の土地に係る賃料相当額を，公益目的事業に係る事業費[3)]に含めて判断することになります。

加えて，**遊休財産額の制限**についても会計情報が利用されています。遊休財産とは，「公益法人による財産の使用若しくは管理の状況又は当該財産の性質にかんがみ，公益目的事業又は公益目的事業を行うために必要な収益事業等その他の業務若しくは活動のために現に使用されてお

2）収支相償については，将来の特定の活動の費用に準備するための資金（特定費用準備資金）の積立てを行った場合や公益目的保有財産の取得または改良に充てるために保有する資金（公益資産取得資金）の積立てを行った場合には，その積立額を費用の額に含めて，判断されます。このことにより，公益目的事業が縮小再生産とならないように措置されています。

3）公益目的事業比率の計算においても，公益目的事業に係る事業費には，特定費用準備資金の積立てが考慮されます。

らず，かつ，引き続きこれらのために使用されることが見込まれない財産として内閣府令で定めるものの価額の合計」（公益認定法第16条第2項）を指します。計算式で示すならば，次のとおりです。

遊休財産額＝「資産－負債」－事業に必要な資産等

そして遊休財産額については，遊休財産額が，1年分の公益目的事業費[4)]を超えてはならないという制限が，公益認定基準では設けられています。

遊休財産額の制限
　遊休財産額≦1年分の公益目的事業費

このように会計情報が公益認定に大きな影響を与えています。そのため，公益社団法人や公益財団法人にとっては，公益認定基準を毎期満たすために，会計情報に含まれる数値に留意しながら，事業を行うことになります。

4）遊休財産額の制限の判断上においても，特定費用準備資金の積立てについては考慮されます。

索引

●配列は五十音順，＊は人名を示す。

●あ　行

●か　行

●さ　行

●た　行

●な　行

●は　行

著者紹介

齋藤　真哉（さいとう・しんや）

1959年　神戸に生まれる
1982年　関西学院大学商学部卒業
1989年　一橋大学大学院商学研究科博士後期課程単位修得
現　在　横浜国立大学大学院国際社会科学研究院教授
専　攻　会計学

主な著書　『税効果会計論』（単著）森山書店，1999年
『減損会計の税務論点』（編著）中央経済社，2007年
『国際財務報告論』（平松一夫編著）（共著）中央経済社，2007年
『ニューベーシック連結会計』（編著）中央経済社，2013年
『イントロダクトリー　財務会計』（共著）創世社，2014年
『スタンダードテキスト財務会計論Ⅰ基本論点編　第14版』（共編著）中央経済社，2021年
『スタンダードテキスト財務会計論Ⅱ応用論点編　第14版』（共編著）中央経済社，2021年

放送大学教材　1730126-1-2011（テレビ）

現代の会計

発　行　　2020年3月20日　第1刷
　　　　　2021年7月20日　第2刷
著　者　　齋藤真哉
発行所　　一般財団法人　放送大学教育振興会
　　　　　〒105-0001　東京都港区虎ノ門1-14-1　郵政福祉琴平ビル
　　　　　電話　03（3502）2750

市販用は放送大学教材と同じ内容です。定価はカバーに表示してあります。
落丁本・乱丁本はお取り替えいたします。

Printed in Japan　ISBN978-4-595-32208-2　C1334